주자와 왕양명

-신유학과 『대학』의 이념-

주자와 왕양명

-신유학과 『대학』의 이념-

마노 센류(間野潛龍) 지음
이 석 주(李錫柱) 옮김

서 문

어느 봄날 밤의 경치를 만끽하러 나는 같은 대학에 있는 선배와 함께 학교의 서쪽으로 길게 뻗어있는 동산을 올랐다. 작은 산이지만 후쿠리쿠(北陸)와 도야마(富山)를 둘로 나누는 구릉이고, 눈 아래로 펼쳐져 있는 도야마만의 푸르고 넓은 바다가 드넓게 펼쳐져 있어서 문득 아득히 먼 저 편에서 일본해의 수평선이 하늘과 땅을 한 선으로 긋고 그것을 가로지른 것처럼 왼쪽 편으로부터 노토(能登)반도가 돌출해 있다. 일찍이 우에스키 겐신(上杉謙信)은 노토를 정벌하기 위하여 나나오성(七尾城)을 포위하고 가을 달을 바라보며 "에쓰잔(越山)을 함락하니 노우슈(能州)의 풍경이 있구나!"라고 읊었지만, 나도 저 멀리 물에 잠겨있는 달을 바라보며 엣츄(越中)로부터 노토를 아울러서 본 느낌으로 가슴 벅차 있었다. 그런데 흥이 고조되자 메이지(明治)에서 태어난 그 선배는 느닷없이 낭랑한 목소리로 한시(漢時) 한 구절을 읊었다. "오늘 배울 것을 내일로 미루지 말고, 올해 배울 것을 내년으로 미루지 말라! 해와 달은 가고 세월은 나를 기다리지 않으니, 오호라! 늙어 후회한들 이 누구의 허물인가?"라고 하였다. 이른바 주희의 유명한 권학문이다. 이 한 문장을 어릴 적에 배웠다라고 말하며 눈을 지그시 감고 읊조리는 자태에서 나는 일본에 있어서 주자학의 전통이 더욱 발전할 수 있다는 것을 강하게 감지했던 것이다.

그런데 최근 세간에서는 양명학에 대한 관심도 높아져 왔다고 말한다. 매일 사무적인 일만을 취급하고 있다고 말하는 오십 정도의 연배 분이 "요즘에 양명학의 책을 샀습니다만, 제법 공부가 되네요!"라고 하는 것이다. 그렇게 말한다면 양명학에 관한 저작과 주자학을 논하는 서적은 수없이 많다. 또한 중국사상사의 위에서 논하고 있는 명저도 적지않다.

그와 같은 분위기 속에서 감히 『주자와 왕양명』을 표제로 했지만, 원래는 중국사의 일단을 구명하려고 했던 나는 근원적으로 주자학과 양명학을 정면에서 정리하고 여기서 고매한 유교철학을 논하려고 하는 것은 아니다. 다만 평소처럼 주자학과 양명학에 관심을 가졌던 것으로서 중국사의 흐름 중에서 그들을 위치지우고, 인간으로서의 삶의 방식을 추구해서 그 시대의 사회에 살았던 주희와 왕양명을 묘사해보려고 했던 것이다. 따라서 그들을 일컬어 주자와 왕양명이라는 친근한 표현을 사용하려 했던 것도 그런 연유에서 였다. 그렇기 때문에 주자와 양명에 관한 모든 문헌을 섭렵하고, 특히 참신한 학설을 세워서 옛날 학설에 이견을 세우려고 하는 생각은 애초부터 없었다. 다만 본서에서는 당대 중기 이후부터 송·원·명으로 옮아가는 수백 년의 역사의 흐름을 배경으로 해서 주자로부터 양명으로 옮아가는 신유학의 동향을 거시적으로 더듬어보고 싶었다. 그 사이에 때로는 종래의 의견과 다른 견해도 나올지도 모르고 또한 일방적으로 평가하려는 견해가 있을지도 모르겠다. 그러한 점에 대해서는 많은 분들의 기탄없는 비판을 통해서 향후의 연구에 밑거름으로 삼고자 한다.

그리고 본문 중의 사서와 오경에 관해서는 번잡하기 때문에 서명을 표시하는 『 』는 생략했다.

일러두기

1. 이 책은 마노 센류(間野潛龍)의 『朱子と王陽明』(靑水書院, 1974)를 완역한 것이다.
2. 지은이의 인용문에는 원문이 붙어있지 않아서 옮긴이가 찾아서 각주로 처리했다.
3. 책명은 『 』로 표기하고, 편명과 논문은 「 」로 표기하였다.

목 차

서 문 / 5
일러두기 / 7
Ⅰ. 신유학의 형성 / 11
   1. 당송의 변혁 ··· 13
   2. 고문의 부흥과 신유학의 태동 ··· 30
   3. 유종원과 한유 ·· 43
Ⅱ. 송대의 사회와 신유학 / 63
   1. 송의 신관료 계급 ·· 65
   2. 신유학의 성립 ·· 78
Ⅲ. 주자와 그 시대 / 103
   1. 주자의 출현 ··· 105
   2. 주자의 학술과 사회정책 ·· 116
   3. 위학의 금지 ··· 141
Ⅳ. 주자와 『대학』 / 153
   1. 송원시기의 유학의 전개 ·· 155
   2. 『대학연의』와 『대학연의보』 ·· 169

V. 왕양명과 그 시대 / 185

   1. 육구연과 왕양명 ··· 187
   2. 왕양명의 활약 ··· 200
   3. 양명과 그 이후 ··· 217

저자 후기 ··· 235
옮긴이의 말 ··· 240
주자·왕양명 연보 ··· 243
참고 문헌 ··· 252
찾아보기 ··· 254

I

신유학의 형성

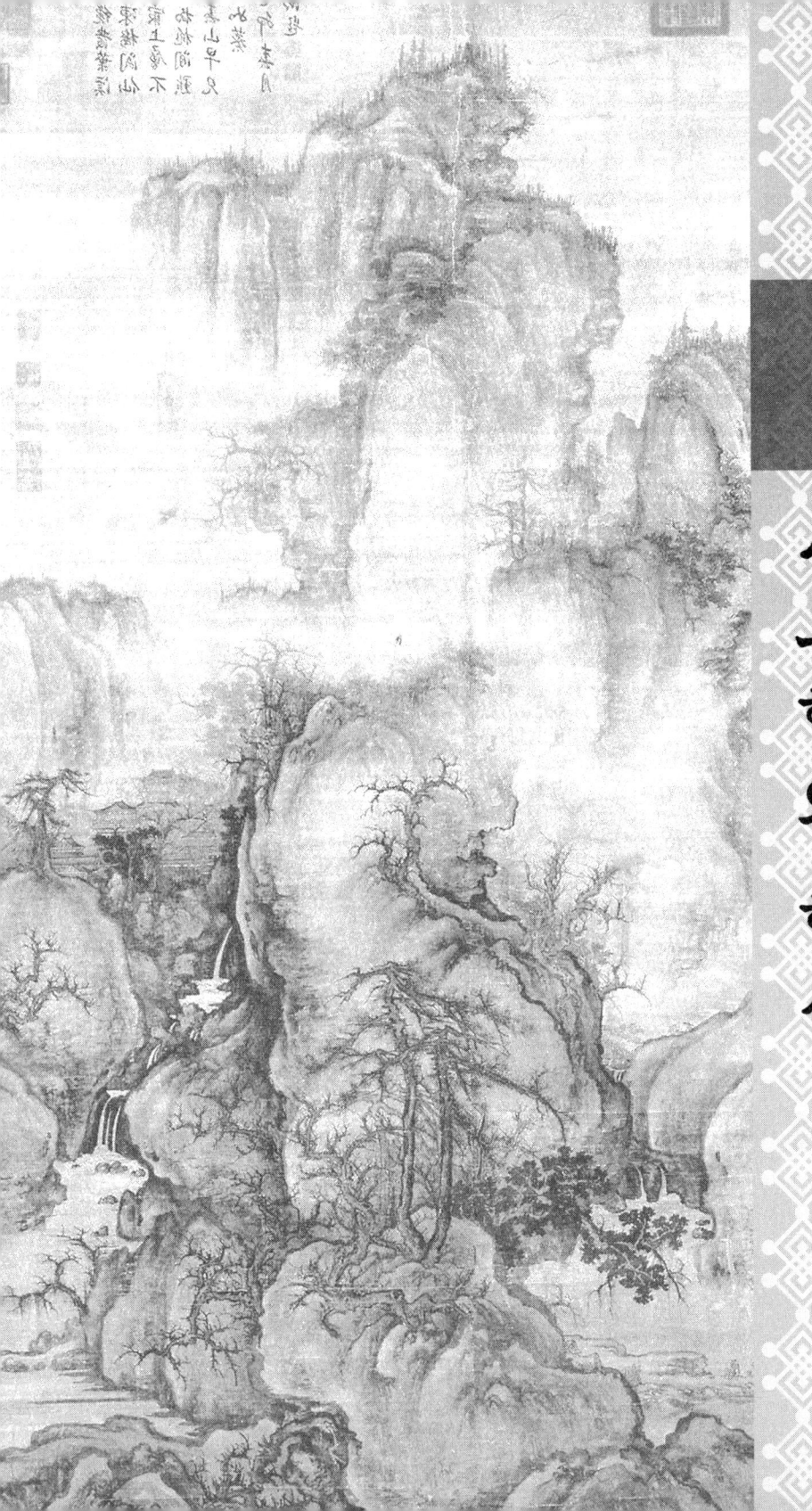

1. 당송의 변혁

1) 프롤로그

지금으로부터 50년 전, 대정(大正)11년(1922)에 나이토 코난(內藤湖南)박사1)는 「개괄적 당송시대관槪括的唐宋時代觀」이라는 논문을 발표했다. 그 중에서 나이토박사는 중국 당송시기에서 정치·사회·경제·문화 등의 개혁이 현저했던 것을 지적하고, 이를 중세로부터 근세까지의 변혁이라고 규정했다. 그 후 이 설은 미야자키 이치사다(宮岐市定)박사 등에 의해 또한 보강되고 발전시켜서, 이른바 '나이토 사학'이라고 칭하게 되는 근간이 되었던 것이다. 한편 이 시기를

---

1) 역자 주 : 나이토 고난은 경도대학 동양학의 대표자로 이른바 나이토 사학의 창시자이다. 청년시절 그는 신문기자로써 일본각지를 돌아다니며 다양한 경험을 쌓았고, 1898년에는 『만조보萬朝報』편집장으로 중국각지를 두루 둘러보게 된 것을 계기로 중국에 대한 관심이 높아졌다고 한다. 중년시절인 1907년에는 동양사 강사로 경도대학 강단에 섰고 1909년에는 교수가 되어 중국학을 공부하며 중국인 고전학자들과 어울렸다. 주일랑(周一良)은 나이토를 평가하면서 "그는 중국에 대한 관심의 폭이 넓고, 국가정책에 대한 흥미가 높았기 때문에 알찬 업적을 세울 수 있었다"고 평하였다. 나이토는 문화적인 관점에서 중국의 역사를 구분하였는데, 그는 시대구분 중에서도 특히 '근세'를 강조하면서 이 시기를 '서민의 시대'라고 정의하였다고 한다. 다만 마에다 나오노리(前田直典)의 주장에 따르면, 나이토는 중국사를 세 시대로 나누었지만 근세의 변화에만 치중하여 실질적으로는 중국사를 두 시대(근세/근세이전)로만 나누어 본 것 같다고 한다. 한편 나이토의 견해에 따르면 근세가 시작되기 전의 중국에서는 귀족정치가 유행하였으나, 당말(唐末)과 오대(五代)에 평민출신 군벌들이 등장하게 되고, 송나라 때에는 군주의 권한이 강화되어 과거를 통한 서민출신 관료들이 등장하게 되면서 귀족들의 입지는 점차 줄어들었다고 한다. 그리고 귀족의 힘이 약화됨에 따라 평민의 권리는 높아졌고, 귀족과 평민사이에는 서리와 같은 중간계급의 영향력이 증대되었다고 한다.(민두기, 『중국사 시대구분론』, 창비사, 25-48쪽 참조)

고대와 중세와의 개혁이라고 규정한 학설도 제기되고 있고, 중국사의 시대구분에 관한 논의는 오늘날도 활발히 지속되고 있다.2)

지금 여기에서 그 논의를 상세히 소개할 시간이 없다. 하지만 대립하고 있는 양자의 의견에 공통된 기본 견해를 말한다면, 이 당대부터 송대 사이에 시대의 변혁이 있었다고 하는 것을 인정하고 있다는 점이다. 여기서 그 변혁의 시기가 전체적으로 언제인지를 구체적으로 중국사의 연대를 토대로 해서 보여주는 일도 또한 힘든 일이다. 당(唐)과 송(宋) 사이에 있는 오대(五代)라고 하는 시기를 완

---

2) 역자 주 : 중국 근세의 특징에 대한 나이토박사의 논지는 그의 아들인 나이토 겐기치가 나이토박사의 연구를 정리해서 다시 펴낸 『중국근세사』에서 다음 몇 가지를 지적한다. 첫째, 송 왕조의 건국 이후 기존의 귀족정치가 몰락하고 군주의 독재정치가 번성하여 한낱 귀족의 대표에 불과하던 황제가 국가의 모든 권한을 장악하고 신하가 황제의 권력에 의존하게 되었다. 둘째, 이에 따라 관리의 등용방법도 바뀌었다. 수당시대에도 과거는 실시되었지만 귀족들의 자리를 유지하기 위해 수험자에게 매우 높은 수준의 문학적 교양을 요구하였던 것에 대부분이었다. 이에 반해, 송나라 때에는 왕안석의 개혁으로 인하여 높은 수준의 교양보다는 실제 정무에 관한 문제를 물어보게 되어 응시자의 수도 늘었고 일반서민도 관직에 오를 수 있게 되었다. 셋째, 기존에는 장원의 통제를 받던 농노가 당의 양세법으로 인하여 자유계약노동자로 거듭나면서 서민들의 지위가 상승하였다. 이에 따라 이 시기의 문화도 읽기 쉬운 산문이나 소설·잡극 등이 발달하여 대다수 서민들이 즐기게 되었다. 더불어 귀족끼리의 이권다툼이었던 기존의 정쟁(政爭)도 점차 서민들의 이익을 대변하는 실질적인 정치토론으로 변화해나갔다. 넷째, 서민의 삶이 향상됨에 따라 이들의 경제활동이 활발해지자 당대의 물물교환경제가 송(宋)대에 이르러서는 지폐가 유통될 정도의 화폐유통경제로 변하였다는 점이다. 그리고 『근세중국의 문화생활』에서 그는 근세의 또 다른 특징을 예시한다. 첫째, 왕안석의 신법으로 인하여 서민의 토지소유권이 인정되고 노동의 자유가 확립되었다. 둘째, 학문과 예술의 자유가 찾아왔다. 셋째, 주로 귀족의 사치품만을 생산하던 상공업은 곧 서민의 생필품을 주로 생산하게 되었다. 넷째, 정치의 중요성이 감소하여 조정의 신하들이 학문과 문학으로 이름을 남기려고 하였다. 다섯째, 서민의 지위 향상으로 귀족들만의 미술이 자연적이고 소박한 '서민적'미술로 돌아왔다. 이밖에 당시 중국인들이 때때로 북방 야만족들에게 지배를 당했다는 점이나, 넓은 영토에도 불구하고 교통과 통신이 잘 발달되어 상거래가 활발했다는 점을 지적하고 있다.(민두기, 『중국사 시대구분론』, 창비사, 25-48쪽 참조)

충의 역할로 삼아서 그 사이의 당과 그 후 송과의 상이한 일들을 다시 추출하고, 이로부터 시대의 변혁을 설명하는 것이 무엇보다 도식화된 방법이라고 생각할 것이다. 그렇지만 그것만으로는 도저히 납득되지 않는 점도 드러났다. 앞서 대표적인 두 설을 보면, 한편으로 9세기 전후에 중국의 고대는 끝났다고 설명하고 있다. 그리고 타지방에서는 중국의 중세는 당의 중엽까지로 당말부터 오대까지를 과도기라고 간주하여 송대 이후를 근세라고 설명하고 있는 것이다. 그렇다면 9세기라는 것은 당의 멸망 이전에 해당하기 때문에 양자의 의견을 조합해 보면, 요컨대 당대 후반에 들어서면 서서히 개혁의 움직임이 보인다는 것이다.

정말 생각해 보건대 시대의 변혁이라는 것은 제야의 종소리가 끝나면 이로부터 새해가 왔다고 말하는 것처럼 할 수만은 없는 것이다. 각각의 현상에서 드러나는 모습 가운데에도 빠른 것도 있고 늦은 것도 있다. 또한 1, 2세기 이전부터 맹아를 드러내는 일도 있었기 때문에 일정 기간을 거쳐서 마침내 그 변혁을 인식하게 되는 것이다.

한편 주자에 의해 집대성된 주자학이라는 것을 생각해 보면, 마치 송대라고 하는 새로운 시대 속에서 태어난 신유학이 있다. 그렇지만 그것은 주자 이전부터 오랜 기간에 걸쳐 형성되어 온 것으로 북송의 주렴계로부터 장재·정호·정이를 거쳐 남송의 주자에 이르는 사유의 과정은 진정 송대 삼백 년을 걸쳐서 양성된 유학이라는 사유방식이라고 해야 할지도 모르겠다. 더욱이 그 송학의 전통적인 명맥을 거슬러 올라가면 또한 당대의 유명한 문인 한유(韓愈)와 그 제자인 이고(李翶)와 연계되어 있는 것이다. 이러한 유학의 변혁뿐만 아니라 일반적인 변혁을 생각해 본다면 당대 중엽까지 거슬러 올라가 보지 않으면 안되겠지만, 그 당대 중엽에 최대사건을 말한다면 무엇보다도 '안사(安史)의 난'일 것이다. 즉 나는 당송의 개혁에 있어서 큰 계기는 이 안사의 난일 것이라고 생각하기에 먼저 서문의 프롤로그를 안사의 난으로부터 시작하려고 한 것이다.

2) 안사의 난

천보(天寶)14세(755) 11월 9일에 "녹산(祿山)에 소속된 병사 및 동라(同羅)·해(奚)·계단(契丹)·실위(室韋) 등 어림잡아 15만 명의 무리가 일어나면서 급기야 20만에 이르는 원성의 메아리가 범양(范陽)에 넘쳐흘렀다."고 하는 이 말은 송대 사마광의 명저인『자치통감』중에 썼던 '안사(安史)의 난'이 발발한 것에 관한 긴 문장의 한 절이다. 사마광의 기록은 계속된다. "녹산은 철로 만든 수레를 타고 보병과 기갑의 정예부대를 이끌고 흙먼지를 일으키며 북소리의 울림이 천지를 뒤흔들었다. 당시 바다 안쪽은 오랜 동안 평화로워서 백성은 여러 해 동안 전쟁을 알지 못했다. 별안간 범양이 군사를 일으켰다는 소리를 듣고 모두 엉겁결에 놀랐다."고 한다.

이렇게 시작된 안사의 난은 중국의 전역을 전란으로 빠져들게 하였다. 파죽시세로 낙양을 눈앞에 두고 진격한 안녹산의 군대는 고작 한 달 남짓 의기양양하게 낙양의 사대문으로부터 성내에 진격해 들어갔다. 하지만 관군도 손을 놓은 채 보고 있을 리가 없었다. 후세에 서예가로서 명성을 알렸던 평원의 태수(太守) 안진경(安眞卿)[3]

---

3) 역자 주 : 안진경은 중국 당나라 서예의 대가로서 자는 청신이고, 노군개국공에 봉해졌기 때문에 안노공(顔魯公)이라고도 불렸다. 산동성 낭야 임기 출신이고, 북제의 학자 안지추의 5대손이다. 진사에 급제하고 여러 관직을 거쳐 평원태수가 되었을 때 안녹산의 반란을 맞았으며, 그는 의병을 거느리고 조정을 위하여 싸웠다. 후에 중앙에 들어가 현부상서에 임명되었으나, 당시의 권신(權臣)에게 잘못

은 당당히 녹산과 맞서 싸웠다. 또한 삭방절도사(朔方節度使) 곽자의(郭子儀)는 부장(部將)인 계단인(契丹人) 이광필(李光弼)과 함께 안녹산의 군을 제압해 정형(井陘)을 탈취함으로써 녹산군에게 큰 타격을 주었다. 그렇지만 천보 15대가 6월8일에 장안의 동쪽 관문인 동관(潼關)이 적군의 손에 함락되자 장안에 있던 당의 조정은 당황한 나머지 13일 새벽 일찍이 현종과 양귀비 등과 함께 소수의 병사들에게 호위를 받으며 촉(蜀)을 향해 흙먼지를 뒤집어쓰며 도망갔다. 그리고 다음날 14일에 마외역(馬嵬驛)에서 현종이 양귀비와 눈물의 이별을 고했던 일화는 백락천(白樂天)의 장한가(長恨歌)4)에서

보여 번번이 지방으로 좌천되었다. 784년 덕종의 명으로 회서의 반장인 이희열을 설득하러 갔다가 연금 당하였고, 이어서 곧 살해되었다. 글씨는 처음에 저수량을 배우고 후에 장욱을 배우고 중장(衆長)을 합도(合度)하여 해서와 행서에서 고법(古法)을 크게 변화시키는 등 새 풍격을 이루었다. 남조이래 유행해 내려온 왕희지의 전아한 서체에 대한 반동이라고도 할 수 있을 만큼 남성적인 박력 속에, 당대 이후의 서도를 지배하였다. 인품과 충절에서도 추앙 받는 까닭에 더욱 글씨가 천고에 빛남을 후세에 보여준 사람이다. 안진경이 남긴 행초서의 대표적 필적 세 가지, 즉 「제질문고」·「고백부문고」·「쟁좌위고」 가리켜 안진경삼고(顔眞卿三稿)라고 하는데, 이들 글씨는 모두 글씨를 쓴다는 의식이 없이 졸연간에 휘갈겨 쓴 초고 그대로의 필적이어서 더욱 자연의 묘미가 있고, 가장 진귀하게 여겨지는 글씨이다. 대표작은 해서의 「안씨가묘비」와 행서의 「쟁좌위」가 있고, 이 밖에도 많은 금석문과 뛰어난 수적(手迹)을 남겼다.
4) 역자 주 : 당나라 시인인 백거이(白居易)의 서사인 장가(長歌)로서 806년의 작품이다. '장한가'라는 의미는 오랜 슬픔의 노래라는 뜻으로서 양귀비에 대한 현종의 비련이야기이다. 처음에 한황(漢皇)이 색을 좋아하여 "경국(傾國)을 생각한다"고 하면서 노래가 시작된다. 한무제가 이부인(李夫人)의 사후에까지 쏟았던 애정을 오버랩의 영상처럼 운치있게 노래하고 있다. 1장은 현종과 절세의 미인 양귀비의 기구한 만남, 현종이 양귀비에게 기울인 현실을 무시한 사랑을 노래한다. 2장은 안녹산의 난이라는 현실적 복수를 당하고 도읍에서 쫓겨났을 때 어쩔 수 없이 양귀비를 죽게 한 현종의 비통한 심정을 노래했다. 3장은 다시 도읍에 돌아올 수 있었지만 손에 닿는 것마다 양귀비 생각이 떠올라 회상에만 잠기는 현종의 애련을 그렸다. 4장은 주술을 통해서 양귀비의 영혼을 찾아가는 도사를 개입시켜서 천상(天上)과 인계(人界)의 단절 때문에 하늘에서는 비익조(比翼鳥 : 짝을 짓지 않으

잘 알려져 있는 바이다.

안록산의 득의만만한 상태는 그리 오래가지 못했다. 그는 지덕(至德)22년(757) 정월에 차남인 안경서(安慶緖)의 손에 의해서 덧없는 최후를 마쳤다. 또한 안경서도 마찬가지로 적군인 사사명(史思明)에게 살해되고, 사사명은 건원3년(760)에 낙양을 점령하게 되자 안녹산이 했던 것처럼 스스로 대연황제(大燕皇帝)라고 명명했다. 하지만 그것도 일 년 남짓 되자 장남인 사조의(史朝義)에게 살해되었다. 이러한 적군의 중심인물은 마치 인과(因果)의 바퀴를 돌리듯 변화를 거듭한 끝에 그 사조의도 보응(寶應)2년(763) 정월에 관군에게 습격을 당해 범양절도사(范陽節度使) 이회선(李懷仙)에게 참수 당했다. 이로써 칠 년 여에 걸친 대란도 마침내 종말을 맞게 되었던 것이다.

3) 균전법과 조용조

안사의 난은 당조(唐朝) 약 삼백 년의 역사 가운데 고작 칠년 여 동안 일어난 일이고, 안사의 난을 그 정도로 높이 평가하는 것이 적절치 않다는 견해도 있다. 하지만 황제가 수도를 버리고 떠남으로써 광범위하게 걸쳐 있는 지역이 전란에 빠져들게 한 미증유의 대란이며, 이 난을 계기로 해서 정치·사회·경제·문화 등 여러 방면에서의 개혁을 볼 수 있었다고 한다면 안사의 난을 경시해서는 안 될 것이다. 또한 이미 반란 이전부터 서서히 진행되었던 모든 현상도 이 난을 계기로

면 날지 못하는 새)가 되고 땅에서는 연리지(連理枝 : 한 나무의 가지와 다른 나무의 가지가 맞닿아 결이 통하게 됨)가 되자고 했던 은밀한 맹세가 깨지자 "이 한(恨)이 면면히 끊일 날이 없다"고 하여, 살아남은 자가 살아가는 동안에 겪을 슬픔을 노래했다.

해서 한층 박차를 가하게 되었고, 당말부터 오대·송에 이르기까지의 개혁을 불러일으켰던 것이다. 따라서 일반적으로 이 난을 이후로 해서 오대의 분열기를 거쳐 송의 건설에 이르는 시기를 중국사의 발전상에 있어서 중요한 변혁기라고 규정하고 있는 것이다.

이러한 변혁 가운데 하나는 당대를 지탱해 온 균전법과 조용조의 붕괴이다. '균전법均田法'이란 북위(北魏)의 효문제(孝文帝)가 태화9년 (485)에 실시한 토지정책으로서 북위에서는 그 국력을 안정시켜 전란으로 황폐된 농업생산을 부흥시키고, 유민의 정착을 꾀하기 위해 시행했던 것으로 그 이후에는 서위(西魏)·동위(東魏)·북제(北齊)·북주(北周)를 거쳐 수(隋)에 계승되었다. 당대에서도 초기인 고조(高祖) 때에 수(隋)의 제도를 답습해 특히 무덕7년(624)에 신령(新令)이 발포되고 당대 균전법의 체제가 실행되었다. 또한 이러한 균전법과 상응해서 '조용조租庸調'제도가 시행되었던 것이고, 우리의 반전수수(班田收授)법5)은 당의 균전법을 모델로 해서 시행되었던 것이다. 그런데 현종의 개원(開元)무렵 이래로 균전법과 조용조제의 시행이 순탄치는 않았다. 송대에 저명했던 구양수(歐陽修) 등이 인종에게 상소한 것에 의거하여 편찬된 『신당서新唐書』6)에는 다음과 같이 언급하고 있다.

　　초기에는 법령으로서 조용조법이 정해져 있었다. 개원한 이래

---

5) 역자 주 : 나카노오오에(中大兄)가 실시했던 법령으로 율령제 밑에서 일정 연령에 달한 사람에게 일정 면적의 구분전을 나누어주는 제도.
6) 역자 주 : 송의 인종(仁宗)이 1044년에 재상 증공량(曾公亮)과 구양수(歐陽修), 송기(宋祁) 등에게 명하여『구당서舊唐書』의 불충실한 내용을 고쳐 편찬하게 하여 1060년에 완성한 역사서이다. 본기(本紀) 10권, 지(志) 50권, 표(表) 15권, 열전(列傳) 150권 등으로 모두 225권으로 되어있다. 장소원(張昭遠) 등에 의해서 945년에 완성한『구당서』와 구별하여『신당서新唐書』또는『당서唐書』라고 부르며 중국 25사(史)의 하나이다.

Ⅰ. 신유학의 형성

로 오랫동안 계승되었지만, 호적이 고쳐지지 않아 법도가 점차로 무너져 갔다. 그래서 사람이 죽거나 전답이 팔려서 주인이 바뀌고 빈부의 격차가 변화해도 모두 때에 맞추어 구하지 않고 호부는 빈 문서상으로 매 해를 보냈다..... 그 후 국가의 방만한 소비는 절제가 없고 대도(大盜)가 날뛰었다. 전쟁이 일어나자 나라의 살림은 날로 궁핍해져서 조용조법은 결국 무너져버리고 말았다.7)

여기서 '대도'란 아마도 안녹산과 사사명을 가리키는 것이다.

균전법의 기본은 정확한 기록장부을 만들어 토지를 지급하는 것이지만, 그 호적이 사실에 즉해서 만들어지지 않았기 때문에 인구가 변동하고 전답이 상대에게 팔려서 바뀌자 빈부의 두드러진 차이가 극심해졌음에도 그 실정을 헤아리지 못했다. 따라서 조용조도 정확히 실행되지 못하고 말았다. 개원9년(721)에 우문융(宇文融)이 인구이동을 조사하고 유동인구를 헤아려보려 했지만 결국 실패로 끝났다. 그리고 안사의 난 이후에는 재정의 궁핍도 현저해져서 조용조도 실행하기가 어려워지자 당(唐)은 소금·차·술 등의 전매 혹은 토지세·집세로부터 지두전(地頭錢)과 청묘전(靑苗錢)8) 등의 다양한 조세를 부과했다. 이렇게 해서 균전법이 실행된 끝에 조세체계가 완전히 혼란에 빠지고 말았다. 그리고 마침내 당조는 내실도 없이 각각의 집에 세금을 부과해 보아도 효과가 없자, 결국 현재

---

7) 『新唐書』권145, 「列傳70, 楊炎」.
8) 역자 주 : 중국 당나라에서 시행된 임시부가세의 하나이다. 안사의 난으로 재정이 궁핍해질 때부터 780년 양세법(兩稅法)을 제정한 전후까지 징수하였다. 처음에는 764년에 지두전(地頭錢)이란 이름으로 과세하기 시작하여, 766년에 청묘전이라 고치고 경지면적 소유량에 따라 매년 여름 1묘당 10문(文)에서 30문까지 받았다. 곡식이 수확되기 전 푸른 전답에 과세하던 데서 이름이 비롯되었다. 관리들의 급료로 썼다는 점에서 초기의 공해본전·호세(戶稅) 등과 역할이 같고, 경지면적에 따른 점에서는 지세(地稅)와 성격이 같았다.

거주자의 원칙을 들어 소유한 전답을 통해서 자산에 부과하는 새로운 과세법, 즉 양세법이 실행되었다.

4) 양세법[9]의 시행

일찍이 조용조의 기반인 균전법에서는 이미 양민을 균등하게 보

---

9) 역자 주 : '양세법'이란 중국 당나라부터 명나라에 걸쳐 시행된 세법. 8세기 중엽 이미 호세전(戶稅錢)과 맥세(麥稅) 등을 하세(夏稅)와 추세(秋稅)라고 하여 여름과 가을의 두 시기에 징수하였으며 양세(兩稅)라고 하였다. 780년에 이것을 체계화하여 중국세제 역사상 일대 개혁을 단행한 것이 양염의 건의에 의한 양세법이다. 8세기에 당나라의 율령제지배는 동요하였으며, 대인균등(對人均等)의 현물주의인 조용조제는 허물어지고 안녹산의 난으로 완전히 파탄을 맞았다. 재정의 핍박은 종래의 호세 금액을 끌어올려 경작지에 청묘전(青苗錢)과 지두전(地頭錢)을 부과하는 등 잡다한 새로운 세를 설정했으나, 교활한 지주나 부유한 상인은 탈세를 도모하였고 관료는 사복(私腹)을 채웠으며, 번진(藩鎭)은 수세(輸稅)를 거부하였고 중소(中小) 농민은 몰락, 유랑하였기 때문에 세입의 확보는 기대할 수 없었다. 양세법은 이런 현실에 대응했던 것으로, 그 주요한 내용은 다음과 같다. ①각 향촌은 그 현주호(現住戶)를 세역(稅役) 부담자로 한다. ②각 호의 자산을 9등으로 나누어 그것에 따라서 현금[銅錢]을 징수(종래의 戶稅에 相當)한다. ③소유경작지 면적에 따라 보리·조·벼 등의 생산물을 징수한다. ④여름과 가을 두 시기에 징수한다. 여름세(생산물로는 여름보리와 견사 등)는 6월까지, 가을세(동일하게 조와 벼 및 견사 일부 등)는 11월까지 바친다. ⑤상인으로부터는 그 거주지에서 매상고의 1/30을 징수한다. ⑥자산평가는 3년에 1번씩 한다. 그때 화북에서는 여름보리의 경작이 보급되었고, 강남에서는 벼농작이 진전되었으며, 양잠도 성행하게 되어서 여름과 가을 2번의 징수는 적합하였다. 이에 1년에 2번 징수하는 것으로 단순화시키고 원칙적으로 세출을 적절히 조절해서 예산을 세우는 등 뛰어난 점이 있어, 명나라 때 일조편법이 성립할 때까지 중국세제의 근간을 이루었다. 그러나 양세 외에 청묘전은 남아 있었으며, 때로 벼·비단·조·보리 등을 싼 값으로 견적하여 양세전의 대납을 강제시켰고, 그 밖에 소금·차 등의 전매세도 증대시킴으로써 민중을 괴롭혔다. 한편 자산이나 경작지의 많고 적음에 따라 과세한 사실은 토지 사유를 공인한 것이고, 양세전과 청묘전의 징수, 소금과 차 등의 전매정책은 농촌에 이르기까지 화폐경제를 침투시켜 빈부의 격차는 더욱더 확대되었다. 이로써 대토지소유제가 전개되고 신흥지주층이 대두하게 됨으로써 당나라의 귀족관료사회는 무너졌다.

I. 신유학의 형성 21

살피고 한 사람의 남자, 즉 성인은 어디까지나 동일한 능력을 가진 사람으로 보고 균등하게 전답을 나누어 배급한다는 것을 기조로 했다. 따라서 거기에서는 개인으로서의 능력차를 고려하지 않는 것이 전제되어 있다. 하지만 당조의 세력이 쇠퇴하고 또한 균전제가 완전히 실행되지 않게 되어 호적도 갱신되지 않게 되자, 그 틈을 노려서 간악한 무리들이 교묘하게 영리를 취하려 들었다. 이에 토지의 겸병을 계산한 자들이 점차 격분하게 되었다. 여기서 토지를 잃었던 사람은 유랑자로서 유랑의 생활로 들어가기도 하고 노예처럼 자신의 몸을 팔기도 했다. 당 중기의 정치가 두우(杜佑)는 그의 저서인 『통전通典』 중에서 "사람은 날짐승같이 날뛰어 제한할 수가 없다. 가정은 그렇기 때문에 궁핍하고 나라는 그래서 곤궁해졌다."고 하여, 사람이 동쪽에서 서쪽으로 떠돌며 멈출 수 없다면 그 과세는 그곳에 남아있는 자들이 분담해야 한다는 것이다. 그래서 "부자로서 식구 수가 많은 사람은 관리·학자·출가자가 되어 그 할당을 면제받고, 가난한 사람은 도망갈 곳이 없어서 그대로 남아 있게 된다. 그렇기 때문에 과세가 상류층에게는 면제되고, 부역이 아랫사람들에게는 점차 증가했다. 그래서 천하는 병들고 뿔뿔이 흩어져 유랑자가 되어 고향에 거주하며 정착한 사람은 백분의 사 내지 오 정도도 되지 않았다."10)고 한다.

여기서 덕종 때에 재상 양염(楊炎)은 현실에 즉해서 새로운 징세 정책을 실행했다. 이것이 '양세법(兩稅法)'이다. 앞서 인용한 『신당서』「양염전」에서는 계속해서 말하고 있다. "양염은 그 폐해를 싫어

---

10) 『新唐書』권145, 「列傳70 楊炎」, "富人多丁者, 以宦學釋老得免, 貧人無所入則丁存. 故課免於上, 而賦增於下. 是以天下殘瘁, 蕩爲浮人, 鄉居地著者百不四五."

해서 천자에게 청하여 양세법을 만들고 그 제도를 근본으로 삼았다. 대개 많은 역사(役事)를 하는데 드는 비용과 한 푼의 징수라도 먼저 그 수를 헤아려 사람들에게 적절하게 나누게 하여 나가고 들어오는 비용 등을 철저히 단속하도록 하였다. 집집마다에 주객을 구분하지 않고 현주소를 가지고 호적을 만들며, 사람에게 성인과 미성년을 구별하지 않고 빈부로서 차이를 둔다. 또한 한 곳에 머물지 않고 행상을 하는 사람에게는 현재 있는 주(州)나 현(縣)에서 삼분의 일을 과세한다. 일터와 거주하는 사람을 헤아려 동일하게 하고 사특한 영리를 취하는 자가 없도록하여 거주민의 세금은 여름과 가을 두 번에 걸쳐 징수하고, 사정이 여의치 못한 사람에게는 세 번에 나누어 징수하도록 했다."11)는 것이다.

양세법에서 볼 수 있는 원칙은 조용조처럼 처음부터 정액을 할당하는 것과 달리 필요한 수를 계산해 거두어들일 양을 나누어 보는 것이고, 많이 소유한 자는 많은 세금을 내게 함으로써 소유한 자산에 비례해서 세금을 부과시키는 방법이다. 이것은 분명히 개인의 능력차에 의한 자산의 많고 적음을 전제로 하고 있다. 그 자산의 첫 번째는 토지이기에 자유롭게 수완을 발휘해 토지소유의 확대를 꾀할 수 있고, 또한 행상 등을 통해서 자산을 늘리는데 전념하는 것도 당연히 긍정되었던 것이라고 말해야만 한다. 따라서 나이토박사가 양세법의 의의를 "토지의 현재 소유자와 현재 거주자를 기초로 해서 과세를 부과했기에 양세법은 소유의 자유와 거주의 자유를 인정

---

11) 『新唐書』권145, 「列傳70 楊炎」, "炎疾其敝, 乃請爲兩稅法以一其制. 凡百役之費, 一錢之斂, 先度其數而賦於人, 兩出制入. 戶無主客, 以見居爲簿, 人無丁中, 以貧富爲差. 不居處而行商者, 在所州縣稅三十之一, 度所取與居者均, 使無僥利. 居人之稅, 秋夏兩入之, 俗有不便者三之."

한 것이다."[12]라고 했던 것은 주목할 만하다. 양세법의 시행에 대한 직접적인 목적이 당조(唐朝)의 재정수입의 확보였던 것은 물론이거니와 그를 위해서 사회의 현실을 긍정하고 개인의 사유(私有), 바꿔 말하면 토지겸병까지도 공식적으로 인정한 제도로서 전환해야만 했던 것은 이미 사회생활이 당조 전기부터 점차 새로운 방향으로 전환하고 있음을 시사해주는 것이다. 그처럼 전환 및 변혁은 단지 징세법에 국한하지 않고 그 밖의 여러 면에서도 볼 수 있는 것이다.

5) 절도사의 출현

당(唐)에서 절도사라고 하는 존재도 시대의 변혁을 보여주는 현저한 현상이었다. 북조 이래로 균전법과 조용조제도에 대응해서 실시되어 온 병제(兵制)는 이른바 부병제(府兵制)라고 일컬어지는 제도이다. 당에서는 전국에 630여 절충부를 두고 중앙정부의 병부(兵部)가 이를 통괄했다. 부(府)에서는 많은 곳에는 1200, 적은 곳에는 800이라는 정원이 있고, 3년에 1회씩 그 부의 관내의 성인들을 징병하여 병기・장비・양식 등을 스스로 관리하도록 했고, 군마(軍馬)의 관리를 위탁해서 병역으로 대체하게 했다. 무엇보다 일반적으로 평상시에는 집에서 농사일에 종사하고 겨울의 농한기에 교육훈련을 받는 것이었지만, 때로는 한 두달 간 상경해서 위사(衛士)의 임무・황제와 동궁(東宮)의 의장과 숙소경비・황족관청의 경비와 국토방위에 걸쳐있었을 뿐만 아니라 국경의 경비를 맡아서 교대근무했던 것이다.

그런데 균전법이 실행된 끝에 균전농민의 감소와 부병(府兵)의

---

12)『支那近世史』,(『內藤湖南全集』第10卷, 內藤虎次郞著, 筑摩書房, 1969).

부담이 과중해 짐으로써 징병이 곤란하게 되는 한편, 병부의 도산도 극심해지자 이 제도의 유지 또한 무리였다. 그래서 현종이 즉위하자 부병제의 모든 기능을 정지해 버렸다. 새롭게 바뀌어 시작된 것이 모병제(募兵制)이지만, 이미 국경지역에서는 색외민족의 침탈이 격화됨에 대해서 대규모 부대의 상주가 필요했고 예종 때에는 먼저 변경의 용병군단의 제1호로서 양주(凉州)에 하서절도사를 세운 것을 시작으로 현종 시기에 대략 10개 절도사가 출현했던 것이다. 더구나 이들 절도사가 이끄는 군대는 일찍이 징병이 아니라 모병·용병이고, 절도사가 능숙한 병사를 모집하고 여러 주종관계를 연결해 강대한 세력을 유지하려고 했다. 그 중에서도 평로(平盧)·범양(范陽)·하동(河東)의 세 절도사를 겸하여 강력했던 안록산은 그 힘을 배경으로 해서 큰 야망을 이루려고 했다. 이것이 안사의 난이었던 것이다.

더욱이 이 안사의 난의 발발과 함께 국내의 요충지에 새로운 절도사가 배치된 후에도 점차 그 수가 증가되고 그 중에는 40명부터 50명 전후가 되었다. 하지만 그들은 지방의 군사력뿐만 아니라 정치재정의 권력도 장악하게 되었고 차례로 군벌화의 경향을 보였던 것이다. 이들 가운데에는 관군의 모든 장수와 고급관료로부터 선발된 절도사였던 사람들도 적지않았지만, 안사에 즈음해서 도적세력을 차단하기 위하여 적장을 격침시킬 사람도 계속해서 절도사로 임명했다. 사조의(史朝義)에게 최후의 일격을 가했던 이회선이 노용(盧龍)의 절도사가 되었던 것을 비롯해, 위박(魏博)의 절도사가 된 전승사(田承嗣)와 성덕(成德)의 절도사가 된 이보신(李寶臣) 등이 그러한 경우에 해당한다. 이들 절도사는 원래 장악하고 있던 세력을 그대로 유지하고, 관리를 자신이 임명하기도 하고 조세를 중앙에 보내지 않았다. 더우기 절도사가 죽으면 제멋대로 그 자제나 실력 있는 무장을 앞세워 당조에서 후임을 할 것을 강요하자 결국 당의 지배로부터 이탈해서 반독립의 상태를 지속했던 것이다. 일반적으로 절도사의 병력이 만 명부터 2만 명까지라고 하는 가운데에서 노용절도사의 병력은 약 6만명·성덕절도사 5만명·위박절도사는 5만부터 7만에 이른다고 말하는 것을 보더라도 그 세력이 강대했던 것을 알 수 있다.

6) 황소의 난

당조에서 양세법이 실행되어 중앙과 지방의 경비가 모두 양세법의 수입에만 의지하게 되자, 절도사는 그 관내의 양세수입을 장악하고 여러 가지의 책략을 꾸몄다. 양세수입 가운데 현(縣)의 비용은 현에 남기고, 주(州)의 비용은 일정한 기준을 세워두었다. 하지만 절도사 중에는 자기의 수하에 남겨서 보관해 두고 중앙에 보내야할 것도 착복하는 경우가 많아지게 되면서 절도사의 힘을 강대화하는 요인 가운데 하나가 되었던 것이다.

그래서 헌종 시기에 양세의 조공을 절도사를 통하지 않고 각 주(州)에서 직접 중앙으로 보내도록 했고, 절도사의 임명도 문신과 중앙의 군인 출신이 아닌 자를 많이 충원하도록 하여 강대화되는 것을 방지했다. 이것이 일시적으로 성공하는 것처럼 보였지만, 이미 강대해진 절도사의 반란은 좀처럼 막을 수 없었다. 한편 대우에 대한 불만이 원인이 되어 부하의 장병과 절도사와의 대립이 생기게 됨으로써 지방에서는 자주 병란(兵亂)이 일어나게 되었다. 또한 당조는 재정의 궁핍에 시달리게 되자 자주로 세금을 징수함으로써 지방의 일반농민에게 한층 과중한 부담을 강요했을 뿐만 아니라, 지주인 호족층까지도 괴롭혔기 때문에 그들은 많은 유민과 일체가 되어 각지에서 반란을 일으켰다. 그 중에서도 특히 현저한 사건이 '황소(黃巢)의 난'이다.

황소는 산동하북성 출신으로 소금을 밀매했던 상인의 한 사람이었지만 건부(乾符)2년(875)에 왕선지(王仙芝)가 하북성에서 반란을 일으키자 얼마 후 이에 호응하여 산동성에서 봉기했고, 빈농과 유민은 말할 것도 없고 지주와 토호도 이에 참가해서 큰 세력이 되었다. 결국 왕선지가 패배하여 죽게 된 후 황소는 그 군중을 수습해 산동으로부터 하남·안휘·강서·복건을 거쳐 광동에 입성했고, 건부6년(879)에는 광주를 포위했다. 이 때 그는 일시적으로 당조(唐朝)와 타협을 도모해 광주 절도사를 요구했지만, 이를 수용하지 않자 광주 번방(蕃坊)에 거주하는 외부인 10만 여명을 살해했다고 전해진다.

하지만 황소의 부대에서 질병이 유행했기 때문에 그는 급히 북방으로 방향을 바꾸어 호남·호북·강서 등을 약탈하며 하남에 입성하였고, 광명(廣明)원년(880) 11월에는 동도 낙양을 공략한데다가 부유층을 추방하고 귀족관료들은 체포하여 살해했다고 전해졌다. 그러나 장안에 들어와서 신정권을 수립해 보고자 했는데, 그 정권지배는 장안 주변에 국한되고 경제적 기반도 약해지게 되자 스스로 징발약탈을 극심하게 일삼았기 때문에 이래저래 인심을 잃고 말았다.

7) 오대에서 송으로

당조가 이러한 반란억압을 위해 고안해 낸 방법은 주변 이민족의 힘을 빌리는 것이었다. 당은 당시 내몽고로부터 산동성 북부에 이르기 까지 세력을 확장한 돌궐의 사타(沙陀)족인 이극용(李克用)을 초대해 장안의 회복을 기대하면서 중화3년(883)에 이극용의 흑의군(黑衣軍)이 황소군을 대패시켜 장안을 회복하자, 조속히 이극용에게 하동 절도사를 부여하고 또한 황소를 추격하도록 명했다. 또 다른 황소군들을 격침시킨 주온(朱溫)에게는 전충(全忠)의 이름을 부여해 선무(宣武)절도사에 임명하고 황소군과 대결하도록 명했던 것이다.

이처럼 중국의 절반을 전쟁터로 물들게 한 이 난도 중화4년(884)에 황소의 죽음과 함께 일제히 막을 내렸지만 이 사이에 당의 귀족들의 대부분은 약탈과 살해의 대상이 되었고, 게다가 농민의 유랑과 농촌의 황폐는 옛부터 내려온 귀족의 생활을 근본적으로 파멸시킴으로써 당조의 귀족관료 지배는 모두 붕괴해 문벌귀족은 사회적 지위를 잃고 말았던 것이다.

여기서 바뀐 정권을 담당하게 된 부류는 새로운 절도사와 황폐 속에서 성장했던 토호와 부상(富商) 그리고 군도(群盜) 출신자 등과 연계했던 신흥세력이다. 이미 절도사의 존재 그 자체가 당의 율령체제의 붕괴 속에서 나온 것이지만, 당말에 황소가 광주절도사를 요구했다든지 주변 이민족 출신의 이극용에게 하동절도사를 부여하기도 했다. 또한 황소군을 격침시킨 주온(주전충)이 선무절도사에 임명되었듯이 마치 절도사 자신이 토호·군도(群盜)·이민족이라고 하여 이전부터 내려온 귀족과는 전혀 이질적인 세계로 드러나게 되었던 것이다.

황소의 난에서 공적을 올린 무장 가운데에 특히 이극용과 주전충이 유력해지게 되자 그들은 서로 권력을 다투었다. 게다가 봉상(鳳翔) 이무정(李茂貞)도 가세해 세 사람이 황제에 접근해서 패권을 장악하려고 다툼을 벌였는데, 결국 천우(天祐)4년(907)에 주전충이 당에서 바뀐 정권을 세워 '양(梁)'이라고 칭하게 되면서 이로서 당은 멸망하게 되었다.

주전충의 양(梁 : 후량後梁)에 이어 화북에서는 후당·후진·후한·후주인 오왕조(五王朝)가 흥망했던 것으로 이 시대를 오대(五代)라고 부르고, 또한 중국의 기타 지방에서는 전촉·후촉·오·남당 등 많은 국가가 흥망했기에 합해서 오대십국(五代十國)의 시대라고 부르고 있다. 이 오대십국 가운데 대개의 국가는 절도사에 의해 건국된 정권이고 그들의 대부분은 황소의 난을 중심으로 한 당말의 전쟁 속에서 입신한 군도(群盜)·병사·토호 등 신흥계층의 출신자라든지 이민족 출신의 무장이었고, 이같은 무리가 절도사가 되면서 여기서 보는 사회는 지금까지의 당대와는 저절로 다른 것이 되어버리고 말았던 것이다. 그리고 오대의 후주의 제위를 탈취한 조광윤이 개봉에 도읍을 두고 송(宋)을 건국하게 되어 마침내 중국에서 재차 통일국가를 탄생시키게 되고 여기에서 새로운 시대가 전개된다.

2. 고문의 부흥과 신유학의 태동

1) 고문의 부흥

당대의 융성은 태종으로부터 현종에 이르면서 최고조에 달했다는 견해가 있다. 일반적으로 문화면에서 말하면 이 시대를 성당(盛唐)이라고 부른다. 하지만 이미 서술했듯이 현종시대부터 정치와 경제 등의 분야에서 변혁의 움직임이 보이고, 안사의 난을 계기로 해서 그것이 더욱 심화되었지만 사상과 문화의 측면에서도 시대의 변혁을 보여주는 동향을 엿볼 수 있다는 것이다.

나이토박사는 그의 저서인 『지나사학사支那史學史』13) 가운데에서 다음과 같이 언급했다. "당의 중엽부터 문장이나 학문적인 측면에서 이른바 혁명의 시대가 왔다."고 한다. 즉 그는 그 혁명적 사항으로서 고문(古文)의 부흥과 경학의 새로운 연구를 들고 있기에 박사의 의견에 준해서 먼저 고문의 부흥부터 고찰해 보도록 하자.

대개 육조부터 당초에 걸쳐서 유행한 문체는 이른바 사륙변려문(四六騈儷文)14)이라고 칭하는 문장이었다. 이것에 대해서 한대에서 사용되었듯이 산문형식을 부흥시키고 문장상의 기교를 버려서 솔

---

13) 『支那史學史』, (『內藤湖南全集』第11卷, 內藤虎次郎著, 筑摩書房, 1969)
14) 역자 주 : 변려체(騈儷體)・변문(騈文)・사륙문(四六文)이라고도 한다. 문장이 네 자와 여섯 자를 기본으로 한 대구(對句)로 이루어져 수사적으로 미감(美感)을 주는 문체이다. '변'은 '한 쌍의 말이 마차를 끈다'는 뜻이고, '려'는 '부부'라는 뜻이다. 후한 중말기에 시작되어 위진남북조를 거쳐 당나라 중기까지 유행한 문체로, 변려문이라는 명칭은 당송 8대가의 한 사람인 유종원의 『걸교문乞巧文』「변사려륙금심수구 騈四儷六錦心繡口」라는 구절에서 유래했다.

직하게 자신의 문장을 보여주려는 경향이 나오게 된 것은 새로운 의지표현으로서 주목할 만한 현상이라고 말할 수 있다. 이런 분위기는 이미 육조 말경에 보였고 요찰(姚察)과 요사렴(姚思廉) 부자가 『양서梁書』와 『진서陳書』 등의 역사서 편집을 담당하면서 지은 『송서宋書』와 『제서齊書』 등에서 볼 수 있는 변문의 체재를 버리고, 산문형식으로 바꾼 것은 역사가로서의 자신이 역사를 쓴다고 하는 지나친 의욕의 성과였다고 생각된다. 또한 당대에 들어오게 되자 독고급(獨孤及)과 양숙(梁肅) 등이 전한의 양웅과 동중서의 문체에 익숙해서 고문을 사용한 일례도 있었지만, 그것은 어찌 되었든지 간에 말하자면, 특수한 현상이고 또한 당시 고문이 유행했을 리가 없다. 대체로 고문의 부흥이라고 하면 일반적으로 당 중기의 한유와 유종원이 그 중심인물이라고 말할 수 있다. 따라서 나중에 송의 소식(蘇軾 : 동파東坡)이 한유를 평하기를 "그의 글은 팔대의 쇠퇴함을 일으켰다."고 하여 『신당서新唐書』「문예전」에서도 "고문은 한유와 유종원으로부터 흥하게 되었다."라고 하고 있는 것은 그 의견을 대표하고 있는 것이라고 생각한다.

2) 무제와 동중서

고문의 부흥과 동시에 또 다른 하나의 변혁은 경학(經學)의 분야에서도 볼 수 있다. 나이토박사는 다음과 같이 말한다. "그것과 동시에 경학방면에 있어서도 하나의 혁명이 일어났다. 『춘추』의 새로운 연구가 그것이다. 그 연구가로서 담조(啖助)가 나왔고, 그의 문하에는 조광(趙匡)과 육순(陸淳)이 있다. 이 사람들은 종래의 『춘추』가 오로지 삼전(三傳)에 의거해 연구되었던 것에 반해 삼전에 대해서

도 의문을 가지고 자신의 생각으로서 판단했던 것이다.....이 『춘추』 의 새로운 연구가 일어난 것은 사상 상에서 새로운 바람을 일으킴 과 동시에 『춘추』의 해석을 새롭게 생각하려 했던 것이고 그 흐름 은 고문의 부흥과 연계해서 당 이후 크게 성행하게 되었다."15)

그렇다면 경학이란 어떤 것일까? 경학이란 문자의 의미로부터 말한다면 경서(經書)에 대한 학문이라고 할 수 있겠지만, 경서는 유 학의 기본적인 문헌이고 이른바 경학이란 유학을 배우는 것이다. 유학이란 선진(先秦)시대의 제자백가 가운데 공자를 시조로 해서 맹자・순자 등으로부터 형성되어 유가로 발전한 것이고, 경학이란 개념으로 생각할 수 있는 유학은 대개 한대(漢代)에 들어서면서부 터라고 말할 수 있다.

한나라의 제7대의 황제였던 무제(武帝)는 17세에 즉위하면서 적극 적으로 새로운 정치를 추진하여 지방으로부터 현량문학(賢良文學) 등 우수한 인재를 천거하여 관료의 등용에 매진했다. 그리고 이 시기 에 현량(賢良)으로서 응했던 동중서(董仲舒)는 무제가 출제한 "대도 (大道)의 요체와 그 지론의 지극함은 무엇인가?"에 대한 질문에 답하 기를 공자의 말을 수시로 인용해 가면서 다음과 같이 말했다.

> 인군인 자가 마음을 바르게 하면 조정도 올바르게 된다. 조정 이 올바르면 모든 관리도 바르게 된다. 모든 관리가 올바르면 모 든 백성도 올바르게 된다. 모든 백성이 올바르면 천지사방도 올 바르게 된다. 천지사방이 올바르게 되면 멀고 가까운 모든 것이 바르게 되지않는 것이 없다. 사특한 기운도 그 사이로 들어오지 못한다. 이렇게 된다면 음양이 조화되고 풍우의 시기가 적절하며

---

15) 『支那史學史』(『內藤湖南全集』第11卷, 內藤虎次郎著, 筑摩書房, 1969.)

모든 생물이 조화롭게 되어 만민이 성장하고 오곡이 익고 초목은 무성해져서 천지간이 윤택해져 크게 풍요로워진다.16)

이 의견을 들은 무제가 놀라는 것도 무리는 아닙니다. 왜냐하면 구체적인 치세의 방법이 바뀌어가기를 기대하고 있었던 무제에게 있어서 동중서는 먼저 인군인 자는 스스로 마음을 바르게 하라고 하는 인군의 처세의 훈시를 당당하게 논했기 때문이다.

이 말은 후한의 반고가 편찬한 『한서』「동중서전」에 나오는 것이지만, 같은 책에서는 계속해서 무제는 그 대안을 보고 마음에 감동을 받았고, 또한 그에게 물었다고 했기 때문에 무제에게 주었던 충격의 정도를 알 수 있다. 여기서 동중서는 재차 답한다.

근본적으로 선비를 양성하지 않고 현자를 구하려고 하는 것은 예를 들자면, 옥을 다듬지 않고 그 광채를 구하는 것과 같은 것이다. 따라서 선비를 양성하는데 있어서 무엇보다 중요한 방법은 태학(太學)보다 좋은 것은 없다. 태학은 현명한 선비와 연관되어 있는 곳이자 교화의 본원이다. 지금 나라 전역에서 천자의 명령에 응하는 자가 적은 것은 왕도가 자주로 끊어져 있는 것처럼 되어 있기 때문입니다. 폐하! 부디 태학을 흥기하고 훌륭한 스승을 두어 천하의 선비를 양성하며 점차로 고시를 통해서 인재를 개발하고 싶습니다. 그렇게 한다면 훌륭한 인재는 반드시 나올 수 있을 것입니다.17)

---

16) 『漢書』권26, 「董仲舒傳」, "人君者, 正心以正朝廷, 正朝廷以正百官, 正百官以正萬民, 正萬民以正四方. 四方正, 遠近莫敢不壹於正, 而亡有邪氣奸其間者. 是以陰陽調而風雨時, 群生和而萬民殖, 五穀孰而草木茂, 天地之間被潤澤而大豊美."

17) 『漢書』권26, 「董仲舒傳」, "夫不素養士而欲求賢, 譬喻不琢玉而求文采也. 故養士之大者, 莫大虖太學, 太學者, 賢士之所關也, 敎化之本原也. 今以一郡一國之衆, 對亡應書者, 是王道往往而絶也. 臣願陛下興太學, 置明師, 以養天下之士, 數考問以盡其材, 則英俊宜可得矣."

결국 다음 단계에서 동중서는 인재개발을 위해 태학의 개설을 주장했던 것이다. 또한 무제가 다시 묻자 동중서는 답한다.

> 지금 학자는 여러 가지의 도를 달리 하고 일반인들은 각각의 논의를 달리하니 백가(百家)는 말하는 바가 제각각이다. 이들에게는 위로부터 하나 된 바가 없고 법률과 제도가 때때로 변하여 아랫사람들은 무엇을 준수해야하는지 모릅니다. 제가 생각하건대 육예의 교과와 공자의 학술이 아닌 것은 모두 금지하여 이런 것들을 받아들여서는 안됩니다. 그렇게 한다면 사특한 설은 완전히 제거되고 규범도 통일되어 법도도 분명해지게 됨으로써 백성도 따르는 바를 알 수 있을 것입니다.[18]

이렇게 동중서는 육예의 교과와 공자의 학술을 진언하고 유학에 의거해 세상의 의론을 통일하도록 함으로써 이로부터 유학이 관학으로서의 지위를 확립하게 된 것이다.

3) 오경박사

물론 한무제 무렵이 되면서 유학이 급히 진출했던 것은 아니다. 제자백가의 하나로서 선진시대에서 유행했던 유학은 진의 시황제의 엄격한 사상통제가 있어 극심한 탄압의 바람을 맞았었지만, 한의 혜제(惠帝)의 무렵에 가까스로 협서의 금지가 폐지되어 유학의 경전도 서서히 햇빛을 보게 되었다. 하지만 특히 문제는 형명(刑名)의 학을 좋아해 법가에 밝은 조조(?-BC 154)는 경제(景帝)에게도 거듭 등용

---

[18] 『漢書』권26, 「董仲舒傳」, "今師異道, 人異論, 百家殊方, 指意不同, 是以上亡以持一統, 法制數變, 下不知所守. 臣愚以爲諸不在六藝之科孔子之術者, 皆絶其道, 勿使並進. 邪辟之說滅息, 然後統紀可一而法度可明, 民知所從矣."

되는 등 진 이래의 법술주의도 행해지고 있는 한편 황노학의 신봉자인 문제(文帝)의 황후 두씨(竇氏)를 중심으로 무제의 즉위에 이르기 전까지 황노학도 조정에서 상당히 유행하고 있었던 것이다.

그러던 중에 문제·경제의 시기에 가의(賈誼)가 유학에 기초한 정책을 상소하기도 해서『시경』의 학자인 원고(轅固)가 당당히 맹자의 혁명설에 기초한 탕무의 개혁을 논하기도 했으니 모두 유학의 맹아가 되었다. 그러한 추세를 받아 어릴 때부터 유학적 교육을 받아왔던 무제가 동중서의 진언을 취해서 유학의 국가라고 결단했던 것이다.

무제는 먼저 건원5년(기원전136)에『역』·『서』·『시』·『예』·『춘추』의 오경박사를 두고 유학의 경전을 강설함으로써 국가의 공인된 교육으로 규정했다. 이후 유학의 교육을 받았던 것은 이른바 유교도덕의 실천자가 차례로 관료에 등용되어 왔다. 이렇게 모두 관료의 교양은 유학으로부터 근원을 두게 되자 정치와 학문이 연계되었다. 결국 유학과 국가권력과의 결합이 성취되고 이로부터 유학은 마침내 국가정치의 근본이념이 되었고, 이후의 중국사상계 뿐만 아니라 사회전반에 걸친 중대한 영향을 미쳤던 것이다.

4)『춘추』의 삼전

그런데 유학의 관학화에 큰 역할을 담당한 동중서는『춘추』의 학자이고,[19] 한대 유학 가운데에서도 중추적인 입장에 있었던 학문은

---

19) 역자 주 :『춘추』의 학자였던 동중서의 대표적인 저작으로『춘추번로春秋繁露』가 있다. 춘추시대의 노국의 연대기『춘추』의 기술 속에 공자가 은연중 불어넣은 역사 비판의 정신을 밝히려 하는 것이 공양학(公羊學)인데,『춘추공양전』이

춘추학이었다.『춘추』는 노나라 은공(隱公)원년(기원전722)부터 애공(哀公)14년(기원전481)까지의 역사서로 일찍이 동주시대의 노나라의 연대기를 편년체로 기록한 것이었다. 그런데 이 242년에 걸친 기록을 공자 혹은 그의 제자들이 정리하는 한편 약간의 첨삭을 실시해서 유학의 교과서로 삼았다고 한다. 이처럼『춘추』가 특히 한 왕조의 기반으로서 정치와 학문을 연결하는 역할이 되었던 점은 주목해야만 한다.

히하라 토시쿠니(日原利國)는「유교의 국교화」(『중국문화총서3』)를 논하면서 한왕조의 근원으로『춘추』가 이루어낸 역할로서 한대

그 근거가 된다.『춘추번로』는『공양전』에 기준하였고, 때로는 그것을 넘어서 동중서가 그 당시 한 왕조의 정치체제에 철학적 근거를 확립하려 했던 책이다. '번로(繁露)'라는 명칭은『한서』「동중서전」에 그 저서의 1편의 이름으로서만 게재되어 있다. 한편『춘추번로』에 보이는 동중서의 특징적인 이론은 다음과 같다. 첫째, 현(賢)과 불초(不肖), 덕(德)과 형(刑), 경(經)과 권(權) 등의 가치의 상하를 절대화하는데, 양(陽)은 귀하고 음(陰)은 천하다고 하는 음양설(陰陽說)을 강조한다. 둘째, 왕의 독존성을 논술할 경우에 천(天)·지(地)·인(人)의 3(三)을 '일一', 즉 도(道)로 관통한 것이라고 하는 억지 문자학을 사용하였다. 또 왕은 황(皇)·방(方)·광(匡)·황(黃)·왕(往)과 통하여 천하가 귀왕(歸往)하는 것이라고 설명한다. 이것은 후한의 문자학자 허신(許愼)의『설문해자說文解字』에도 채용되어 있다. 셋째,『춘추』의 권위를 숭상하여 춘추는 바로 공자가 한 왕조를 위하여 미리 법을 제정해 준 '대의미언(大義微言)'이라 주장한다. 이 점이 후한의 공양학자(公羊學者) 하휴(何休)에 의하여 삼세이사설·이내외설(異內外說) 등으로 정비되면서 공양학은 더욱 발전되어 간다. 넷째, 백·적·흑의 삼통순환설(三統循環說)에 의하여 왕조의 혁명과, 그것에 수반하는 역법(曆法)과 복색(服色)의 개정을 합리화한다. 그러나 일면 오행설에 기본하여 '토(土)'를 오행의 중추로 삼고 한 왕조를 그것에 해당시키고 있다. 다섯째, 천자를 정점으로 하는 삼공(三公)·구경(九卿)·이십칠대부(二十七大夫)·팔십일사(八十一士)를 '천지수(天之數)'에 합치한다고 하는 천인상응설(天人相應說)과, 천(天)의 견책(譴責)은 우선 '재(災)'로 나타나고, 이어 하늘의 '이(異)'가 내린다고 하는 재이설(災異說) 등으로 천위(天威)를 강조한다. 동중서, 하휴 등이 전개한 한대의 공양학은 그 후 크게 떨치지 못하였으나, 19세기 청조 후기의 중국의 위기에 즈음하여 부활되었고,『춘추번로』의 주석 중에서 소여(蘇輿)의『춘추번로의증春秋繁露義證』이 있다.

(漢代)의 예정설을 들고 있다. 즉 『공양전公羊傳』(애공14년)에 "춘추의 의의를 만들고 후성(後聖)을 기다린다."[20]라고 하는 문장을 기초로 해서 "주왕조를 계승해 혼란을 다스린다."[21]고 하는 임무를 띠고 출현한 유한(劉漢)왕조를 위해 공자는 『춘추』를 제작하여 거기에 신왕의 도가 머물고 있다고 하는 주장이다. 그리고 이 주장에 의거해 "첫째는 한왕조의 역사적인 존립이유를 변론하고, 둘째는 『춘추』와 한왕조를 불가분의 관계로 연계하여 『춘추』에서 한왕조의 정치철학으로서의 확고부동한 지위를 약속했던 것이다."[22]라고 한다. 그래서 "『춘추』는 권력에 근접해 일찍이 첨단의 이론의 일부는 정치의 지도원리로 변모하거나 혹은 왕조변호론으로 변화했고, 그 밖의 일부는 다의적인 또는 창조적인 해석에 의거해 지배의 이론으로 바꿔서 사용했다. 『춘추』, 바꾸어 말하면 유교는 국교화(國敎化)를 기획하여 그 성격을 크게 바꾸었다. 원시유교에 대해서 경학의 명칭에 따라서 구별되는 것은 이 때문이다."[23]라고 한다.

이처럼 유학변용의 원점에 기초하고 있는 것은 동중서이고, 또한 그가 주장한 것은 춘추공양학이었다. 이 무렵 『춘추』는 대개 『공양춘추公羊春秋』이다. 『춘추』에서는 보통 『공양전公羊傳』・『곡량전穀梁傳』・『좌씨전左氏傳』의 삼전(三傳)이 전해지고 있다. 하지만 무제가 근본으로 삼아서 유교의 관학화를 추진한 것은 『공양전』이고, 『곡량전』도 무제의 시기에 박사의 자리에 올랐지만 정치와 학술의 세계에 널리 펼쳐지게 된 것은 선제(宣帝) 무렵이다.

---

20) 『中國文化叢書 3』「儒敎の國敎化」(赤塚忠・金谷治 外, 大修館書店, 1967), 93쪽.
21) 『中國文化叢書 3』「儒敎の國敎化」, 93쪽.
22) 『中國文化叢書 3』「儒敎の國敎化」, 93쪽.
23) 『中國文化叢書 3』「儒敎の國敎化」, 93-94쪽.

5) 『오경정의』

　이렇게 해서 춘추의 삼전은 한 대 이래의 춘추학의 기본적 문헌이 되었고, 또한 『시』・『서』・『예기』를 합해서 이른바 오경이 유학의 전통적인 텍스트로서 존중되어 계승되었다. 그리고 후한시대에는 이들 경전의 훈고가 성행하였고, 위진남북조에는 많은 의소(義疏)가 첨가되었으며, 수당시기에 이르자 오경의 텍스트와 주석은 여러 종류로 다양해져서 많은 장서들이 쏟아져 나왔다.

　여기서 당에서는 유학의 혼란을 방지하게 위해 정관4년(630)에 안사고에게 명령하여 오경의 정확한 문장을 연구해서 올바로 잡도록 하고 또한 텍스트의 정본을 제작하도록 하였으며, 동시에 공영달 등에게 명하여 많은 주석 가운데 취사선택하여 주석의 기준을 마련하라고 했다. 이것이 『오경정의五經正義』이고, 『주역』은 왕필과 한강백의 주석, 『상서』는 공안국의 주석, 『시경』은 모장(毛萇)과 정현의 주석, 『예기』는 정현의 주석, 『춘추』는 『좌씨전』에 두예(杜預)의 주석으로 정했던 것이다. 이 『오경정의』가 실제로 공포된 것은 영휘4년(653)이라고 하지만, 이 이후의 유학교육은 모두 이 오경과 『오경정의』에 준하게 되었던 것이고, 관료가 되기 위한 등용시험(과거)에서는 이 『오경정의』가 규범이 되었던 것이다. 이것은 유학교육을 하나로 통일한 형태로 맞추게 되어 유학적 교양의 보급이라는 점에서 당조(唐朝)에 있어서 바람직한 일일지도 모르겠지만, 학문을 일정한 틀에 맞추어 고정화시킴으로서 자유로운 연구를 저해했다고 하는 큰 폐해도 빠뜨리지 않았던 것이었다.

　하지만 당대에 있어서도 이미 서술했듯이 현종시대를 경계로 해서 정치・경제・사회 등 각 분야에 있어서 새로운 움직임을 보였다.

이 『오경정의』에 대해서도 학문연구의 자유로움을 구하고 그 틀을 넘어서 유학의 근원을 궁구하려고 하는 분위기가 태동해 왔다. 그것이 우치도우박사가 말한 "경학 분야의 혁명"이고, 먼저 춘추삼전에 대한 새로운 연구였던 것이다.

6) 『춘추』의 새로운 연구

현종의 천보(天寶) 무렵, 『춘추』의 학자 중에 담조(啖助)라는 인물이 있었다. 그는 조주(趙州)의 출신으로 천보 말엽에 임해위(臨海尉)와 주부 등을 역임했지만, 그 후 오로지 칩거하면서 『춘추』의 연구에 몰두했다. 당시 『춘추』는 『오경정의』에 따르면 삼전(三傳) 안에 『좌씨전』의 두예(杜預)의 주석을 정해두었지만, 담조는 『공양전』과 『곡량전』을 좋아해 『좌씨전』을 좌구명(左丘明)의 저작이 아니라고 판단하고, 자신의 생각에 따라서 직접 『춘추』의 진의를 추구하여 삼전의 장단점을 분석해서 『춘추집전春秋集傳』을 저술했다. 이것은 당시의 유학계로서는 큰 사건이었다. 『좌씨전』에 정면으로 비판을 가하고 춘추해석에 대해서 그 굴레를 벗고 자유로운 입장으로부터 『춘추』를 이해하려고 했던 것을 그 연구에 새로운 선풍을 불러일으킨 것이었다.

그 후 담조의 제자 조광(趙匡)은 스승의 『춘추집전』을 수정하고, 특히 육순(陸淳)(훗날 육질(陸質)로 개명)이 이것을 정리해 『춘추집전찬례春秋集傳纂例』를 만들었는데, 그들의 학풍은 마침내 계속해서 일어날 신유학의 선구로서 주목해야만 한다.

그런데 이 육순에 대해서 당나라의 인물을 기록한 『구당서舊唐書』와 『신당서新唐書』에서는 미묘한 차이를 보이고 있는 것이다. 오대의 후진(後晋) 무렵에 편찬된 『구당서』에서 그의 전기가 「유학열전」 속에 덧붙여져 있다. 그런데 송대의 가우6년(1060)에 구양수 등이 상소를 받들어 편찬한 『신당서』에 그의 전기는 위집의(韋執誼)·왕숙문(王叔文)·왕배(王伾)·유우석(劉禹錫)·유종원(柳宗元) 등을 정리해서 한 권으로 되어있다. 『구당서』가 그를 유학자의 한 사람으로 해석하고 있는 점은 당연한 것으로서 『신당서』의 견해는 과연 어떤 의미를 갖는 것일까?

7) 이왕 사건

『신당서』에서는 그들을 총괄해 이왕 사건의 독특함이라고 해석했다. '이왕(二王)'이란 왕숙문과 왕배를 가리키는데, 왕숙문은 바둑을 잘 두었고 왕배는 글이 정교하여 모두 덕종의 정원년에 한림대조(翰林待詔)로서 동궁에 출입하면서 태자(훗날의 순종)의 총애가 깊었다. 당시 한림학사의 지위는 막중해서 세상 사람들은 한림학사를 내무대신이라고 까지 칭했었는데, 왕숙문은 스스로 한림학사가 되기를 기대해서 한때 한림학사 위집의(韋執誼)와 결탁하고, 또한 한태·육순·여온·유종원·유우석 등 지명도가 있는 선비와 이미 세상을 떠난 친구를 기리는 것은 다른 날을 기약했었다. 영정원년(805) 정월에 덕종이 세상을 떠나자 후사를 정하는데 즈음하여 태자에게 질병이 있어 말을 꺼낼 수 없게 되자, 환관 중에는 태자를 제쳐두고 그의 아들 순(純)을 세우려는 의향도 있었다. 그 때 한림학사 위차공(衛次公)과 정인(鄭絪) 등은 "태자에게 질병이 있다고 하여도 장자를 마땅히 왕으로 세워야만 한다."고 주장하여 마침내 태자의 즉위가 결정되었다. 이 사람이 순종(順宗)이다.

물론 순종은 자신 스스로가 어느 하나의 일을 수행하는 것이 불가능했기 때문에 다만 깊숙이 뒤로 물러나 앉아서 머물러 있었을 뿐이었다. 환관이었던 이충언과 우소용이 좌우에 있는 관료들의 상소에 대해서 가부를 결정했다. 여기서 왕숙문은 스스로 국정을 장악하려는 욕심에서 위집의를 재상에 추대하고 자신은 한림학사가 되어 왕배와 내통하고, 왕배는 이충신에게 그리고 이충신은 우소용과 서로 결탁하여 정무를 장악했던 것이다.

안사의 난을 전후로하여 정치상에서 특히 강력한 권력을 맡게 되었던 지위로는 절도사와 환관 그리고 한림학사일 것이다. 절도사와 환관에 대해서는 이미 서술했지만 덕종 무렵부터 한림학사의 활약이 두드러졌고, 그 발언권은 절도사와 환관에게도 적지 않게 유리했다. 관료가 되어 영달을 바라는 자들에게 있어서는 이 세 사람과 어떤 형태로든 연관관계를 맺어놓은 것이 유리했다. 하지만 절도사는 원래 지방의 세력이고 정계에 오르기 위해서는 반드시 편의를 도모하는 것이란 끝이 없는 것이다. 환관도 조정안의 특수권력이고 새로운 관료체계에서 웅비하려는 뜻을 품은 신진 관료에게는 가까이 하기 힘든 존재이다. 그렇다면 신진관료가 접근하기 손쉽고 이용하기 쉬우며 또한 장래 희망하는 대로 갈 수 있는 관료는 바로 한림학사가 되는 길일 것이다. 왕문숙과 왕배가 성공한 과정도 이 길을 이용했던 것이고, 육순과 여온 등도 빠른 길을 여기서 찾았던 것이다.

이러한 왕숙문과 왕배 등의 문하에서는 관료가 되고자 하는 자들이 군집하고 거마는 시장을 이룬 상태였는데, 그들의 전횡에 대한 실질적인 면모는 불과 수개월에 끝나고 말았던 것이다. 왜냐하면 내외에 왕숙문 등이 자기 멋대로 일삼는 데에 대한 반대의 분위기가 감돌았고, 또한 그들의 내부에서도 의지의 소통이 결여한 듯한 사태가 드러나게 되었다. 게다가 순종의 병환이 조금도 차도가 없었기 때문에 마침내 그 해 여름 순종의 태자 순(純)이 나라를 살피는 자리에 올라 정무를 담당하게 되면서 자리를 넘겨받아 즉위했다. 이 사람이 헌종이다. 황제가 바뀌자 궁정의 상태는 달라져서 왕숙문과 왕배를 비롯한 일당은 일찍이 좌천되고 말았던 것이다.

3. 유종원과 한유

1) 육순과 유종원

 육순(陸淳)과 함께 이왕(二王)의 사건에 같이 하고 있다고 보이는 주요 인물 가운데 한 사람인 유종원이 있다. 유종원이라고 한다면 한유와 나란히 칭해지는 고문부흥운동의 설립자이다. 그 유종원은 육순의 묘비명을 썼다.

> 공자가 『춘추』를 지은 지 천 오 백년, 그 전(傳)을 만들었던 것은 오가(五家)이지만 지금 그 삼전을 사용하고 있다……오군(吳郡) 지역의 사람 육선생은 천수(天水)의 담조 및 조광을 사우(師友)로서 삼고있기 때문에 성인의 가르침을 알고 있다. 그렇기에 『춘추』의 말, 이것의 영향을 받게 될 때 광명이 있고 속인과 어린 아이에게 학문을 쌓게 하여 성인의 도에 들어가게 되어 성인의 가르침을 전수받았던 그 덕됨 또한 큰 것이다. 선생은 글을 읽고 저술의 근본을 알았으며 더욱이 그 사우를 얻었기 때문에 고금에 있어서 같음과 다름을 분명히 하여 말을 덧붙여 짓지않은 문장을 중시하였다. 그가 도를 강학한 것도 20년, 저작 또한 10여년에 『춘추집주春秋集註』10편, 『변의辯疑』7편, 『미지微指』2편을 지었다.……따라서 그 글이 나오게 됨으로써 선생은 거유(巨儒)라고 불린다. 선생은 자신의 도를 글에서 남겼지만 정치에 미치지 않았고 도를 언급하였지만, 그 다스림을 보이는데 미치지 않았기에 문인들이 줄지어 늘어섰고 세상의 유자들이 통곡했다. 이후 몇 년이 흘러 선생의 글을 배우려는 자들이 생겨나고 그 묘를 지나면서 그 도가 연유한 바를 애도하여 돌에 추도의 글을 새겼다.[24]

즉 육순이 『춘추』의 대학자이었던 것을 말하고 이후 얼마의 세월이 흘러 육순의 글을 배우는 자가 있었다고 서술하고 있는데, 여기서 말하는 글을 배웠다는 자들이란 사실은 유종원이 자신의 일을 말한 것이기 때문에 유종원과 육순의 관계는, 다만 이왕(二王)의 남다른 점이라고 하기보다는 육순의 춘추학의 영향을 유종원이 상당히 받았었다고 생각할 수 있는 것이다.

유종원은 「수도론守道論」을 『춘추좌씨전』의 한 구절인 "수도불여수관守道不如守官"에 근거해서 논하고 있는데, 먼저 『좌전』의 내용을 살펴보면 다음과 같다.

> 『좌전』「소공」20년 12월에 제경공이 패에서 사냥을 하고 있다가 활을 이용해 우인(虞人: 수렵담당 관원)을 불렀지만 우인은 이에 응하지 않았다. 제경공이 화가 나서 우인을 잡아오게 하자 우인은 이같이 말했다. "옛부터 선군이 사냥할 때 대부를 부르는 것은 전(旃)을 사용하고 사(士)를 부르는 것을 활로서 했으며 우인을 부르는 것은 피관(皮冠)을 이용했습니다. 저는 피관을 보지 못했기에 감히 나가지 못했습니다."라고 했다. 이에 그를 놓아주었다. 이를 중니가 평하기를 "도의를 지키는 것이 관제를 지키는 것만 못하다."고 하였다.[25]

『좌씨전』의 문장에 대해서 유종원은 중니의 말을 논하여 다음과 같이 말한다.

---

24) 『全唐文』권588, 「唐故給事中皇太子侍讀陸文通先生墓表」
25) 『全唐文』권582, 「修道論」, "十二月 齊侯田于沛, 招虞人以弓 不進. 公使執之, 辭曰 '昔我先君之田也, 旃以招大夫, 弓以招士, 皮冠以招虞人. 臣不見皮冠, 故不敢進.' 乃舍之. 仲尼曰 '守道不如守官, 君子韙之'."

이것은 성인의 말이 아니다. 이것을 전한 자의 실수이다. 관(官)이란 도(道)의 그릇(器)이어서 관과 도를 나누어서 말할 수 있는 것이 아니다. 수관(守官)한 것이 실도(失道)라고 한다든지, 수도(守道)였던 것이 실관(失官)이라고 하는 것은 잘못이다. (따라서 '수관불여수관守官不如守官'이란 그 근본을 제대로 간파하지 못한 언급으로써 : 저자의 주) 이는 성인의 말이 아니다. 이것을 전한 자의 실수이다.[26]

즉 지금까지 『춘추』에 대한 해석은 『오경정의』에 들어있는 두예의 『좌씨전』에 의거해 왔는데, 유종원은 『좌씨전』 그 자체를 비판하고 이 논의 중에서 "수관불여수관"이라는 문구를 들어서 이를 부정하여 "성인의 말이 아니다. 전하는 자의 실수이다."라는 말을 세 차례에 걸쳐 적고 있다. 유종원이 그 실수를 전한 자라고 지적했던 것은 누구를 가리킨 것일까? 그야말로 『좌씨전』의 주소(註疏)를 썼던 두예와 『오경정의』를 편찬한 공영달 등의 이른바 공식적인 입장을 가졌던 사람들을 지적하고 있는 것으로 생각된다. 즉 유종원에서 담조·조광·육순 등 새로운 춘추가의 명맥으로 흐르고 있는 것이다.

2) 「육역론」

『춘추』를 통해 기성의 권위에 대한 저항을 시험해 본 유종원의 기백은 그의 「육역론六逆論」에서도 드러나고 있다. 『좌씨전』「은공」 3년에 「육역설」이라는 이야기가 있다.

---

26) 『全唐文』권582, 「修道論」, "是非聖人之言. 傳之者誤也. 官也者, 道之器也, 離之非也. 未有守官而失道, 守道而失官之事者. 是固非聖人之言. 乃傳之者誤也."

위나라 장공의 아들인 주우(州吁)는 첩의 자식으로서 총애를 받고 크면서 병정놀이를 좋아했지만, 장공은 이에 대해 조금도 주의를 기울이지 않았다. 이로 인해 장강이 주우를 미워했다. 이 때 위나라 대부인 석작(石碏)이 장공에게 간언하기를 "마땅히 자식을 사랑한다면 올바른 길을 가르쳐 사특함에 빠지지 않게 하는 것입니다. 교만하고 사치하며 욕심 많고 방종함은 스스로 사특한 길로 접어드는 것입니다. 이 네 가지는 총애와 복록이 지나치게 과해서 오는 것입니다. 장차 주우에게 뒤를 잇도록 하기 위해서는 곧바로 그 일을 정하십시오. 만일 그렇지 않으면 군주의 총애가 오히려 장차 환란을 부르게 될 것입니다. 총애받으면서 교만하지 않고, 교만하면서도 낮은 지위에 머물고, 낮은 지위에 머물면서도 원망하지 않고, 원망할지라도 능히 참으며 자중 할 수 있는 사람은 극히 적은 법입니다. 본래 천방귀(천한 사람이 귀한 사람을 방해하는 것), 소릉장(어린 사람이 어른을 능멸하는 것), 원간친(친분이 먼 사람이 가까운 사람을 이간질하는 것), 신간구(새로 들어온 사람이 옛 사람을 이간질하는 것), 소가대(하관이 상관을 무시하는 것), 음파의(음란함이 의로움을 깨뜨림)를 이른바 육역이다."라고 했다.27)

유종원은 이 여섯 가지의 항목에 비판을 가했다.

　소릉장(少陵長)·소가대(小加大)·음파의(淫破義)의 세 항목은 근본적으로 혼란을 일으킨다. 하지만 천방귀(賤妨貴)·원간친(遠間親)·신간구(新間舊)의 세 항목은 반드시 혼란이라고 말할 수 있을까? 천방귀라고 하는 것은 생각건대 후계자를 뽑는 것으로서

---

27) 『左傳』「隱公3년」, "公子州吁, 嬖人之子也, 有寵而好兵. 公弗禁, 莊姜惡之. 石碏諫曰, 臣聞愛子, 教之以義方, 弗納於邪. 驕奢淫泆, 所自邪也. 四者之來, 寵祿過也. 將立州吁, 乃定之矣. 若猶未也, 階之爲禍. 夫寵而不驕, 驕而能降, 降而不憾, 憾而能眕者鮮矣. 且夫賤妨貴, 少陵長, 遠間親, 新間舊, 小加大, 淫破義, 所謂六逆也."

그 어머니의 신분이 귀족인지 아닌지를 염두하는 말이다. 귀하지만 어리석고 일천하더라도 성현이라면 그것을 꺼리는 것은 당연한 이치이다. 또한 원간친과 신간구는 임용의 도를 말한 것이다. 친한 옛 사람이 어리석고, 멀리하던 새로운 사람일지라도 성현이라면 이를 이간질하는 것은 또한 당연한 이치이다. 어째서 이런 말에 따를 필요가 있는 것일까? 이 말에 따르면 천하는 어지러워질 것이다. 안사고의 교훈이 반드시 옳지는 않다. 이것도 또한 옳지 않다. 이 세 조항은 임금을 뽑고 신하를 천거하는 법이었고, 천하의 혼란을 다스리는 근본이다. 후세의 사람은 이『좌전』의 세 항목의 말에 따라서 논의를 세웠는데, 상지(上智)의 사람은 유혹되지 않지만 중인(中人) 이하의 사람은 이것에 의해 패란을 불러오는 것이 적지 않다. 이 말 조차도 폐기해야만 하는 것이다.[28]

여기에서는 유종원이 일찍이 당당하게『좌전』의 문장에 도전하여 폐기해야만 한다고 논하고, 안사고의 주(註) 조차도 옳지 않다고 논단하여 주석가들의 공격을 전개했던 것이 이「육역론」의 한 구절부터 충분히 알 수 있을 것이다.

더구나 이「육역론」은 유종원의『좌전』에 대한 도전이라고 하는 것 뿐만 아니라 특히 이 중에서 그의 인간관이 충분히 드러나 있다는 것이다. 그가 긍정한 세 항목은 지위의 귀천과 혈통 이른바 친소원근(親疎遠近)을 넘어서 인간 그 자체의 능력, 즉 개인의 인물 여하를

---

28) 『全唐文』권582,「六逆論」, "少陵長, 小加大, 淫破義 是三者固誠爲亂矣 然其所謂賤妨貴, 遠間親, 新間舊者 雖爲理之本可也 何必曰亂 夫所謂賤妨貴者 蓋斥言擇嗣之道 子以母貴者也 若貴而愚 賤而聖且賢 以是而妨之 其爲理本大矣 而可捨之以從斯言乎 此其不可固也 夫所謂遠間親 新間舊者 蓋言任用者之道也 使親而舊者愚 遠而新者聖且賢 以是而間之 其爲理本亦大矣 又可捨之以從斯言乎 必從斯言而亂天下 謂之師古訓可乎 此又不可者也 嗚呼 是三者 擇君置臣之事天下理亂之大本也 爲書者執斯言 著一定之論以遺後代 上智之人 固不惑於是矣 自中人而降守是爲大 據而以致敗亂者 固不乏焉."

문제삼고 있는 것이다. 그리고 여기서는 규격화된 사회 일원으로서의 인간이 아니라, 어디까지나 개인의 능력을 인정하고 인간으로서의 가치에 기준을 둔 사고방식이다. 이것은 육조부터 당에 이르는 귀족사회에 있어서 가문을 존중하고 족성(族姓)을 중시하는 의식과는 서로 대립되는 사고방식이고, 이 가운데에서 지속적으로 변혁하는 새로운 사회로 고취하도록 강하게 불러일으켰었던 것이라고 생각된다.

인간이 성현이라면 그 능력에 맞는 지위를 받아서 그 역량을 발휘한다. 그것이 그가 그린 사회의 이상형이다. 그는 「봉건론」에서 말한다.

> 천하의 도란 이 세상을 평안히 다스리는 것이니, 이는 곧 인재를 얻는 것이다. 현자를 위에 자리하게 하고, 불초한 자를 아래에 자리하게 할 때 비로소 이 세상을 평안히 다스릴 수 있다. 지금 봉건제도 그 자체는 세습에 의해서 다스리는 것이다. 따라서 이처럼 세습에 의해서 다스리는 자가 과연 위에 현자를 자리하게 하고, 아래에 불초한 자를 자리하게 할 수 있을까? 바로 그렇기 때문에 이 세상을 어지럽히기만 할 뿐 평안히 다스릴 줄 모른다. 장차 좋은 세상을 만들기 위해서 세상 사람들의 이목을 집중시켜 보려고 해도, 또한 세습의 대부가 자리하고 있어서 대대로 세습의 봉록을 받으며 그 봉토를 독점하고 있다. 그러니 아무리 성인이 이때 태어난다고 해도, 또한 천하에 자리할 수는 없는 것이다.29)

이것은 당의 세습적인 사회제도를 비판하고 그로부터 인간으로서의 가치를 평가하려는 것으로서 궁극적으로 그는 "정치란 결국

---

29) 天下之道, 理安斯得人者也. 使賢者居上, 不肖者居下, 而後可以理安. 令夫封建者, 繼世而理. 繼世而理者, 上果賢乎, 下果不肖乎. 則生人之理亂 未可知也. 將欲利其社稷, 以一其人之視聽, 則又有世大夫, 世食祿邑, 以盡其封略. 聖賢生於其時, 亦無以立於天下.

인재를 얻는 것이다."라고 언명하고 있다. 이 말은 그 말을 근저로 해서 이후에 나온 송의 범조우(范祖禹)의 "정치는 인물에 의해 행해지는 것이지 법도에 의거하는 것이 아니다."(『당감唐鑑』)라는 의견을 방불케 한다.

3) 유종원의 군신관

이같은 인물이 임금이 되고 신하가 되는 정치를 행함으로써 그 임금과 신하는 모두 어떤 행동을 해야만 하는가? 유종원은 관료로서의 직능을 다음과 같이 규정한다.

> 대개 지방의 관리는 자신의 직분을 잘 숙지하고 있는가? 모든 그 직책은 백성에게 도움을 주려고하는 것이었지 백성을 부리려고 하는 것이 아니다. 백성은 그 지방에서 생활을 하게 되면 그 수입에서 10분의 1의 조세로 내고 이 돈으로 관리를 고용해 여러 백성을 위해 균등히 관리하는 것, 즉 백성이 봉급을 내서 고용한 것이다. 그런데 관리가 된 사람 중에는 자신이 거기에 고용되어 있으면서도 그 일을 태만하게 하는 자가 매우 많았다. 이는 다만 게으른 것에 불과한 것이라기보다는 백성으로부터 도둑질한 것처럼 된 것이다. 지금 만일 사람을 집에 고용하고 그 사람이 봉급을 받으면서 일을 제대로 하지 않고 게다가 주인의 재물을 훔친다면, 주인은 반드시 화를 내고 이 고용인을 징벌할 것임에 틀림없다. 지금 관리들 가운데 이같은 사람이 적지않게 보이기에 고용주가 사람이 생각한 대로 화만내고 징벌하지 않는 것은 어찌 된 까닭인가? 그것은 세력, 즉 지위가 다르기 때문이다. 하지만 세력이 비록 다르다고 할지라도 도리는 모두 같은 것이다. 만일 도리에 직면한 관리라고 한다면 어째서 자신의 행위는 염려하면서 백성은 염려하지 않은 채로 두고 있는 것일까?30)

이처럼 유종원은 관료란 백성에 의해 고용되었고, 백성을 대신하여 집행하는 자로서 규정한다. 그렇기 때문에 관료는 모든 백성에 대한 책임을 도맡아야만 한다고 생각한다. 더욱이 관료인 사람도 10분의 1의 조세를 내고 관료를 고용한 백성도 같이 인간이며, 또한 도리로서 어떤 차이가 있을 리가 없다고 생각된다. 이 생각은 당시 귀족사회에 있어서 아마도 지극히 새로운 의식이 없었던 것일까? 예를 들면 항상 유종원과 상대적인 관계로 취급된 한유(韓愈)와 비교한다면 어떠할까? 한유는 「원도原道」 가운데에서 "임금이란 명을 내리고, 신하는 임금의 명령을 수행하며 이를 백성에게 이루는 것이고, 백성은 농작물을 수확하고 그릇과 그 덮개를 만들어 재화를 통해서 거기서 사용한 것"이라고 규정하고, 임금과 신하와 백성 사이에서 분명히 계층적 차이가 있는 것이라고 생각하고 있는 것에 대해서 유종원은 보다 자유롭게 인간을 파악하고 신분적인 장벽을 제거해서 개개인이 살아있는 존재로서 인식하고 있다는 것으로 생각하지 않았을까?

따라서 유종원의 군주관은 또한 다음과 같이 시사하고 있다. 모든 중국의 고대에서는 자연현상과 인사현상이란 서로 연관한다고 생각한다. 군주가 선정을 베풀면 자연도 그것에 감응해 순조롭게 진행된다. 이것에 반하여 군주의 행위가 온전하지 못하면 재해가 찾아온다고 말한다. 이것을 무엇보다 명료하게 주장하는 일례로서 전한(前漢)시기의 동중서의 "천인상여(天人相與)의 관계"라는 관점

---

30) 『全唐文』권578, 「送薛存義之任序」, "若知其職乎 蓋民之役 非以役民而已也 凡民之食於土者 出其十一傭乎吏 使司平於我也 今我受其直怠其事者 天下皆然 豈唯怠之 又從而盜之 向使傭一夫於家 受直 怠若事 又盜若貨器 則必甚怒而黜罰矣 以今天下多類此 而民莫敢肆其怒與黜罰 何哉 勢不同也 勢不同而理同 如吾民何 有達於理者 得不恐理畏乎."

이 있다. 그런데 당나라 덕종 무렵에 주비(朱泚)가 난을 일으켜 수도를 점령하고 덕종이 난으로 고통을 겪을 때, 덕종은 "이것은 천명이고 사람의 일로 인한 것이 아니다."라고 했다. 하지만 제왕의 측근에 있었던 한림학사 육지(陸贄)는 "『서경』에서 하늘이 보고들을 수 있는 곳은 모두 사람에 의한 것이라고 말합니다. 성현들의 뜻이 모든 화복은 사람에 의한 것이라고 하고, 성쇠는 천명에 있다고 말하지 않습니다. 생각건대 인사가 안정되어 천명의 혼란을 물리친 사람은 없습니다."라고 말했다. 즉 덕종에게 있어서 특히 천명에 집착하는 견해가 있는 것에 대해서, 육지는 천명이라는 권위보다도 그것을 받은 인간에게 중점을 옮겨서 생각하게 되었다는 것이다.

하지만 유종원에 이르게 되자 갑자기 비약된다. 그의 「천설天說」에서는 한유와 화복에 대해서 전한의 동중서와 서로 논의했다고 하는 말들이 나오고 있다. 한유가 "임금은 하늘의 학설을 알고 계십니까? 지금 질병과 기근에 고민하는 자가 있습니다. 하늘을 숭앙하고 따르라고 말합니다. 백성을 해롭게 한 자가 영화를 누리고, 백성을 구한 자가 화를 입었다고 합니다. 하지만 저는 생각합니다. 하늘의 소리를 듣는다면 공적이 있는 자는 반드시 큰 상을 받고, 화를 일으킨 자는 죄를 받는 것도 클 것입니다."31)라고 하였다. 유종원이 답하여 말했다. "모든 하늘이 어째서 공로에 상을 주고 재앙에 벌하는 것일까? 공로란 자신 스스로에게 공로가 있는 것이고, 재앙이란 자신 스스로가 재앙을 초래하는 것으로 상벌을 하늘로부터 바라는 것은 큰 오류입니다. 절규하며 원망하고 슬퍼하고 사람다워지려고 열

---

31) 『全唐文』, 권584, 「天說」, "若知天之說乎. 吾爲子言天之說, 今夫人有疾痛倦辱飢寒甚者. 因仰而呼天曰, 殘民者昌, 佑民者殃……吾意天聞其呼且怨, 則有功者受賞必大矣. 其禍焉者受罰亦大矣."

망하는 자는 또한 크게 잘못하는 것입니다."[32]라고 하였다.

이 논의에서 보이는 한유의 의견은 앞서 육지와 마찬가지로 사람이 절규하는데 있어서 인간의 의지가 덧붙여지는데, 특히 하늘의 권위를 기대하는 입장이다. 하지만 유종원은 하늘이 감응해서 상벌을 내리는 것은 아니다. 스스로의 행위가 결국 자기에 반해서 돌아온다. 화복길흉은 요컨대 자신의 행위에 의해 행하는 것이라고 주장하고 있는 것은 아닐까? 따라서 그는 「자설禠說」 중에서 신에게 제사지내는 행사에서도 의심의 눈초리를 건네고 있고, 「영릉군복유혈기零陵郡復乳穴記」에서는 훌륭한 정치가가 역사적 비판을 받았기 때문에 석종유가 취했다고 하는 상서롭다는 말의 실태를 드러내면서, 진정한 정치는 상서로움이고 하늘이 시사한 현상에 의해서 좌우되는 것이 아니라고 주장한다. 여기에서 옛날부터 중국인의 의식 속에 흐르고 있던 "하늘이 모든 인간현상을 지배한다."고 하는 관념은 대부분 사라지고 하늘의 힘보다는 살아있는 사람을 드러내어 임금도 신하도 인간이라는 공통의 장에서는 어떤 차별도 없는 것이라고 이해했던 것이다.

4) 유종원의 성인관

한유는 「원도原道」・「원인原人」・「원성原性」 등의 논저 가운데에서 성인을 다음과 같이 생각한다. "옛날에는 사람에게 해가 많았기 때문에 성인이 나와서 백성에게 살아갈 수 있는 길을 가르쳐 주었고, 백성의 임금이 되고 스승이 되어 벌레・뱀・짐승을 몰아낸 뒤

---

[32] 『全唐文』, 권584, 「天說」, "其烏能賞功而罰禍乎. 功者自功, 禍者自禍. 欲望其賞罰者, 大謬矣. 呼而怨, 欲望其哀且仁者, 愈大謬矣."

에 중원의 땅에 살게 하셨다. 백성들이 춥고 고통받기에 옷을 만들어 입히고, 굶주림 때문에 먹을 것을 만들어 주었다. 나무에서 살다가 구르기도하고 땅에 살다가 병들기도 하니 그런 연후에야 집을 만들어 주었다. 도구 만드는 법을 가르쳐 주고 기물을 풍족하게 했으며 장사하는 법을 가르쳐서 있고 없는 것을 유통시켰다. 의약을 만들어서 일찍 죽는 것을 구제하였고, 장례와 제사를 만들어 은혜와 사랑을 오래도록 이어지게 했으며, 예법을 만들어 그 앞과 뒤의 순서를 정했고, 음악을 만들어 우울한 마음을 풀어 주었다. 나라 다스리는 법령을 세워서 태만함을 다스렸고, 형벌을 제정하여 흉악해서 다스리기 어려운 것들을 제거했다. 서로 속이기에 부절과 도장·말·곡·저울추·저울대를 만들어 신뢰하도록 했고, 서로 빼앗으니 성곽과 갑옷 그리고 무기를 만들어 이를 지키게 했고, 재해가 닥치는 것에 대비하게 하였고 우환이 발생하는 것을 막게 하였다."[33] 고 한다. 이처럼 성인이 되면 백성들과는 달리 구별되는 위대한 존재라고 생각했다. 따라서 한유의 「사설師說」에서도 "옛 성인은 보통의 사람보다 탁월했지만 오히려 스승을 따라 물었는데, 오늘날의 많은 사람들은 성인보다 현격히 동떨어져 있으면서도 스승에게 배우기를 부끄러워한다."[34]고 규정한다. 그러므로 그의 「원훼原毀」에서도 "순임금은 대성인으로서 후세에 따라갈 만한 사람이 없고, 주

---

33) 「原道」, "古之時, 人之害多矣, 有聖人者立, 然後敎之以相生養之道, 爲之君, 爲之師, 驅其蟲蛇禽獸, 而處其中土. 寒然後爲之衣, 飢然後爲之食. 木處而顚, 土處而病也, 然後爲之宮室. 爲之工, 以贍其器用, 爲之賈, 以通其有無. 爲之醫藥, 以濟其夭死, 爲之葬埋祭祀, 以長其恩愛, 爲之禮, 以次其先後, 爲之樂, 以宣其湮鬱. 爲之政, 以率其怠倦, 爲之刑, 以鋤其强梗. 相欺也, 爲之符璽斗斛權衡以信之, 相奪也, 爲之城郭甲兵, 以守之, 害至而爲之備, 患生而爲之防."
34) 「師說」, "今之聖人, 旣出人也遠矣. 猶且從師而問焉, 今之衆人, 其下聖人也亦遠矣, 而恥學於師."

공도 대성인이어서 후세에 따라갈 만한 사람이 없다."라고 논단하는 것이다.

그런데 유종원은 어떤가? 그는 『전당문全唐文』「시령론상時令論上」중에 "한유는 『예기』「월령月令」을 논하면서 이것은 성인의 작품이다. 하지만 성인의 도는 다만 사람에게 이롭게 하고 일에 따라서 준비할 뿐이다. 「월령」의 설을 보면 어디까지나 오사(五事)를 합해 오행(五行)에 배열하고 그 정령(政令)을 베푼다는 것이다. 이것은 성인의 도와는 떨어져 있는 것이고 그렇지 않으면 또한 관계가 멀다. 그렇기 때문에 시령(時令)에 반하게 되면 천재지변이 일어나게 되는 등을 말하는 것은 어두운 역사적인 말이지 성인이 실행하는 바가 아니다."35)라고 단언한다. 또한 「관팔준도설觀八駿圖說」에서는 "옛 서적에 주나라의 목공(穆公)이 여덟 마리 준마를 앞세워 곤륜산에 올랐다고 말하고, 그런 이후에 좋은 일이 있는 사람은 이 그림을 그렸다. 송나라와 제나라 이래로 이것이 전해지면서 그 형상을 매우 괴상한 것으로 생각하여 모두 이지러진 것처럼, 날개를 달고 날아가는 것처럼 혹은 용이나 봉황, 기린 또는 사마귀 등과 같은 것으로 보았다. 그 기록은 더욱이 조리가 없어서 세상에 많은 것들을 올바로 가늠하기 조차 힘들었기 때문에 세상에서는 그것을 준마라고 가르쳤다. 이것으로 인해서 세상 사람들은 괴이한 형상을 표준으로 삼아서 준마라고 구하게 된즉 세상 사람들이 성인이라고 말하는 것도 또한 이같은 부류이다. 그렇기 때문에 전하기를 복희는 소의 머리를 하고 있다 하고, 여왜(女媧)를 뱀과 유사한 것이라고 말하며, 또한 공자는 마치 가면을 쓰고 있는 것같다고 한다. 많은 사람들이

---

35) 『全唐文』권582, 「時令論 上」.

이처럼 생각하게되자 맹자가 말하기를 '어찌 사람과 다른 모습을 하고 있으리요!'라고 하였다. 요순도 우리와 같은 모습을 하고 있을 뿐이다. 지금 어떤 말은 일리를 걸어가다 땀을 흘리는 말도 있고 혹은 십리를 걸어가다 땀을 내는 말도 있으며 혹은 수 십리를 걸어도 땀 한 방울 흘리지 않는 말이 있다. 이것을 보면 털·몸통·꼬리·말갈기가 있고 네 발에 말발굽이 있으며 풀을 씹어 먹고 물을 마시는 것은 모두 한 가지로 같다. 이것을 추측해서 준말에 이른다고 해도 또한 같은 말의 부류인 것이다. 지금 사람에게서도 등짐을 지며 장사하기에 적합하지 않은 사람이 있고, 관리로서 자격이 부족한 사람이 있으며, 사대부로서의 자격이 부족한 사람이 있지만 이것을 하기에 적합한 사람도 있다. 이것을 보면 둥근 얼굴과 양쪽에 눈이 있고, 곡물을 먹고 고기를 먹으며, 갈옷을 입어서 시원하게 지내려는 생각과 모피를 입어서 따뜻하게 하려는 생각은 모두 동일하다. 이것을 추측해서 성인에 이른다고 해도 또한 같은 인간의 부류인 것이다. 그렇기 때문에 복희도 여왜도 공자도 이 또한 모두 같은 사람일 따름이다."36)라고 한다.

그는 이 논의의 마지막에서 풍자해서 말한다. "천하의 이 그림을 그려서 모은 것을 불살라 버린다면 준마와 성인이 뛰쳐나올 것임에 틀림없다."37)고 한다. 유종원의 의식에서는 성인이라고 한다면 일반

---

36) 『全唐文』권584, 「觀八駿圖說」, "古之書有記周穆王馳八駿升崑崙之墟者 後之好事者爲之圖 宋齊以下傳之 觀其狀甚怪 咸若鶩若翔 若龍鳳麒麟 若螳螂然 其書尤不經 世多有 然不足采 世聞其駿也 因以異形求之 則其言聖人者亦類是矣 故傳伏義曰牛首 女媧曰其形類蛇 孔子如倛頭, 若是者甚衆 孟子曰何以異於人哉. 堯舜與人同耳 今夫馬者 駕而乘之 或一里而汗 或十里而汗 或數十里百里而不汗者 視之 毛物尾鬣. 四足而蹄 齕草飮水 一也. 推是而至於駿 亦類也. 今夫人有不足爲負販者 有不足爲吏者 有不足爲士大夫者 有足爲者 視之 圓首橫目 食穀而飽肉 絺而淸裘而燠 一也. 推是而至於聖 亦類也. 然則伏義氏女媧氏孔子氏, 是亦人而已矣."

적인 사람과 동일하고 초월한 존재란 결코 생각할 수 없는 것이다. 이것이야말로 당대 일반의 유학의식으로부터 말한다면 훨씬 새로운 사고방식이고 성인을 보통의 사람으로 동일한 기반으로 끌어내렸던 것과 함께 보통 사람에게도 성인이 될 수 있는 가능성을 발견하게 될 수가 있었던 것이었다. 즉 여기서 송대 지식인의 새로운 의식과 발상의 전환이 이미 축적되어 있음을 엿볼 수 있는 것이 아닐까?

5) 콜라도박사

유종원과 한유를 말한다면 고문의 부흥운동의 설립자라고 생각하는 것이 보통이지만, 유종원이 새로운 정신개척의 선구자로서 충분히 그 역할을 수행하고 있는 것은 이미 앞서 서술해 온 것처럼 명백하다. 그런데 지금까지 유종원에 대비해서 자주로 인용했던 한유도 사실은 당시의 사람들 가운데에서는 새로운 사상활동에 없었던 방법으로서 충분히 주목할 만한 가치가 있었던 존재였다. 아니 유학발전을 논하는 경우 많은 사람들은 유종원보다도 한유를 거론하는 것이 일반적이다. 여기서 다음에 한유를 논할 것이지만, 그 이전에 사견으로서 유종원과 한유를 공통의 기반에 두고 그들을 새로운 사상형식이 선구자로서 높은 평가를 한 학자를 소개하려고 한다.

최근 세상을 떠난 소련의 동양학자인 니콜라이 콜라도박사는 그의 논고「한유와 중국르네상스의 개시」에서 한유의「원도」와 유종원의「벽존의(薛存義)를 보내는 서문」을 비교해서 다음과 같이 말하고 있다. "한유의「원도」를 보아도 우리는 그가 근로자 계급은 자신

---

37) 『全唐文』권584,「觀八駿圖說」, "天下有是圖者 擧而焚之 則駿馬與聖人出矣."

의 재산의 일부를 지배자 계급에게 바치고 있다고 하는 것으로 이해하고 있는 것이라고 얘기할 만한 규정을 아직 찾아내지 못했다. 유종원에서는 그와 같은 규정이 존재한다. 그것은 주인의 소사(召使)에게 있어서 급료인 것이다. '주인'이란 백성이고, '소사'란 관리와 통치자인 것이다. 관리와 통치자는 사람들과 재산을 지켜주고 도둑과 강도를 추적하는 고용된 병사로서 그 이상의 사람은 아니다."38)라고 한다.

이것은 이미 말해왔던 것이지만 콜라도박사는 다시 언급한다. "여기에 인용한 사상을 우리는 한유의 사상에는 없었고 유종원의 사상에서 찾아볼 수 있다. 그렇지만 이 두 개는 단지 동시대의 사람으로서가 아니라, 그들은 뜻을 같이하는 친구이다. 큰 사회운동의 개시자였다. 따라서 그 한편으로 언급하다 남겨진 것을 우리가 다른 사람들 속에서 발견해서 보충한다고 하는 것은 정당하다. 양자의 사상은 동시에 이 운동에 참가하고 있다. 한유의 '도', 그것은 동일하게 유종원의 '도'이다. 그럼 모든 이 '도'란 무엇인가?"라고 한다.

6) 한유의 도

한유가 추구한 도는 인간의 도(道), 즉 인도(仁道)라고 말한다. 그 도는 옛날 고대에서 행했던 선왕의 덕교(德敎)이다. 한나라 이후 그 도는 불교와 도교에 가려져 쇠퇴해 버렸다고 한유는 생각했다. 이로부터 불도에 대한 그의 공격이 시작되었다.

한유의 생애에 있어서 무엇보다 큰 사건은 그의 「논불골표論佛骨

---

38) 『東洋と西洋』上, 理論社, 1969.

表」39)의 봉정일 것이다. 때는 바야흐로 원화14년(819) 정월에 이른바 삼무일종(三武一宗)40)이라고 하는 폐불사건의 하나로서 회창(會昌)의 파불사건에 앞서 일어난 일로 불과 이십여 년 전의 일이다. 봉상부 법문사의 호국진신탑에 헌화되어 있는 석존의 손가락 뼈 한 마디가 30년에 한 번 개장되고 그의 공덕에 의해 풍년이 약속되었다고 말하지만, 어디까지나 그 해에 이르러 많은 사람들의 열광적인 존경과 믿음의 물결을 타고 황제 헌종도 스스로 성대한 공양을 봉헌하는 것을 보고 불교에 빠진 황제에게 강력하게 간언하기 위해 진상한 한 글이 바로 「논불골표」였다. 그는 그 가운데에서 불교신봉은 국가에 있어서 크나큰 불상사였다고 한탄했다. 그리고 불교신봉의 모든 제왕은 반드시 장수할 수 없다고 논단하면서 불교는 바깥 오랑캐의 종교로서 선왕의 덕교에 있어서 용인될 수 없는 것이라고 결론짓고 불교를 몹시 배격했던 것이다. 이 때문에 헌종의 분노를 사게 되어 사죄(死罪)에 처해진 것을 간신히 한 등급의 죄가 감해져서 영남조주(嶺南潮州)에 유배되었다. 이처럼 한유는 몸을 바쳐서 불교배격의 논의를 전개했는데, 또한 그는 도교에서도 마찬가지로 강력한 저항을 보였던 것이다. 그것은 궁극적으로 그가 도를 구하는 행위를 표현한 것이었다. 결국 선왕의 덕교(德敎)와 유교 정신의 고양이다. 그의 의

---

39) 역자 주 : 한유가 「논불골표」를 통해서 배불(排佛)해야만 하는 주요 요지는 다음 세 가지로 요약된다. 첫째, 불교를 신봉한다고 해서 반드시 복을 받는 것이 아니다. 오히려 몸을 상하게 하고 경제적인 악영향을 미치게 된다. 둘째, 석가모니는 오랑캐이기 때문에 중국의 고유 사상과 부합하지 않는다. 셋째, 도통의 토대마련이다. 다시 말해서 도통을 통해서 유가의 체계를 마련하는데 있어서 당시 가장 큰 걸림돌이 다름 아닌 불교이라고 생각했기 때문이다.
40) 역자 주 : 삼무일종(三武一宗)은 중국 불교의 역사상 북위(北魏)의 태무제(太武帝)·북주(北周)의 무제(武帝)·당(唐)나라의 무종(武宗)·후주(後周)의 세종(世宗)에 의해 단행된 불교에 대한 탄압사건이다.

견을 무엇보다 잘 표현한 문장이 그의 「원도」이다. 그의 문장은 "널리 사랑하는 것을 인(仁)이라고 이른다. 행하여 이치에 맞는 것을 의(義)라고 한다. 이로 말미암아 가야만 하는 것을 도라고 한다. 스스로 만족해서 밖으로부터 기대함이 없는 것을 덕(德)이라고 한다."로부터 시작해 전문 1423자, 그 중에 누구이 그의 진솔한 심정을 토로했다. 그 「원도」를 호시가와 키요다카(星川淸孝)의 해설(『고문진보후집 古文眞寶後集』)을 빌려서 요약하면 대개 다음과 같다.

> 유가의 인의도덕의 설은 근본적으로 분명한 것이다. 노자의 인의를 하찮은 것으로 삼았던 것은 그것을 헐뜯은 것이 아니라, 그것은 다만 그의 한 개인의 사견에 지나지 않는다. 어째서 천하의 공인된 말을 이길 수 있으리요. 공자가 세상을 떠난 후 진시황이 유서를 불태웠고, 유자를 흙구덩이 속에 매장했기 때문에 유가의 도는 온전히 드러나지 못하게 되어버렸다. 도가는 앞서 주창되었고 불교는 그 뒤를 이어받아 그 사상은 한위육조를 거쳐 나날이 번성하였고, 사람들은 도가가 아니면 불가를 쫓아가게 되었다. 그 때문에 유가의 학설도 강하게 도・불의 영향을 받았고, 사람들은 진정한 인의도덕의 학설을 배울 수 없게 되었다. 하지만 유가의 도는 알기 쉽고 행하기 쉽다. 자신을 위하고 사람들에게 베풀기 위하며 현실생활에 있어서 필수적인 생활을 위한 도인 것이다. 그것은 요순 이래로 선성(先聖)과 선철(先哲)의 가르침을 전한 도이다. 이를 분명히 하기 위해서는 노・불을 배제하지 않으면 안된다.

7) 『대학』과 도통

이상에서 한유가 의도한 바는 파악할 수 있었지만, 거기서 그의 존재의식은 어디에 있을까?

먼저 유종원을 비판의 대상으로 삼아서 『춘추』의 도전을 통해서 그 존재를 검토했는데, 한유는 송의 신유학에서 『대학』이 사서의 하나로서 현창되기 이전에 그 『대학』을 전거로 해서 그의 논의를 전개하고, 『대학』의 평가를 재인식했던 것을 평가해야만 할 것이다.

『대학』이란 원래 오경의 하나인 『예기』에 포함된 일편이었지만, 한유는 그 중에서 무엇보다 중요한 부분을 인용해서 다음과 같이 언급하고 있다. "전에서 말하기를 옛날에 명덕을 천하에 밝히려고 한다면 먼저 그 나라가 다스려져야 한다. 그 나라를 다스리고자 한다면 먼저 그 집안이 가지런해져야 한다. 그 집이 가지런해지도록 하려면 먼저 그 몸을 닦아야 한다. 그 몸을 닦고자 한다면 먼저 그 마음을 바르게 해야 한다. 그 마음을 바르게 하고자 한다면 먼저 그 뜻을 정성스럽게 해야 한다."41)라고 한다. 이 일문을 절문해서 그는 말한다. "그렇다면 즉 옛날 이른바 마음을 바르게 하고 뜻을 정성스럽게 했던 자는 장차 극진한 바가 있다."라고 한다. 즉 "옛날 사람이 말하는 것처럼 마음을 바르게 하고 뜻을 성실하게 하면 그것에 의해서 이루어진다고 생각했던 것이다. 이는 곧 나라를 다스리고 천하를 평정하려고 했던 것이다."라고 한다.

하지만 노불(老佛)의 설은 이것을 저해한다. 여기서 한유는 우리의 도란 무엇인가를 명확히 제시한다. "말하기를 이 도란 무슨 도란 말인가? 말하기를 이것이 우리의 이른바 도이다. 앞서 이른바 노자와 불교의 도는 존재하지 않았었다. 요임금은 이것으로서 이를 순임금에게 전했고, 우임금은 이것으로서 이를 탕임금에게 전했다. 탕은 이것

---

41) 「原道」, "傳曰古之欲明明德於天下者, 先治其國. 欲治其國者, 先齊其家. 欲齊其家者, 先修其身. 欲修其身者, 先正其心. 欲正其心者, 先誠其意."

을 문왕과 무왕 그리고 주공에게 전했고, 문・무・주공은 이것을 공자에게 전했으며, 공자는 맹자에게 전했다. 맹자가 죽은 후 이것은 전해지지 않았다. 순자와 양웅은 이것 중에서 골라 전했기에 자세하지 못하고, 말로서도 충분하지 못하다."42)라고 한다. 그러면 맹자 이후 끊어진 도를 어떻게 하면 좋을까? 그야말로 노불의 가르침을 제거하고, 선왕의 도를 밝히지 않으면 안된다고 강조했던 것이다.

여기서 한유에게 드러난 제2의 새로운 의견은 선왕의 도가 요・순・우로부터 은의 탕왕, 그리고 주의 문왕・무왕・주공에 전해졌고, 더욱이 공자를 거쳐 맹자에 이르러 전수되지 못했다고 하는 견해이다. 이처럼 전승을 강조하는 생각을 후세의 유학에서는 '도통(道統)'이라 칭하고, 주자에 이르러 그 관념이 확립되어 신유학의 주요한 근간이 되었다. 그런데 이것이 이미 주자보다 이전의 한유에게 그 견해를 볼 수 있는 것은 주목해야 하는 것이다. 따라서 주자도 그의 저작이 『맹자집주』의 서설 가운데에서 "한자왈韓子曰(韓愈)"이라고 하여 이 문장을 그대로 채용했던 것이다.

이런 것을 보면 송대 신유학의 선구적 존재로서의 한유의 가치가 결코 경시될 수 없음을 알 수 있을 것이다. 그리고 한유의 정신은 특히 그의 제자인 이고(李翺)에게도 계승되었다. 이고는 사람의 성스러운 까닭은 본성(性)이 되고, 본성을 유혹하는 것은 정(情)이라고 하여 정을 없애버리고 본성을 회복해야만 함을 논한 『복성서復性書』43)를

---

42) 「原道」, "曰斯也道. 曰吾所謂道也. 非向所謂老與佛之道也. 堯以是傳之舜, 舜以是傳之禹, 禹以是傳之湯 湯以是傳之文武周公, 文武周公傳之孔子, 孔子傳之孟軻. 軻之死, 不得其傳焉. 荀與揚也, 擇焉而不精, 語焉而不詳."
43) 역자 주 : 『복성서復性書』는 이고의 주요 논문 3편을 모은 책이다. 인간은 성(性)과 정(情)을 공통으로 가지고 있는데, 선천적으로 평등한 성(性)이 외계의 자극으로 변화하는 것은 각자의 칠정(七情)에 의한다고 하면서 어리석은 사람일수

Ⅰ. 신유학의 형성

편찬했다. 이 책에는 『역』·『중용』·『맹자』 등이 인용되어 있고, 그 문헌의 선택 방법과 사고의 과정에서 송대 신유학의 접근이 강하게 감지되었던 것이다. 따라서 구양수가 그 설을 『중용』의 의소(義疏)라고 결정했던 것은 적절한 것이었다. 다만 이고가 스승인 한유와 서로 다른 한 가지는 그의 설에서 불교의 영향을 강하게 투영하고 있다는 것이다. 그가 낭주(朗州)의 자사(刺史)44)였을 때 승려인 약산(藥山)에게 찾아가서 도를 물으니 "구름은 푸른 하늘에 떠다니고, 물은 항아리 안에 있다."라고 하는 게송을 듣자 약산에게 심취했던 일화가 남아있지만, 이고는 좀 더 나아가 불교의 정신을 받아들여서 유학의 경전을 해석하는 방법을 취했다. 이 일은 또한 송대의 신유학이 불교의 깊은 영향에 기초하고 있음을 암시한 것이라고 말할 수 없는 것일까?

여하튼 송대 신유학을 생각하는데 있어서 유종원·한유·이고 등의 존재는 그 선구자로서 결함이 없다는 것을 알 수 있을 것이다. 또한 그들 사유의 근원이 되는 『대학』·『중용』·『맹자』 등은 송대 신유학에서 사서(四書)로서 존중된 문헌들이 이미 강하게 의식되어 있다는 것에 주목해야 할 것이다.

록 정욕의 망념되고 사특함으로 인하여 본성이 어지러워진다고 한다. 그리하여 성인의 마음을 깨닫기 위하여 성의 동태인 정욕을 끊고, 청정한 본성으로 돌아갈 것을 주장하였다. 이 인성론은 불교의 진여(眞如)에 가깝고, 또 정욕을 사려와 구별하여 그것과 다른 것으로 간주한 점은 천태종의 지관(止觀)법과 근사하다. 또 정과 성을 모두 망각하여 적연부동(寂然不動)의 초월적인 절대경지에 달하는 수양방법은 선학의 영향이었다고 하겠다. 그리고 이 경지는 '지성(至誠)'이라고 호칭되어 『중용』의 사상을 부연시킨 형식을 취하고 있다. 한 마디로 유교 교의(敎義)로 불교신앙의 권위에 대신하게 하려 하였다. 이 주관유심주의(主觀唯心主義)의 직각(直覺)에 의한 돈오(頓悟)의 사상은 한당 훈고학의 방법을 의심하였고, 성현에 직접 통하는 길은 공자, 자사, 맹자에서 『중용』에 이르는 전통을 계승함으로서 '도통道統'사상을 낳은 원동력이 되었다.

44) 역자 주 : 지방의 장관에 해당하는 직책.

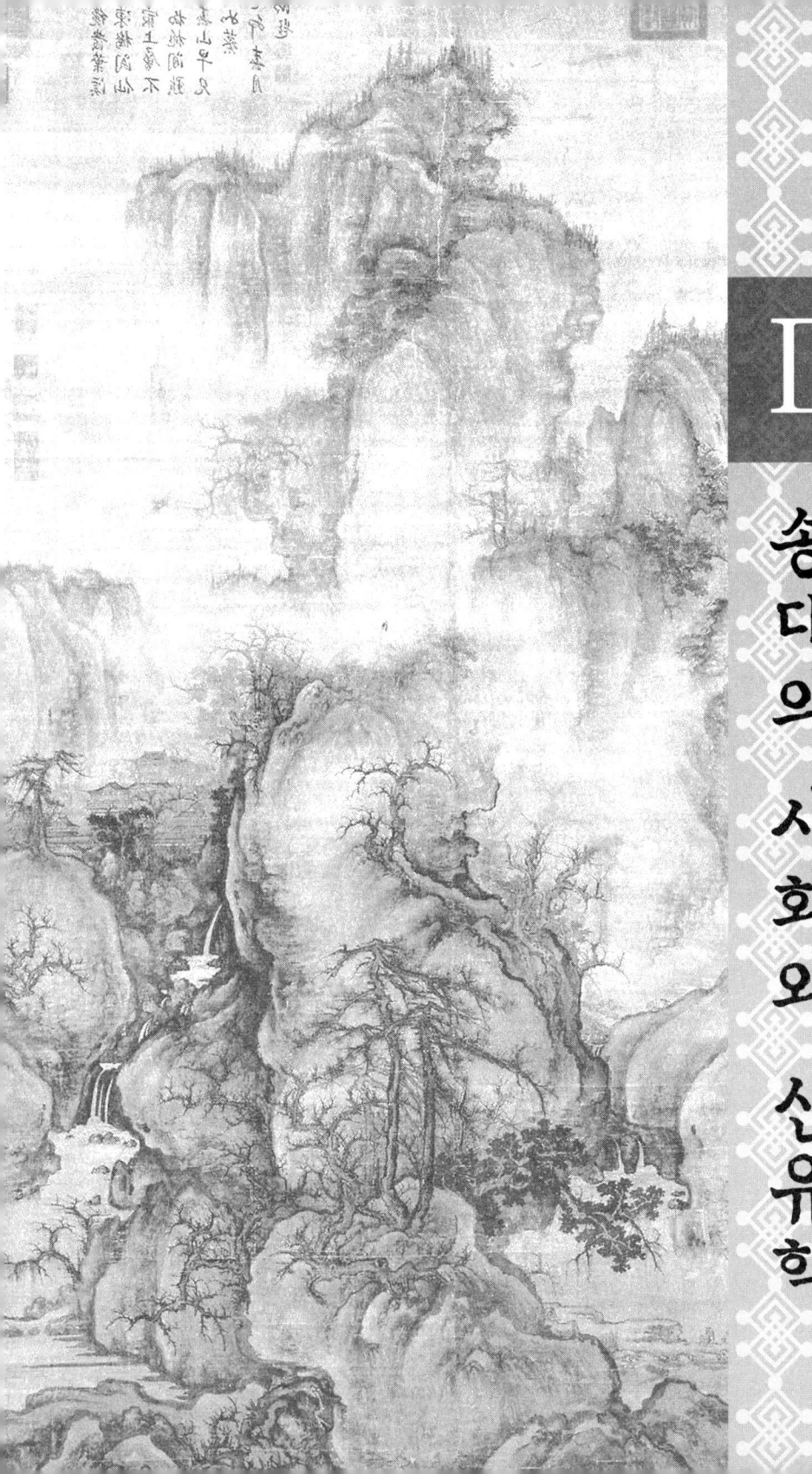

II

송대의 사회와 신유학

1. 송의 신관료 계급

1) 송의 중국통일

960년에 오대(五代)의 후주(後周)를 거치면서 송(宋)을 건국한 태조 조광윤(趙匡胤 : 960-976)은 개봉에 수도를 정하고 전후 십여 년 동안 점차로 각지의 독립정권을 평정해 갔다. 마지막 남았던 북한(北漢)과 오월(吳越)도 2대째 태종에 의해 정복되고, 979년에 마침내 오대십국의 정치적 분열도 종지부를 찍고 송에 의해 중국의 통일이 완성되었던 것이다.

하지만 여기서 부상했던 신정권은 대개 수당의 정권과 양상을 달리했다. 조광윤 자신은 일찍이 후주(後周)의 모병에 응시해 무공(武功)을 통해서 입신한 사람이다. 특히 외적방위를 위해 진교에 출진했을 때 갑자기 부하 병사에게 떠받들어져 개봉으로 전진하여 후주(後周)로부터 나라를 빼앗았던 것이기 때문에 요컨대 오대 이래로 무력에 의한 정권수립이다. 여기서 수당처럼 귀족세력을 배경으로 한 지배층을 기대하지 않았다. 오히려 그처럼 문벌귀족이야말로 그들 신흥무력집단의 공격의 목표가 되어서 이미 몰락했었다. 여기서 어찌 되었건 간에 신정권이 부상한 것을 보면서 이번의 제일 큰 무기라고 한다면 그들도 동일한 무력소유자인 번진(藩鎭)의 존재였다. 태조는 먼저 이들 절도사 등의 대책에 착수했다. 조보(趙普)도 태조의 의견에 대답하였다. "당말 이래로 전투가 끊이질 않아서 나라가 안정되지 않고 있습니다. 그런 까닭은 다름 아니라 번진이 갖는 권위가 막중해서 군왕의 힘을 약화시킴으로서 결과적으로 신하의 힘이 강해졌기 때문입니다. 지금 이것을 다스리는 데에는 다른 방법은 없습니다. 오직 그 권력을 모조리 빼앗고 금전과 곡식을 제재하며, 정예 병사를 수습한다면 곧 천하는 저절로 태평해질 것입니다."45)라고 하였다. 진정 당시에 무엇보다 요긴한 문제를 지적했던 것이다.

송에서는 태조·태종의 이대에 걸쳐서 절도사의 권한을 약화시키고 군사·재정·민정의 삼권을 중앙에 집중시켜 지방세력을 해체하여 군주독재 체제의 확립에 전념했다. 이렇게 해서 구습되어 온 문벌귀족에게서도 의지하지 않고 번진세력을 약화시킨 송 정권이 군주중심의 중국통치를 추진해 가기 위해서는 무엇을 기반으로 하면 좋을까? 여기서 관료의 존재가 큰 의의를 가져 온다. 하지만 관료라고 하더라도 수·당 혹은 그 이전의 시대처럼 귀족의 자제를 중심으로 가계와 계보를 배경으로 한 관료체제는 아니다. 완전히 새로운 형태의 관료층이 출현했다. 즉 관료의 채용의 방법 또한 출신의 기반에 대한 측면에 있어서 새로운 양상을 드러내게 되었다.

2) 과거와 신관료 계급

송의 태조와 관료채용의 수단으로서 수·당 이래의 과거제도를 답습했다. 그가 건륭원년(960) 정월에 황제 즉위를 선언한 그 다음 달에 이미 진사 19명의 합격자를 발표했는데, 그 후 개보6년(973)에 시험관 이방(李昉)이 열악한 동향인을 급제시킨 것이 발각되었고, 또한 수험자 가운데에서도 이번 시험의 불공평함을 상소한 자들이 나

---

45) 『宋名臣言行錄』, "唐季以來, 戰鬪不息, 國家不安者. 其故非它, 節鎭太重, 君弱臣强而已矣. 今所以治之, 無它奇巧也. 惟稍奪其權, 制其錢穀, 收其精兵, 則天下自安矣."

오기에 이르자 태조는 과거의 개혁을 단행했던 것이다. 이렇게 해서 개보8년에 태조는 과거합격자 모두를 강무전에 소집해서 직접 복시(覆試)를 시행해서 급제자를 결정했다. 그 이래로 지방에서 행하는 향시와 중앙의 예부에서 시행하는 성시(省試) 후에 다시 한 차례 황제 자신이 시험관이 되어 시행한 전시(殿試)를 덧보태게 되었다.

이 일은 과거에서 중대한 변혁을 가져왔다. 당 중기 이후 과거는 예부(禮部)에서 시행했지만, 실제 임관하는데 있어서는 이부(吏部)가 바꿔서 독자적으로 테스트를 한다. 즉 신(용모)·언(언어)·서(필적)·판(판례적용)의 시험을 통하지 않으면 관리로 임명하지 않았다. 당대를 대표하는 시문의 대가인 두보와 한유도 이 이부의 시험에서는 무척 곤욕을 치렀던 것이다. 여기서 시험관의 애증에 의해 좌우될 여지 또한 적지않다. 그것만으로 여기에 합격한다면 시험관과 합격자와의 사이에 친밀한 관계가 발생하여 끝내는 파벌을 구성하기까지에 이른다. 결국 귀족 그룹의 여러 세력의 개입할 여지가 있는 것이다.

하지만 지금 황제가 몸소 문제를 출제하고 황제의 이름으로서 급제시켜서 합격발표와 동시에 서관(敍官)의 평판까지 공표한다. 여기에는 황제의 배려까지 내포되어 있었다. 이렇게 된다면 과거에 있어서 황제의 발언권이 점차 강화되어 최후의 결정권은 황제에게 있는 것으로 관료와 황제가 직접적으로 연계된 황제의 관료라고 하는 의식이 명확해져서 황제를 중심으로 한 관료체제가 한층 강화되었던 것이다.

이처럼 과거의 변혁을 미야자키박사는 그의 저서인 『과거』 중에서 다음과 같이 요약하고 있다.

육조당의 귀족제가 파괴되어 버린 이후에 융성했던 송 이후의 과거제도는 새로운 시대적인 의미를 내재하면서 드러냈다. 당대의 과거가 적어도 쇠락에 접어들게 된 옛 귀족제의 보강 작업의 대안이 없었던 것은 아니다. 더욱이 송 이후의 과거는 전혀 이런 경향을 떠나서 어디까지나 천자에 부속되어 천자의 독재권력을 도우며 그 일들에 이바지하는 충실한 신하관료를 양성했다. 당 이전의 귀족적 대가족제와 오대의 사이에 붕괴한 과거에 의해 무수한 소귀족이 배출되었다. 나는 이런 새로운 소귀족을 '사대부'라고 명명하고, 당 이전의 귀족과 구별하려고 한다. 당 이전의 귀족은 그 혈통문벌을 자부할 뿐 반드시 독서인은 아니었다. 더욱이 송 이후의 사대부는 최소한 과거에 응시하는 문과의 학문을 닦아야만 했고 무엇보다 어느 정도의 높은 지식계층이었다.[46]

즉 사대부라고 한다면 지식계급조차 새롭게 출현한 신관료 계급인 것이다.

3) 관료와 씨족

그런데 과거에 합격하고 관료로서의 길을 밟기 위해서는 엄격한 면학이 요청되었다. 그 면학에서 요구하는 것은 경제적으로도 시간적으로도 충분한 여유가 있지 않으면 안되었다. 여기서 과거에 응하는 자는 자신에게 여유로운 경제력이 있는 지방부호와 지주층의 자제에 한정되어 왔다. 이렇게 해서 재차 과거에 급제한 관료를 배

---

[46] 『科擧』, (宮崎市定 著, 秋田屋, 1946), 230쪽, (역자 주 : 미야자키의 이 책은 『科擧史』(平凡社, 1987)라는 제목으로 증보되어 다시 출판되었다. 그리고 '과거'와 관련된 그의 또 다른 저서로 『科擧』(中公新書, 1963)가 있는데, 이 책은 『중국의 시험지옥-과거-』(청년사, 1993)이라는 제목으로 번역되었다.

출한 집을 관호(官戶)라고 불렀고, 다양한 과세와 의무가 면제되고 재판의 경우에도 특별한 혜택을 인정받는 등 많은 특권이 부여되었다. 게다가 관료에게는 막대한 투자의 이득이 있어 그 재산을 토지에 투자해 장원(莊園)을 확대하고, 또한 자제의 관료화도 두드러졌던 것이다. 그 점을 막스 베버는 다음과 같이 표현하고 있다. 이 글에 대해서는 명석한 친구인 기마타 도구오(木全德雄)의 『유교와 도교』(創文社, 1971)를 통해서 소개하고자 한다.

> 가산제(家産制) 국가에 있어서는 언제나 그러했듯이 중국에 있어서도 관리는 관리로서 또한 세금을 징수하는 청부인으로서-그리고 관리라고 하는 것은 실제로는 세금을 징수하는 청부인이었다-재산을 축적하기에 가장 좋은 기회를 가지고 있었다.[47] 퇴직한 관리들은 많든 적든 합법적으로 획득한 이들 자산을 토지소유를 위해 투자했다. 자식들은 재력을 유지하기 위해서 공동상속인으로서 상속인 공동체 가운데 머물면서 또한 가족의 2세와 3세의 구성원에게 다음의 가능성을 열어야 하는 학문을 시켜 자금에 대한 궁리를 했다. 그 가능성이란 구성원들이 수입이 많은 관직에 취직하고 그것에 의해 다시 한 번 구성원들의 상속공동체를 부유하게 하고, 자기의 구성원들의 씨족 성원에게 관직을 얻게 할 수 있는 가능성이었다.[48]

이렇게 해서 베버는 중국의 관료제조의 배경에서 씨족이라는 조

---

47) 베버의 주 : 광동의 호포(관세감독자 겸 관세징수 청부인)는 그의 거대한 재산 축적의 기회로 유명했다. 첫 해의 수입(20만냥)은 관직 구입비로 쓰여졌으며, 두 번째 해의 수입은 '증여'에 쓰여졌고, 마지막 세 번째 해의 수입은 자기가 가졌다.
48) 역자 주 : 이 책은 『儒敎와 道敎』(문예출판사, 1990)라는 제목으로 국내 번역본이 출간되어 있다. 137-138쪽 참조.

직이 큰 의의를 갖는다고 지적한다. 그는 또 말한다.

중국에 있어서는 서양 중세에 있어서 이미 완전히 소실했던 씨족의 의의가 무엇보다 작은 단위의 지방행정에 있어서도 경제적 연합의 방식에서도 완전히 유지되고 있다. 그런 연유에서 일런지 모르겠지만 다른 지역에서는 예를 들면 인도에 있어서 조차도 모를 정도로 발달해 왔던 것이었다. 촌락은 때때로 자기 마을을 전적으로 또는 주로 대표하고 있는 한 씨족의 이름으로 불렸다. 그렇지 않으면 촌락들은 씨족연합체였다.49)

씨족은 대외적으로는 연대적으로 단결해 있었다. 씨족은 가능하다면 자기 성원의 부채를 정리해 주는 관습이 있었다. 씨족의 내부에서 곤궁한 사람을 돕는 것은 부유한 구성원의 도덕적 의무로 간주되었다. 씨족은 필요한 경우에는 외부에 대해서 반목을 행하였고,50) 또한 의약품, 의사 및 장례식을 주선해 주었으며, 노인과 미망인 특히 학교를 돌보아 주었다. 씨족에는 재산이 특히 토지재산(씨전氏田 · 족전族田)이 있으며 부유한 씨족의 경우에는 때때로 광대한 자선용 용지(의장義莊)가 있었다. 씨족은 이 족산(族産)을 임대를 주어 이용하였다.51)

씨족은 (1)개인으로서 가장 중요한 축제의 담당자이며, 또한 가장에 의해 기록된 가족사의 대상이다. (2)여러 사람들, 즉 자금이 없는 임금 노동자에게 매우 낮은 금리로 자본을 빌려주는데 이것이 자립적인 수공업자에게 많아지는 것은 현대에 이르기까

---

49) 역자 주 : 『儒敎와 道敎』(문예출판사, 1990), 138-139쪽 참조.
50) 베버의 주 : '반목'은 조세분배, 살해에 대한 복수 이외에 특히 풍수, 즉 모래점이 이웃사람 간에 발생시키는 갈등 때문에 일어났다. 모든 건축, 특히 모든 새로운 묘는 기존의 묘의 조상 정령들에게 해를 끼칠 수 있으며, 아니면 바위, 개천, 언덕의 정령들을 자극할 수 있었다. 그럴 경우에 그 반목에는 '쌍방'에게 관계하고 있는 모래점 때문에 때때로 거의 해결될 수 없었다.
51) 역자 주 : 『儒敎와 道敎』(문예출판사, 1990), 141-142쪽 참조.

지 씨족의 중요한 일이라고 생각하는데 있다. (3)씨족의 어른들은 이들이 학문을 할 자질이 있다고 생각하는 젊은이들을 선발해서 과거시험의 준비와 응시 및 관직을 사는 등의 비용을 준비해 주었던 것이기에 분명히 이 씨족은 가계의 부양을 자급자족함으로써 결국 강력한 경제상의 지원이다. 뿐만 아니라 사회적으로는 전적으로 타향, 특히 도시에서 생활하는 사람을 포함한 씨족 구성원의 생존을 위한 유일한 희망이었다.52)

4) 범중엄의 의장53)

그러면서도 관료와 씨족 그리고 종교 등과의 관계는 당송처럼 반드시 같지는 않았다. 미야자키박사는 앞서 서술한 글에서 계속해서 다음과 같이 말하고 있다.

당 이전의 귀족은 대가족을 옹호해 고향에 거주하면서 큰 토지를 소유하든가 그렇지 않으면 수도 부근에서 이권을 획득하고 종족이 집중 거주하는 곳에 상주했다. 더구나 송 이후의 사대부는 적당한 장소를 선택해 소가족으로 나누어 전답을 구해 정착했다. 특히 송의 사대부는 지방관이 된 이후 관직을 그만 둔 지역에 정착하는 것을 흔히 기거(寄居)라고 칭한다. 그렇기 때문에 송대 사대부를 배출한 집안은 종래에 유지해 왔던 종족집단과의 거주를 파괴하여 근친들도 지방으로 분산하는 경향을 드러냈다. 근세의 사대부는 이러한 현상을 성립시킨 과거제도가 개인적인 재능을 문제삼았던 것처럼 임관한 이후도 개인주의적으로 행동해서 옛날의 종족을 분열시키려 했던 것이었다.

---

52) 역자 주 : 『儒敎와 道敎』(문예출판사, 1990), 143쪽 참조.
53) 역자 주 : 의장(義莊)이란 1050년부터 중화인민공화국이 탄생하기까지 각지에 있었던 동족의 구제를 위한 시설.

이런 형세 속에서 사대부이면서도 의식적으로 옛 종족제도를 유지하려는 경향도 일어났다. 송초의 범중엄의 생각이 그것이었다. 그는 원래 빈천한 가운데 자라났지만, 그 고향에서 종족을 모으고 스스로 의전(義田)이 될 만한 것을 구입하여 이를 종족의 공유재산으로 만들었다. 이 의전을 중심으로 해서 범씨의 자손은 지금도 소주 안에서 그 집단거주를 지켜가고 있다고 한다. 그 밖에도 가보와 족보를 적극적으로 수집했는데, 그것은 중세의 마치 감정적·배타적인 것이 아니라 오히려 인공적·호기적 혹은 타산적인 일면이 있다는 것을 놓쳐서는 안된다.54)

범중엄(989-1052)은 인종 시기에 이른바 '경력(慶曆)의 치(治)'를 대표하는 명신(名臣)이고, "천하를 위해서 자신이 임하게 되고 천하의 근심에 앞서서 걱정하고 천하의 즐거움에 있어서 뒤늦게 즐거워한다."고 하여 일신을 돌보지 않았던 인물로 알려져 있다. 그처럼 오대 송초에 빈천한 출신으로 나와서 관료가 된 신흥계급이야말로 마치 이 시대를 상징하는 존재였고, 마침내 그들은 새로운 사대부 계급으로서 자신을 중심으로 한 종족을 재조직하여 더욱 새로운 관료를 재생산해 왔던 것이다. 또한 유명한 소식과 구양수 그리고 양억(楊億) 등도 신흥지주로서 새로운 경지에 자산을 확대하고 그들의 지반을 구축한 대표적인 사람들이다.

그러면서도 범중엄이 이와 같은 의장(義莊)을 만들기도 하고, 소씨 일족인 소순(蘇洵)이 족보를 편성하기도 하고, 사마광이 『사마씨거가잡의司馬氏居家雜儀』라고 하는 가훈을 작성한 것은 어떠한 의도에 의해 진행된 것일까?

---

54) 『科擧』, 230-231쪽.

5) 송대의 가훈

중국에서는 가족 혹은 종족의 통제를 강화하고 종족내의 생활을 규율할 자치규범으로서 옛부터 가범(家範)・가훈・가규(家規) 등을 만들었었다. 북제(北齊)의 안씨가훈과 당대의 유빈(柳玭)의 가훈 등이 그것이다.

송대에 이르자 사마광의 『사마씨거가잡의』 이외에 조정(趙鼎)의 『가훈필록家訓筆錄』・왕영(王栐)의 『연익이모록燕翼貽謀錄』・엽몽득(葉夢得)의 『석림가훈石林家訓』・손경수(孫景修)의 『고금가계古今家誡』・원채(袁采)의 『원씨세범袁氏世範』 등은 이런 종류로서 다양한 유형의 가훈이 작성되었다.

그 의도를 간단하게 말하면 종족결합을 강화하기 위한 것이었지만, 당대까지의 사회는 이른바 귀족지배의 사회였다. 그리고 가문을 존중해 자신의 가문을 더럽히지 않으려는 의식을 중심으로 해서 종족결합을 강화했다. 하지만 송대는 종족관념이 약해지고 문벌의식이 중시되어 왔던 시대이다. 그와 같은 때에 종족결합을 강화하는 것을 목적으로 한 가훈작성과 종족경제의 의장과 종족조직을 인식시켜주는 족보 등이 널리 보이는 것은 무슨 연유일까? 그 해답의 하나로서 다찌바나 사라키(橘樸)씨의 『지나사회연구支那社會硏究』의 한 구절을 인용해 보고자 한다.

> 당말과 오대의 전란으로부터 일어난 사회적 동요가 귀족지배를 전복시키고, 그 뒤를 이어받은 송조의 건국자는 이른바 지배계급이 없는 사회를 통치해야만 하는 상태에 두고 있다. 이 간극을 채웠던 것이 과거시험에 의한 관료들이고 시간이 지나가면서 자연히 스스로를 지배계층이라고 하기에 이르렀다. 그런데 봉건 및 귀족지배의

시대에서는 종족결합으로서 가족의 상위에 종족의 권위가 있고, 이것이 필연적으로 이를 보유하는 사람 또는 일가의 정치적 내지 사회적 신분을 결정하는 것이었던 것에 반해, 해방적인 관료계급 지배의 시대에서는 종족의 계급적 성질이 거의 사라졌다. 이전의 시대에서는 세습신분 또는 계급의 관념에 중심을 두고 있었던 가족제도가 새로운 시대에 들어와서는 무엇인가에 의해서 바뀐 토대 위에서 그 사회적 지위 또는 권력을 유지해야 할 필요성에 봉착했던 것이다. 이 정도에서는 가족제도가 크게 쇠미해져야만 했다. 여기에서는 위정자의 요구에 따르지 않았다.55)

여기서 첫째, 위정자는 전통적인 가족 및 가족제도를 민간에 보급하고, 또한 이를 유지함에 따라서 지방의 치안을 자동적으로 지켜질 수 있도록 기대했다. 둘째, 지배계급의 문화적 요구 및 그들의 우월함에 대한 과시의 요구를 따르지 않았다. 그들의 지배계급은 곧바로 관료계급이고 문화의 책임자이지만, 이른바 '문화'란 요컨대 예교를 보지하는 것을 큰 요강으로 하고 있고, 가족제도는 예교중의 정화라고 믿고 있었다. 셋째, 피지배계급 가운데 재산이 있는 자는 그 생활의 안정을 바랬기 때문에 가족 및 가족제도의 유지를 요구한다.

이 세 가지의 요소는 송 이후 성립한 독재군주제를 중심으로 해서 관료기구의 안정을 기도한 이상으로서의 요구이다. 그리고 또한 이것을 지지한 사회층의 질서유지의 요구에 있어서도 일치하는 것이었고, 여기에 점차 약해져 간 가족결합의 의식적인 강화책으로서의 규범을 성립한 근거가 있다.

따라서 신관료계급을 매개로 해서 성립한 규범은 직접적인 목적을 가족들을 돌보는 역할에 두고 있다. 적어도 당대까지에서 볼 수

---

55) 橘樸, 『支那社會硏究』, 日本評論社, 1934.

있듯이 문망에 오르기 위한 집착과 대외적인 입장을 의식한 자신의 가문에 대한 과시 등은 사라지고, 가족 안의 대책을 주목적으로 해서 가족·향당·친우와의 평면적인 관계를 유지하려고 했다. 이러한 농촌에 있어서 토지지배를 기초로 한 가족의 분열을 저지하고 강화된 결합을 유지하기 위해서 관료사회에서의 중앙의 지위를 유지하려고 했던 것이다. 이를 위해서 일상의 생활로부터 식사와 전지(田地)의 경영, 그리고 차재(借財)에 관한 것까지 세심한 주의를 쏟았다. 그리고 일족(一族)의 통제를 위해서 가훈·가범·가규의 작성뿐만 아니라 일족의 계보를 모아 족보를 편찬하였다. 또한 일족의 상부상조와 친목을 위해 의장(義莊)과 제전(祭田)의 설치, 그리고 제사의 공동적 운영 등을 시행했던 것이다.

6) 가훈과 신유학

그런데 그 가훈의 기준으로 한 의식은 요컨대 가정을 다스리는 일에 있다. 사마광은 『거가잡의居家雜儀』에서 다음과 같이 말한다.

> 무릇 가장은 반드시 예법을 준수해서 자식과 가정을 잘 다스려야 하며, 직분을 나누고 여기서 부여되는 일을 맡기며, 그 성공 여부를 따져 묻는다. 재물의 씀씀이에 대한 일들을 올바로 관리하고 수입을 헤아려서 지출하며, 집안에 있고 없는 것을 살펴서 이로써 위아래의 의식과 길흉사의 비용을 지급하되, 모든 품목마다 절제가 있고 균일하게 이루지지 않음이 없다. 쓸데없는 비용을 줄이고 사치하고 화려함을 금한다. 항상 순조롭게 살펴서 여분의 양을 준비해 놓음으로써 갑작스런 근심에 대비해야 한다.[56]

---

56) 『朱子家禮』권1,「通禮.司馬氏居家雜儀」, "凡爲家長, 必謹守禮法, 以御群子弟及家衆, 分

이처럼 가장의 책임과 통제에 의해 가족을 유지하는 것이야말로 가훈의 중심문제이지만, 그 가족의 단결과 통제를 단적으로 서술한 말을 언급한다면, 이미 머리에 떠오르는 사서 중에 하나인『대학』의 "수신·제가·치국·평천하"이다.『대학』에 따르면 먼저 최초에 대학의 도는 "명덕을 밝히고, 백성을 친히하여, 지극한 선에 머무는 것"이다. 다음의 삼강령을 들어 보자.

> 옛날에 명덕을 천하에 밝히려고 한다면 먼저 그 나라가 다스려져야 한다. 그 나라를 다스리고자 한다면 먼저 그 집안이 가지런해져야 한다. 그 집이 가지런해지도록 하려면 먼저 그 몸을 닦아야 한다. 그 몸을 닦고자 한다면 먼저 그 마음을 바르게 해야 한다. 그 마음을 바르게 하고자 한다면 먼저 그 뜻을 정성스럽게 해야 한다. 그 뜻을 정성스럽게 하려면 먼저 그 앎에 이르도록 해야 한다. 그 앎에 이르는 것은 사사물물에 이르는 것이다.[57]

하지만 이 팔조목을 생각해 보면 격물·치지·성의·정심·수신의 다섯 조목은 어디까지나 모든 사람의 정신적 수양의 도이고, 개인의 내적 성찰의 문제이다. 그리고 다음의 제가(齊家)에 있어서 비로소 자신과 타인의 관계가 성립하고 사회적 규범이 요청된다.

이에 대해서 치국과 평천하는 일찍이『대학』이 만들어진 시대와 달리 송대에서는 완전히 동일한 의미를 가지고 있는 것처럼 되었다. 더구나 독재 군주의 시대가 되면 치국·평천하는 위정자의 의지에 따라서 여러 형태가 보이고 이를 구체적으로 써야만 한다고 명확히

之以職, 授之以事, 而責其成功. 制財用之節, 量入以爲出, 稱家之有無, 以給上下之衣食, 及吉凶之費, 皆有品節, 而莫不均壹. 裁省冗費, 禁止奢華. 常須稍存贏餘, 以備不虞."
[57]『大學章句』, "古之欲明明德於天下者, 先治其國. 欲治其國者, 先齊其家. 欲齊其家者, 先修其身. 欲修其身者, 先正其心. 欲正其心者, 先誠其意. 欲誠其意者, 先致其知. 致知在格物."

규정하는 것은 곤란하다. 아니 독재자로서는 그것을 논하고 있는 것을 좋아하지 않을 것이다. 그것보다도 송대 이후의 위정자는 국가의 요청에 응하는 개인을 파악하여 관료로 임명하는 것이 급선무이다. 그를 위해서 가정을 이루는 것에 있어서 위정자가 바라는 방향으로 가야만 한다. 거기서 위정자는 강력하게 가정을 재편성하고 붕괴해 온 가정의 가족결합을 제재해서 새로운 사회를 담당할 것으로 교체될 것을 기대했다. 이처럼 집안을 가지런히 하는 것이 송대 가훈의 중심과제이고, 또한 그 가훈의 다양한 제작의 사실에 따라서 송대 가훈이 무엇을 지향하고 있는지를 알 수 있을 것이다.

그리고 그 가훈으로부터 흘러나오는 사고방식이야말로 또한 송대에서 성립한 신유학 그 자체에 있다고 말할 수 있는 것이다. 그렇다면 송대의 신유학이란 어떠한 것일까?

2. 신유학의 성립

1) 도학

　유종원과 한유에 의해 열렸던 도(道)야말로 당나라에서 송에 이르는 새로운 전개를 보여주는 시대에 있어서 상당히 어울리는 도이고, 이전의 형태에 구애받았던 학문을 버리고 인간형성의 원리를 구하는 개척자가 밟았던 도였다. 그 도가 송대에 들어서 어떻게 전개되었을까?
　송대의 정사(正史)인 『송사宋史』를 열어 보면 송대 학자의 전기를 모아놓은 두 곳이 있다. 하나는 「도학전道學傳」이고, 다른 하나는 「유림전儒林傳」이다. 이 가운데 「유림전」은 다른 역대 정사도 볼 수 있지만, 「도학전」은 『송사』에 있어서 독특한 것이다. 그러면 「도학전」이란 무엇인가? 여기에서 다음과 같이 말하고 있다.

　　도학(道學)의 이름이 옛날에는 없었다. 삼대가 성행했던 시기에 천자는 이 도(道)를 가지고 정치와 교육의 근본으로 삼았고, 대신과 모든 관리는 이 도를 펼치는 일을 요체로 삼았고, 당상술서의 학교에서 선생과 학생들은 이 도를 강습했으며, 모든 백성들은 이 도에 따라서 지내면서도 이 도를 의식하지 못했다. 그러므로 하늘과 땅 사이에 있는 어느 누구도 어떤 사물도 이 도의 혜택을 입지 않은 바가 없었고, 이 도의 본성에 따르지 않은게 없었다. 이런 상황에서 도학이란 명칭이 어떻게 자연스럽게 성립했겠는가?
　　문왕과 주공이 이미 세상을 떠났고 공자는 덕이 있어지만 지위를 차지하지 못해서 이 도를 세상에 전해주지 못하고 물러나 그 제자들과 함께 예악을 정비하고 헌장을 밝혔으며, 『시』를 산정하고 『춘추』를 수정했다. 『역』과 상(象)을 찬언하고 분(墳 : 고대의 전적)과 전(典 : 제도와 법규)을 토론하였다. 이런 일들을 통해서 성인의 도가 무궁히 밝혀지기를 기약했다. 이런 까닭에 "공자는 요순보다 훨씬 현명하다"고 말한다. 공자가 죽자 증자 만이 홀로 그 책을 이어받아 이것을 자사에게 전하였고 맹자에 까지 미쳤다. 하지만 맹자가 죽자 이를 전할 수 없게 되었다. 양한시대 이후로 유자들이 도를 논하는 내용을 보면, 도를 살피기는 하되 정밀하지 못하고, 이에 대해서 언급하지만 상세하지 못하여 이단의 학설과 사악한 학설이 성행하여 그 사이에서 도는 심하게 어그러졌다.

송나라 중엽에 이르러서 주돈이가 용릉(舂陵)에서 나와 성현이 전하지 못했던 학문을 얻어서 『태극도설』과 『통서』를 만들고, 음양오행의 이치를 밝힘으로서 하늘에 명이 있고 사람에게 본성이 있는 것이 손바닥을 가리키는 것처럼 확연해졌다. 장재는 『서명』을 지어서 리일분수(理一分殊)의 이치를 극언함으로서 도의 큰 근원이 하늘로부터 나온다는 것이 확연해지게 되면서 그 동안의 의심이 사라졌다. 인종(仁宗) 명도(明道) 초년에 정호와 그의 아우 정이가 태어났다. 이들이 장성하게 되자 주렴계에게 성업의 수업을 받으면서 견문을 넓혔고, 『대학』과 『중용』 두 책을 표창하고 『논어』・『맹자』와 함께 받들었다. 이렇게 해서 위로는 제왕이 전한 마음의 깊은 곳으로부터 아래로는 초학자의 입덕을 위한 관문에 이르기까지 융통과 관통으로 막혔던 곳이 사라졌다.

송나라가 남쪽으로 천도한 이래로 신안의 주희는 정씨의 올바른 전통을 계승하면서 그의 학문은 한층 절실해졌다. 격물치지를 앞으로 내세워서 선을 밝히고 몸을 성실히 하는 것을 요체로 삼았고, 여기서 무릇 시서육예의 문장과 공맹의 남겨진 말들이 진나라 시기에 분서되어 사라지고, 한나라 유자들에 인하여 지리(支離)해 졌다. 그리고 위진육조시기에 숨어 사려졌었던 것이 지금에 이르러 마침내 찬연히 밝혀지고 질서정연하게 그 자리를 얻을 수 있었다. 여기에 송유의 학문이 다른 시대의 학자들을 뛰

어넘어서 직접 맹자와 이어지게 된 까닭이다58)

「도학전」에 따르면 '도학'이란 주렴계와 장재로부터 이정자를 거쳐 주자에 이르러서 집대성된 학문이라고 말할 수 있다. 그리고 그 도학이야말로 요·순·우왕과 문왕·주공의 이상이 공자에 의해 천양(闡揚)된 것이고, 더욱이 맹자 이래로 끊겼던 것을 송나라에 이르러 계승과 표창하게 된 것이다. 후세에 있어서 이 학통을 '주자학'이라고도 하고, 또한 '정주(程朱)의 학'이라고 하며 게다가 '송학'이라고도 하니 송대를 대표하는 학문이라고 해석되어지고 있다.

2) 대학파와 재야파

그러나 이처럼 도학의 우위는 주자가 죽은후 주자학이 유학의 조류의 한 가운데에서 그 지위를 확립하게 되었던 것은 훗날의 일이고, 주돈이와 이정자(二程子)의 시대에는 아직 송대 신유학의 중심

---

58) 『宋史』「列傳186, 道學一」, "道學之名, 古無是也. 三代盛時, 天子以是道爲政敎, 大臣百官有司以是道爲職業, 黨庠術序師弟子以是道爲講習, 四方百姓日用是道而不知. 是故盈覆載之間, 無一民一物不被是道之澤, 以遂其性. 於斯時也, 道學之名, 何自而立哉. 文王周公旣沒, 孔子有德無位, 旣不能使是道之用漸被斯世, 退而與其徒定禮樂, 明憲章, 刪詩, 讚易象, 討論墳典, 期使五三聖人之道昭明於無窮. 故曰夫子賢於堯舜遠矣. 孔子沒, 曾子獨得其傳, 傳之子思, 以及孟子, 孟子沒而無傳. 兩漢而下, 儒者之論大道, 察焉而弗精, 語焉而弗詳, 異端邪說起而乘之, 幾至大壞. 千有餘載, 至宋中葉, 周敦頤出於舂陵, 乃得聖賢不傳之學, 作太極圖說通書, 推明陰陽五行之理, 命於天而性於人者, 瞭若指掌. 張載作西銘, 又極言理一分殊之旨, 然後道之大原出於天者, 灼然而無疑焉, 仁宗明道初年, 程顥及弟頤寔生, 及長, 受業周氏, 已乃擴大其所聞, 表章大學中庸二篇, 與語孟並行, 於是上自帝王傳心之奧, 下至初學入德之門, 融會貫通, 無復餘蘊. 迄宋南渡, 新案朱熹得程氏正傳, 其學加親切焉. 大抵以格物致知爲先, 明善誠身爲要, 凡詩書六藝之文, 與夫孔孟之遺言, 顛錯於秦火, 支離於漢儒, 幽沉於魏晉六朝者, 至是皆煥然而大明, 秩然而各得其所. 此宋儒之學所以度越諸子, 而上接孟氏者歟."

에서 그 정도의 확고한 세력을 가지고 있을 리가 없었다.

예를 들면 청의 전조망(1705-1755)은 송대의 진종(眞宗)과 인종(仁宗) 즈음에 걸쳐있는 신유학에 대해서 다음과 같이 설명하고 있다.

> 송대의 진종과 인종의 시기는 유림의 초기에 해당한다. 당시 주돈이(염계濂溪)와 이정자(二程子)의 무리는 마치 갓 돋아난 싹과 같아서 아직 나올 수 없었다. 그리고 유양(唯陽)의 척씨(戚氏 : 동문同文, 정소正素)는 송(宋)나라에 있었고, 태산(泰山)의 손씨(孫氏 : 복復)는 제(齊)나라에 있었고, 안정(安定)의 호씨(胡氏 : 원瑗)는 오(吳)나라에 있으면서 서로 정학(正學)을 강명하고, 스스로 속세에 있으면서도 두드러졌다. 또한 가끔씩 현자들이 조정에 있어서 만나기도 했다. 안양(安陽)의 한기(韓琦)와 고평(高平)의 범중엄(范仲淹), 그리고 낙양의 구양수(歐陽修) 모두 탁월한 자들로서 도(道)의 대체를 보고 있었고 서로 존중해 왔다. 그리고 학교는 사방으로 펼쳐져 있었고, 사유(師儒)의 도를 가지고 있던 이정지(李挺之)와 소천수 등은 그들의 경술을 가지고 이들을 화해시켰기 때문에 주렴계와 정자 형제들의 전조라고 일컫는다.59)

결국 진종과 인종시대에는 척동문(戚同文)과 손복 그리고 호원 등이 활약했고, 한기와 범중엄 그리고 구양수 등이 이를 이어받았던 것으로 아직까지 주렴계와 이정 등의 학문이 유학의 주류가 되지 못했다는 것이다.

이것을 또한 다른 표현으로 드러낸 사람이 미야자키박사이다. 그는 자신의 저서인 『과거科擧』에서 다음과 같이 말한다.

> 북송 중기 이후의 경학에 대한 담론에 있어서 대학파의 경의

---

59) 「慶曆五先生書院記」.

(經義)에 대해서 재야의 신학파가 있고, 주렴계를 시조로 하여 정호와 정이천의 형제가 있다.(중략) 정씨의 학문은 남송에 들어와 재상 조정(趙鼎)의 힘에 의해 큰 세력을 얻었다. 무엇보다 조정의 정적(政敵)인 진회(秦檜)가 세력을 차지하게 되자 학문의 상위에서도 정씨의 학문이 억압을 받았다. 하지만 이후에 주자가 나오게 됨으로써 민간에 견고한 지반을 획득하여, 남송 말에 이르러서는 다른 학파를 압도함으로써 오로지 정주의 학만이 유행하게 되었다.60)

이것에 의하면 미야자키박사는 주돈이와 정씨 일파를 '재야의 신학파'라고 지칭하고, 그것에 대해서 진종과 인종시대에 유행했던 경의(經義)의 사람들을 '대학파'라고 칭하게 되었다는 것이다. 그렇다면 대학파란 요컨대 전조망이 말하는 척동문과 손복 그리고 호원 혹은 범중엄과 구양수 등이 북송 전기의 학계를 이끌었던 사람들을 가리키는 것이다.

3) 송초의 세 선생

이들 인물 가운데 송대 신유학의 기초를 다졌다고 칭해지는 송초의 세 선생은 주목해야만 하는 사람들이다. '세 선생'이란 호원[安定]·손복[泰山]·석개[徂徠]를 말하지만, 그들은 모두 태산에 있으면서 독서에 전념해 경력(慶曆)시대의 학풍을 형성하는 있어서 큰 힘이 되었다.

호원(993-1059)은 수당 이래로 벼슬에 나아가서 단지 문사만을 숭상하고 경업(經業)을 잊고, 단지 녹의 이익만 쫓는 풍조를 근심하

---

60) 『科擧』, 258-259쪽.

였다. 그리고 소주(蘇州)와 호주(湖州)의 주학(州學)의 교수가 되자 규칙을 엄격히 해서 무더위가 찾아와도 정복을 착용하면서 솔선수범하였다. 또한 경(經)의 해석에 힘을 쏟아 전적으로 제생들에게 전했는데, 특히 호주의 주학에 있어서는 경의재(經義齋)와 치사재(治事齋)를 설치했다. '경의재'에서는 경전의 새로운 해석의 의미를 가르쳤고, '치사재'에서는 무사(武事)·수리(水利)·역산(曆算) 등의 시무(時務)와 관련된 교육을 시켰기 때문에 과거에 급제한 문인이 줄을 이어서 마치 일대 예비학교의 전경이었다. 당시 그들을 중심으로 해서 모였던 학생은 천여 명을 헤아렸고, 과거에 급제한 문인의 10분의 4 내지 5는 그의 제자였다고 말할 수 있다. 이후 호원은 태학에 초빙되어 국자감 직강(直講)이 되었지만, 사방에서 그의 문하로 모여들어 학생이 너무 많아서 학사에 수용할 수 없게 되자 인근 병사들의 숙소까지 넓혀서 수용했다고 전해진다. 호원의 교육은 세세한 것에 이르기까지 하여 식사후에는 책상에 걸터앉는 것을 제재했고, 혹은 오래 정좌한 경우에는 습사(習射)나 투호 등의 운동을 하면서 휴식을 취하도록 했다. 또한 시험이 있은 후에는 제생을 긍선당(肯善堂)에 모아놓고 아악가시(雅樂歌詩)를 펼쳐서 밤이 늦어서야 해산시켰다. 모든 재(齋)에 있어서도 때로는 시를 부르는 음악을 연주하고 거문고 소리가 밖에까지 메아리쳤다고 한다.

호원과 마찬가지로 면학에 열중하고 태학에서 경학을 적극적으로 강설하며 지냈던 손복(992-1057)은 처음 네 차례에 걸쳐 진사시험에 급제하지 못하여 오로지 태산에 머물면서 경학에 종사했던 사람이다. 그는 호원과 참으로 대조적인 풍격을 지니고 있어 전조망은 두 사람을 각각 호안정을 추운 겨울날과 손태산을 더운 여름날에 비유해서 "안정은 늘 침잠하며 충실하고, 태산은 드높고 밝으며 강건하다."고 칭하고 있다. 또한 손복의 제자 석개(石介 : 1005-1045)가 쓴 「태산서원기泰山書院記」에 따르면 "선생(손복)은 늘 평안히 공자의 마음을 꿰뚫는 것은 『대역大易』이요, 공자의 쓰임을 꿰뚫는 것은 『춘추』이니 이 두 경전은 성인의 지극한 가르침이요 치세의 큰 법령이다. 그렇기 때문에 『역설易說』64편과, 『춘추존왕발미春秋尊王發微』12편을 지었다."라고 하는 것으로부터 본다면, 손복의 본령은 『역』과 『춘추』에 있다고 할 수 있을 것이다. 그렇다면 손복의 『춘추』연구에 수준이 어느 정도인지 검토해 보도록 하자.

4) 『춘추』에서 『통감』으로

당대에 담조(啖助)·조광(趙匡)·육순(陸淳) 그리고 유종원 등이 당당하게 『춘추』의 비판을 전개했던 것은 이미 전술한 바와 같다. 그 경향은 송대에 들어와서 한층 더 진전을 보았다. 손복은 당(唐)의 육순의 학설에 근거하여 『춘추존왕발미』12편을 짓고, 예전의 학설에서 벗어나 일가의 의견을 세웠다. 구양수가 찬술했던 손복의 묘지명에서도 다음과 같이 말하고 있다. "태산(泰山 : 손복孫復)의 춘추학은 전주(傳註)에 의혹되지 않고 왜곡된 학설로부터 경전을 어지럽히지 않았으니, 그 말은 간이하여 춘추시대의 제후대부의 성과와 과오를 분명히 하였다. 또한 당시 상황의 성쇠를 생각하여 왕도의 치란을 드러내어 경전의 본의를 얻는 일이 많았다." 손복은 『춘추』뿐만 아니라 이미 경서를 읽는데 구설에만 의거해서는 안된다고 주장했다. 그는 "단지 왕필과 한강백의 학설에 의거해 『대역大易』을 구하는 것만으로는 『대역』을 충분히 파악할 수 없다. 또한 『좌씨전』·『공양전』·『곡량전』의 학설에만 의거해 『춘추』를 구하는 것만으로는 『춘추』를 충분히 이해할 수가 없다."고 공언하고 있는 것은 주목할 만하다.

손복의 제자인 석개(石介)도 춘추설을 계승했지만, 손복의 묘지명을 썼던 구양수에게는 『춘추론』3편이 있다. 그리고 당대 염조·조광 등의 학설을 받아서 춘추삼전(春秋三傳)을 신뢰하지 않고, 그 잘못된 점을 바로잡아서 『춘추』의 본문을 모방하는 일에 전념했다. 구양수가 편찬한 『오대사기五代史記(또는 신오대사新五代史)』는 『사기』의 문장과 『춘추』의 필법을 정교하게 섞어서 고문으로 생각한 채 써내려갔던 역사서이고, 마치 『춘추』에서 배운 한 글자 한 구절의 의미가 포함되어 있는 역작이었다. 구양수는 『춘추』의 진의는 명분을 바로 세우고 시비선악을 분명히 하는데 있다고 생각했다. 여기서 『춘추』의 명분론을 중심으로 한 역사주의가 형성되었던 것이다.

이러한 『춘추』연구는 삼전(三傳)을 뛰어넘어 본문에 다가서게 되자 역사를 서술한 수법에서도 변화가 생겨났고, 『춘추』를 배워서 진정한 법이 되고 계(戒)가 되는 것을 고금을 관통해 연혁적으로 받아들이는 것과 같은 경향이 발생하는 것도 당연하다. 사마광이 치평2년(11065) 황제 영종(英宗)의 명을 받들어 편집에 착수하여 대략 19년의 세월에 걸쳐서 마침내 원풍7년(1084)에 신종(神宗)에게 헌상하게 된 『자치통감資治通鑑』은 기원전 403년에 한(韓)·위(魏)·조(趙)가 진(晉)을 멸하고 자립해서 제후로서 인정되었던 시점 즉, 전국(戰國)의 시작부터 아마도 1362년에 오대(五代)가 끝난 후주(後周)의 현덕6년(959)까지의 사적을 294권으로 정리한 역사서이다. 본서는 "군주의 치정을 돕기 위한 제왕의 위정(爲政)의 거울이다."라는 의미에서 신종으로부터 『자치통감』의 이름을 사사받았지만, 한편으로 사마광의 의도에는 역사적 사실을 분명히 하려는 가운데에서

객관주의에 기초한 대의명분, 이른바 자연스러운 칭찬과 비판을 나타내려고 노력했던 점은 특히 주목해야 할 것이다. 게다가 앞서 구양수에게서 보였던 정사(正史)의 기전체(紀傳體)를 버리고, 고사(古史)의 형태로 돌아가 편년체(編年體)를 채용한 것은 형식상에 있어서도 여러 가지 적극적인 르네상스를 시도한 것이었다.

그러한 『자치통감』은 새로운 시대의 역사서로서의 지위를 획득했다. 이미 시작부터 평판이 좋아서 『자치통감』이 있다면 그의 정사(正史)는 필요없다고 말할 수도 있었다고 한다. 그러나 모든 사람들이 호의를 갖고 받아들일 수 있었을 리가 만무하다. 정이 등의 도학의 무리는 『자치통감』의 기재법을 기뻐하지 않았다는 것을 요시가와 코오지로(吉川幸次郎)박사는 논술하고 있다. 그렇지만 『자치통감』 그것이 송대의 학문의 조류를 배경으로 탄생한 것이라면, 송대 사대부 가운데 이에 대한 중요성을 늘려간 도학자와의 접근도 당연히 밀접해져 갔다. 이윽고 송대 신유학의 집대성자인 주자가 나와서 『자치통감』과 도학자와의 조화를 성립시켰고, 주자의 유언에 따라서 『자치통감강목資治通鑑綱目』이 만들어지자 『자치통감』은 사대부의 필수지식으로서의 위치를 점함으로써 『자치통감강목』은 주자학의 근본교과서가 되었다. 또한 『자치통감강목』이 『춘추』에서 보이는 대의명분을 충실히 역사적 사실로 보여주려 했던 점에 있어서 마치 당대 이래의 『춘추』비판으로부터 전개된 흐름의 당연한 귀결이었다고 할 수 있다.

5) 『대학』과 『중용』

이러한 신유학 형성의 첫 번째 과제인 『춘추』비판은 주자의 출현에 의해서 도학자 가운데에서 하나의 결실을 보았다. 두 번째로 들고 싶은 문제는 도학자들에 의해 금과옥조처럼 여기고 있는 사서(四書)가 진정 그들의 수중에서 형성되었는가 하는 것이다. 「도학전」중에서 "정호 및 아우 정이가 태어나 오랫동안 받들어온 선업을 주렴계로부터 받들어 들은 바를 넓혀서 『대학』과 『중용』 두 편을 표창하고, 이어서 『논어』와 『맹자』도 나란히 그렇게 하였다."라고 한 것처럼 『대학』・『중용』・『논어』・『맹자』을 과연 이정자(二程子)의 시대에 도학자들 사이에서 텍스트로서 정착했던 것일까?

『대학』과 『중용』은 어디까지나 오경의 하나인 『예기』 한 편이고, 『대학』은 현존하는 『예기』의 제42편이며, 『중용』은 제31편에 해당한다. 한대에 편찬되었다고 일컬어지는 『예기』 속에 「중용」편은 이미 육조의 송나라 재옹(載顒)이 『예기중용전禮記中庸傳』2권을 편찬하여 이를 별도로 표창했고, 양(梁)의 무제도 『중용강소中庸講疏』1권을 편찬하여 『중용』의 가치를 인식하고 있었던 것이다. 한편 「대학」편은 당대에 이르기까지 특히 이를 들어내어 표창했던 일은 없었지만, 전술했듯이 한유가 「원도」를 지어서 그 가운데에 「대학」편을 유학상에서의 의의를 높게 평가해서 가까스로 그 존재를 천양되게 하였다. 그리고 한유의 제자인 이고(李翶)는 『복성서復性書』중에서 "무려무사(無慮無思)는 모두의 동정(動靜)이 생각으로부터 떠나 있고, 적연부동은 게다가 천지를 비추는 경지"에 이르는 것이라고 서술하여 그 경지는 『중용』의 지극히 정성스러움, 『대학』의 격물치지, 『주역』의 적연부동(寂然不動)과 통하는 것이라고 말하고 있다. 이러한 『대학』・『중용』・『역』 등에 기초해서 전개된 의견이 송대 신유학 발전에 큰 토대가 되었다는 것이다.

이러한 문헌은 송대에 들어와 여러모로 빼놓을 수 없는 중요한 것이 되었다. 앞서 보았던 호원의 저작에서 『역전易傳』10권・『주역구의周易口義』12권・『중용의中庸義』1권이 있는 것으로 보아 그의 학문의 중심은 『역』과 『중용』이었다. 또한 호원과 손복을 추거한 범중엄은 숙동문에게 배워 두루 육경에 능통했고, 특히 『역』에 밝았다고 한다. 일찍이 장재에게 『중용』을 전수해 주었기 때문에 그의 학문도 『역』과 『중용』을 중심으로 한 것이었다. 게다가 송대 인종은 천성5년(1027)에 새롭게 급제한 진사에게 축하연을 베풀 때 『중용』편을 하사했고, 천성8년에는 마찬가지로 새로운 진사에게 『대학』편을 하사함으로써 이후에는 『중용』 또는 『대학』을 하사하는 것이 통례가 된 것은 송나라 정권이 『중용』・『대학』에 기초해서 유학교육을 추진하려는 의도를 가지고 있었다는 것을 시사하고 있다.

또한 『논어』는 시종 오경(五經)에는 들 수 없었지만, 옛날부터 공자를 아는 단초로서 존중되었다. 당대에서는 육덕명(陸德明)의 『논어음의論語音義』1권이 만들어져서 『논어』의 정형화를 볼 수 있었지만, 이윽고 한유가 『논어필해論語筆解』1권을 편찬한 것은 주목할 만하다. 송대에 이르자 태조와 태종에게 봉사되어 재상이 된 조보(趙普)에 대한 다음과 같은 일화가 전해지고 있다. "조보가 처음에는 관리로서의 역할에는 익숙했지만 학문에는 약했다. 태조는 그에게 독서를 권했고 이로부터 보(普)는 만년에도 손에서 책을 놓지 않았다. 매번 조정에서 회의를 마치고 돌아와서는 집의 문을 닫고 몸소 상자를 열어 한권의 책을 꺼내어 이를 탐독했다. 보(普)가 죽은 뒤 집안사람들이 그 상자를 열어보니 거기에는 『논어』가 있었다. 그는 일찍이 태종에게 말했다. 저에게는 『논어』가 한 권 있습니다. 그 절반을 가지고 태조를 도와서 천하를 평정했고, 나머지 절반을 가지고 신하들을 도와서 태평성대를 열었습니다."[61]라고 했다. 이것은 송초기에 정치가의 마음을 보여주는 것이고, 『논어』가 그 시대에 어떻게 취급되었었는지를 말해주는 일화이다.

6) 주돈이

이상의 일들을 보면 송대 신유학의 배경에는 『역』·『중용』·『대학』·『논어』 등 이른바 도학자들의 텍스트가 되었던 모든 문헌이 이미 송초부터 널리 학문의 중심으로서 이용되고 있었던 것을 알 수 있다. 그러나 이것이 『송사』「도학전」에서 말하는 것처럼 도학자들에 의해서 적절히 활용되어 그 학문의 주류가 된 점에 대해서는 역시 주(周)·정(程) 이래로 주자에 이르게 되면서 그들의 노력이 결실을 맺게된 것이다. 거기서 주돈이·정호·정이 등에 있어서 이런저런 설명을 붙일 단계에 이르렀지만, 그들에 대해서는 이전부터 많은 논저에 상세히 서술되어 있는 것이기 때문에 여기서는 필요한 사항만을 간단히 논하겠다.

주돈이(周敦頤 : 1017-730)의 자는 무숙(茂叔), 호는 염계(濂溪)라 했다. 도주영도(道州營道 : 호남성도현湖南省道顯)의 사람으로 20세에 장작감주부(將作監主簿)에 임명되었지만, 이듬해 모친상을 당하여 24세에 다시 홍주분령(洪州分寧 : 호남성수수현江西省修水顯) 주부(主簿)가 되었다. 그 후 강서·호남·사천·광동 등 각지의 관리를 역임했다. 55세에 병 때문에 남강군의 지사를 최후로 퇴임해 노산(盧山)의 부모와 염계서당에서 머물러 있다가 57세에 세상을 떠났다. 정호와 정이가 그에게 배운 것은 강서의 남안군사리참군(南安軍司理參軍)의 직책에 있을 때였다.

---

61) 『宋史』권256, 「列傳15, 趙普」.

주돈이의 대표적인 저작은 『태극도설』과 『통서』62)이다. 『태극도설』은 "무극이면서 태극이다. 태극이 움직여 양을 생하고, 움직임이 다하면 고요해지고, 고요하여 음을 낳고, 고요함이 다하면 다시 움직인다. 한번 움직이고 한번 고요하니 서로 근원이 되고 음과 양으로 나뉘어 양의가 있게 된다. 양은 변하고 음은 합하여 수·화·목·금·토를 낳는다. 다섯 기운은 적절하게 배포되어 사계절은 운행한다. 오행은 하나의 음양이고 음양은 하나의 태극이며 태극은 본래 무극이다. 오행은 각기 그 성(性)을 하나씩 가지고 생한다. 무극의 진(眞)과 음양오행의 정(精)이 묘합하여 응결된다. 하늘의 도는 남자를 이루고, 땅의 도는 여자를 이룬다. 두 기운이 교감하여 만물을 생하고, 만물은 낳고 낳으며 변화는 끝이 없다. 오직 사람만이 빼어남을 얻어서 가장 영명하다. 형체가 이미 생겼으니 정신이 앎을 가진다. 오성이 감응하여 선악의 구별이 생기고 온갖 사물이 생

---

62) 역자 주 : 주자의 설에 따르면 『통서通書』는 본래 『역통易通』이라고 호칭되어 『태극도설』과 병행하여 쓰여졌다고 한다. 전체는 2권 40장으로 나누어져 있는데 각장은 비교적 짧은 문장으로 기술되고 있다. 『태극도설』이 주돈이의 우주론을 논술하고 있다면, 『통서』는 주로 도덕론(道德論)을 설명하고 있다. 도덕론으로서의 『통서』 1편을 일관하고 있는 것은 성(誠)이다. 그는 '성'을 현상세계의 모든 변화 교체에 잠재하는 참된 기능이라고 하는 동시에 그것을 인간에 있어서의 도덕의 근본 규범으로 간주하였다. 성은 제덕(諸德) 또는 모든 사람의 행위의 근본이다. 사람이 성을 완전하게 체득할 때 곧 궁극적으로 사람의 행위가 성 그것일 때 소위 오상(五常)의 덕목도 완성된다. 행위에 있어서의 선악은 『태극도설』에도 "오성이 감동하여 선악이 나누어지고 만사가 나온다"고 한 것처럼 오성이 감응하여 움직여서 이제 막 행위를 발(發)하려고 할 때에 기미[幾]가 나누어지는 것이다. 그렇기 때문에 덕을 닦고자 하는 자는 반드시 움직임을 삼가하지 않으면 안 된다. 움직임을 삼갈 때는 선악으로 나누어지는 행위의 기미를 삼가도록 하여 이것을 반드시 선으로 향하도록 해야 한다는 것이다. 기미에 삼가고 움직임에 삼가한다는 것은 곧 그의 표현처럼 주정(主靜)이다. '주정'이란 무욕(無欲)하기 때문에 정(靜)을 보전할 수 있는 그 무욕(無欲)의 고요함을 주일(主一)로 하는 일이다. 한편 주자는 『통서』를 주석하여 『통서해』를 저술했다.

긴다. 성인은 자신을 중정과 인의로서 그것을 정해놓고 고요함을 주요소로 삼아 인극을 세운다. 그러므로 성인은 천지와 그 덕이 합치되고, 해와 달의 그 밝음이 합치되고, 사계절과 그 순서가 합치되며, 귀신과 그 길흉이 합치된다. 군자는 그것을 닦아서 길하고 소인은 그것을 거슬러서 흉하다. 그러므로 하늘이 세운 길을 일러 음과 양이라 하고, 땅이 세운 길을 일러 부드러움과 굳셈이라 하며, 사람이 세운 길을 일러 어짊과 의로움이다. 또 말하기를 시작됨의 근원을 살펴보고 끝을 돌이켜 본다. 그러므로 삶과 죽음의 설을 알게 된다. 위대하다 주역이여! 이것이 그 지극함이로다."63)라고 하는 문장은 이른바 태극도에 의해 알 수 있다. 이 태극도는 우주의 유일한 근원으로부터 만물이 생성변화하는 이치를 그림을 통해서 보여준 것이다. 아울러 그 이치는 인간도덕에서도 상응하는 것이라고 생각하여 "오직 사람만이 빼어남을 얻어서 가장 영명하다. 형체가 이미 생겼으니 정신이 앎을 가진다. 오성이 감응하여 선악의 구별이 생기고 온갖 사물이 생긴다. 성인은 자신을 중정과 인의로서 그것을 정해놓고 고요함을 주요소로 삼아 인극을 세운다."라고 하여 궁극에서는 성인의 도를 주장하려는 것이다. 주돈이의 『태극도설』을 보면 『역』의 "태극은 양의를 생하고, 양의는 사상을 낳는다."라는 생각을 토대로 하여 음양오행설과 노장설 등을 융합하여 설명한 것이

---

63) 『太極圖說』, "無極而太極, 太極動而生陽, 動極而靜, 靜而生陰, 靜極復動. 一動一靜, 互爲其根. 分陰分陽, 兩儀立焉. 五行之生也, 各一其性. 無極之眞, 二五之精, 妙合而凝, 乾道成男, 坤道成女. 二氣交感, 化生萬物. 萬物生生, 而變化無窮焉. 惟人也, 得其秀而最靈. 形旣生矣, 神發知矣. 五性感動而善惡分, 萬事出矣. 聖人定之以中正仁義, 而主靜, 立人極焉. 故聖人與天地合其德, 日月合其明, 四時合其序, 鬼神合其吉凶. 君子修之吉, 小人悖之凶. 故曰, 立天之道, 曰陰與陽, 立地之道, 曰柔與剛, 立人之道, 曰仁與義. 又曰, 原始反終, 故知死生之說, 大哉易也, 斯其至矣."

라고 생각할 수 있지만, 그 태극도에서는 위백양(魏伯陽)의 『참동계 參同契』와 종밀의 『선원소전집도서禪源所詮集都序』에 있는 그림으로 부터 받은 영향이 적지않다고 생각된다.

그런데 다케우찌 요시오(武內義雄)박사는 일찍이 이 도설의 "고 요함을 주요소로 삼아서 인극(人極)을 세운다."라는 말에 대해서 다 음과 같이 서술하고 있다.

> '고요함을 주요소로 삼는다'는 것은 욕심을 제거한다는 뜻이 다. 그러나 욕심을 제거한다고 해도 말라비틀어지고 생기없는 나 무와 같은 의미는 아니다. 욕심에 눈이 어두워져서 자연의 생성 조화를 훼손하지 않는다는 의미로 적극적으로 말하면 스스로 속 이지 않고 성실하다는 의미이다. 그리고 『통서』에서는 "성실함 은 무위(無爲)함이다."라는 것도 좋고, "성실함은 오상(五常)의 근 본이 되어 모든 행동의 근원이 된다."라고도 말하고 있다. '무위' 란 고요함에 즉해 있는 것으로 '고요함'과 '성실함'이란 동일한 마 음가짐을 두 측면에서 일컫는 말이다. 그래서 이 성(誠)을 역설하 고 있는 것도 『역전』과 『중용』에서 얻은 사상이다.64)

즉 주돈이의 또 다른 하나의 책인 『통서』에서 강조하고 있는 것 은 성(誠)이고, 『태극도설』과 『통서』를 총합한다면 주돈이의 우주 론과 도덕설은 요컨대 『역』과 『중용』을 중심으로 해서 가능했다는 것을 알 수 있다.

7) 장재

『송사』「도학전」에서는 주돈이에 이어서 장재를 들고 있다. 장재

---

64) 武內義雄著, 『中國思想史』, 岩波書店, 1974, 231쪽.

(1020-77 : 자는 자후子厚)의 집은 대량(大梁 : 하남성개봉현河南省開封縣)이었지만, 아버지 장적(張迪)이 인종조(仁宗朝)에 명을 받들어 전중승(殿中丞)에 임명되어 부주(涪州 : 사천성부릉현四川省涪陵縣)의 지사가 된 곳에서 죽게 되었다. 그러자 남은 자식들은 고향으로 돌아오지 못하고 봉상미현(鳳翔郿縣)의 횡거진(橫渠鎭)에 이주해서 살았다. 장재의 호인 횡거(橫渠)는 그 지역 이름에 따른 것이다.

당시 중국의 서변(西邊)에서는 서하(西夏)의 조원호(趙元昊)의 움직임이 활발해져 송(宋)을 노리는 형세에 놓여있었기 때문에 기지가 출중한 장재는 병략(兵略)을 논하는 것을 좋아해 21세에 가끔씩 협서초토부사(陝西招討副使)로서 연주(延州)에 있던 범중엄에게 글을 올려 자신의 포부를 펼쳐 공명을 세우기를 원했다. 그런데 단번에 그런 인물이라는 것을 관찰했던 범중엄은 다음과 같이 말했다. "유자는 스스로 명교에 즐거워해야 한다는 것이 있다. 무엇보다 군사(軍事)에 있어서 끝이 없는 것이 아닐까?"라고 했다. 그러한 그에게 『중용』한 권을 받았는데, 이를 기회로 장재는 태연히 도에 뜻을 두고 있는 것처럼 되었다고 말할 수 있다. 그 후 불노(佛老)에도 마음이 끌렸지만, 결국 가우(嘉佑) 초에 낙양에서 친척인 이정자와 『역』을 논하고 도학의 요체를 말하니 마침내 이학(異學)을 버리고 유학에 전념하게 되었던 것이다. 이렇게 보면 범중엄의 한 마디가 장재의 운명을 결정한 중요한 계기였고, 그 진행시켜야 할 목표가 『중용』에 있었다는 것은 주목할 만하다.

38세에 진사에 합격한 장재는 그 후 십여 년 간 기주(祁州)의 사법참군(司法參軍)과 운암(雲巖)의 현령(縣令) 등 각지의 관리를 역임했지만, 희령(熙寧)2년(1069)에 신종(神宗)의 부름을 받고 숭문원교서(崇文院校書)가 되었다. 그러나 얼마되지 않아 왕안석과 신법을 논하는 가운데 의견이 대립되자 결국 고향으로 돌아와 학문에 전념했다는 것이다. 장재가 숭문원교서로 부임하게 된 계기는 신종에게 치도에 대한 문의의 답변에 있었다. 그는 다음과 같이 말한다. "정치를 하기 위해서는 하·은·주 삼대를 본보기로 삼지않는다면 정도(正道)가 아닙니다."라고 했다. 또한 장재는 스스로 삼대의 부활을 염원해서 고례(古禮)의 부흥에 전념하여 정전제의 재현을 시도했다. 정전제 부활이야말로 삼대의 다스림을 실현하는 첫걸음이라고 생각했던 장재는 문인들과 계획한 토지를 구매하는 정전거(井田渠)를 열고, 실제로 정전법에 준한 토지개혁에 뜻을 두었다. 그는 그 실행이 매우 힘든 것임을 알고 있었지만 현실의 인식과 장래에 대한 큰 꿈을 정전제 부활에 두고 있었던 것이다.

정전법에서 기획한 꿈은 토지균분(土地均分)의 사회이다. 이미 당(唐)으로부터 송(宋)의 사회에 있어서 다양한 빈부의 차이와 토지사유의 확대는 현저히 드러나서, 지주는 점차 그 토지를 확장하려 하고 가난한 자는 그 아래에 예속되었다. 아버지가 죽은 후 작은 재산으로 생활하고, 또한 관리를 그만둔 후의 생활도 결코 즐겁지 않았던 장재는 스스로의 체험에서 백성이 균등한 토지에 의해 빈부평등이 되는 사회를 염두했다. 그 바램이 삼대 부흥과 결부되어 정전법의 모색으로 발전된 것이라고 생각했던 것이다. 더구나 그 전제에서 "사람은 모두 내 동포이고, 만물은 모두 내 짝이다."라고 하는 동포주의(同胞主義)가 강하게 자리잡고 있었다. 그는 『서명』65)에서 다

---

65) 역자 주 : 장재의 『서명西銘』은 『동명東銘』과 함께 대단히 짧은 문장이지만, 특히 『서명』의 사상적 내용은 심오하여 이정자(二程子)에게 상찬되었다. 『서명』의 전문은 겨우 253자(『동명』은 112자)에 지나지 않지만 담겨진 주제는 요컨대 천지만물과 '나'의 존재와의 일체에서 얻어지는 '인(仁)'이다. 건(乾)은 나의 아버지

음과 같이 말한다. "건은 아버지라 부르고, 곤은 어머니라 부른다. 나는 여기 이렇게 미미하면서 혼연히 천지 안에 놓여 있다. 그리하여 하늘과 땅이 가득한 것이 내 몸을 이루고, 하늘과 땅의 빼어난 것이 내 본성을 이룬다. 사람은 모두 내 동포이고, 만물은 모두 내 짝이다. 큰 임금은 내 부모의 적정자이고, 그 대신은 적장자 집안의 재상이다. 나이 든 분을 존경하기에 어른을 내 어른으로 모시고, 외롭고 약한 이를 불쌍히 여기기에 어린이를 내 아이처럼 보살핀다. 성인은 그 덕을 합하고, 현인은 그 빼어남을 합한다. 천하의 노약자와 장애자, 의지할 데 없는 사람, 과부와 홀아비는 모두 내 형제 가운데 고통스러우면서도 호소할 데 없는 사람들이다."66)라고 했다. 이로부터 알 수 있는 것은 먼저 천하국가를 한 가정으로 보는 가부장적 사회의식이지만, 그의 『경학이굴經學理窟』과 『정몽』67) 등에서

이며 곤(坤)은 나의 어머니이다. '나'는 천지의 자(子)로서 천지의 중간에 만물과 함께 있다. 그런 까닭으로 나의 체(體)는 단지 나의 형체에 그치는 것이 아니다. 사람·산천·초목·금수·곤충에 이르기까지 무릇 천지의 사이에 존재하는 것은 전부 나의 체이다. 나의 본성도 또한 만물의 본성이다. 천지는 나와 그리고 만물도 생성하기 때문에 나와 한가지로 천지 사이에 있는 것은 모두 나의 동포다. 천지가 만물을 양육하는 것은 천지의 인덕(人德)이요, 천지의 이 운행을 본받고 천지의 존재형식에 복종하면 천지의 인덕을 나의 마음의 덕으로 삼을 수가 있다. 천지의 작용은 '화(化)한다'고 하는 것이며, 천지 운행의 뜻(志)은 헤아려 알 수가 없다. 그런 까닭으로 '화(化)'를 알고 신(神)을 궁통(窮通)하면 천지의 운용과 그 향하는 바 뜻을 밝혀 이것을 계승할 수가 있다. 이렇게 해야 비로소 천지의 마음을 나의 마음으로 삼고 천지의 성을 나의 성으로 삼을 수가 있어 천지의 인덕과 나의 인덕이 하나가 된다. 이에 대한 풀이로서 주자의 『서명해西銘解』가 있다.
66) 『西銘』, "乾稱父, 坤稱母. 予茲藐焉, 乃混然中處. 故天地之塞, 吾其體, 天地之帥, 吾其性. 民吾同胞, 物吾與也. 大君者, 吾父母宗子, 其大臣, 宗子之家相也. 尊高年, 所以長其長, 慈孤弱, 所以幼吾幼. 聖其合德, 賢其秀也. 凡天下疲癃殘疾惸獨鰥寡, 皆吾兄弟之顚然而無告者也."
67) 역자 주 : 장재의 『정몽正蒙』은 그가 만년에 낙향해서 50세 이후의 지은 것으로

말하는 것처럼 "이익이란 사람에게 이익이 있을 때에는 이익이라 하는 것이니 몸에 이롭고 나라에 이로움이 있을 때에는 이익이라고 해야만 하는데, 몸의 이익과 나라의 이익이 있을 때 마다 모든 이익이 취해지는 것은 아니다."라고 말한다. 또한 "사람들과 궁구한다." 라는 주장에서 보면 그의 의식에는 인도주의적 지향을 내포하고 있으면서 동시에 강한 동포주의에 토대를 두고 있는 것을 볼 수 있는 것이다. 그렇게 생각한대로 간다면 그의 주장이 당의 유종원과 한유가 서로 상통하는 것을 보기 시작하게 된다. 정호는 이 『서명』을 높이 칭찬하여 "진한 이래로 학자가 아직 이를 수 없는 곳이다."라고 서술하고, 한유의 「원도原道」와 비교해서 "『서명』은 오히려 「원도」의 종조(宗祖)라고도 말할 수 있다."라고 평했던 것은 실로 당연한 일이다. 이후 주자가 창설한 사창법의 정신이 이 『서명』에 있다고 말한 것처럼 도학의 흐름 위에서 주렴계의 『태극도설』과 나란히 중요한 문헌으로 취급되고 있는 것이다.

보여진다. 『장자전서張子全書』에 전 9권이 수록되어 있고 각권은 2편으로 구성되어 있다. 이 가운데 주목할 만한 편은 1권에서 4권 까지로서 그 중에서도 「태화편太和篇」과 「성명편誠明篇」이 그 핵심이 된다. 일반적으로 장재의 우주론(宇宙論)이 기일원론(氣一元論)이라고 일컫고 있는 것은 노자의 '유는 무에서 생한다'[有生於無]라고 하는 말을 정면으로 반대하고 있는 것이다. 유(有)가 무(無)에서 생(生)하지 않는다고 하면 유(有)는 유(有)에서 생(生)하는 것인데, 장재는 이와 같은 생각으로 철저한 유(有)의 우주론을 전개하였다. 그에 의하면 현상 세계의 모든 개체는, 사람까지도 음양리기(陰陽二氣)의 동정(動靜)・승강(昇降)・부침(浮沈) 등에 의한 운동의 결과로 해서 생성된 것이다. 그 음양리기도 실제는 기(氣), 즉 일기(一氣)이므로 이 기가 객감(客感)・객형(客形)을 취함으로써 현상 세계가 성립하게 되며, 그리고 이 세계의 만변만화가 생하는 까닭인 것이다. 이와 반대로 기가 흩어지면 무형무감이어서 사람에게 감각되지 않게 된다. 이런 기의 무형무감의 상태가 기의 신묘함이요, 또 그것을 태허(太虛)이다. 그리고 이처럼 기의 모이고 흩어지는 것을 이른바 태화(太和)라고 한다. 한편 명말청초에 왕선산(王船山)은 『장자정몽주張子正蒙註』라는 저서를 지었다.

8) 정호와 정이[68]

한편 장재와 의견을 주고받았던 이정자(二程子)란 정호와 정이라는 형제를 가리킨다. 정호(1032-85 : 자는 백순伯淳)는 일반적으로 명도(明道)선생으로 알려져 있다. 정씨는 대대로 중산(中山 : 강소성 율수현동십리江蘇省溧水縣東十里)에 살았지만, 아버지 정향(程珦)이 호북황주황파현(湖北黃州黃坡縣)에 근무할 때 정호가 태어났고, 그 후 아버지가 다른 곳으로 자리를 옮기게 됨으로써 그를 따라서 이 사해 모두 개봉에서 하남의 낙양으로 터전을 옮겼다. 15, 6세 때 아버지의 권유로 동생 정이와 함께 주돈이의 가르침을 받았다. 그래서 처음에는 과거를 좋아하지 않아서 노석제가(老釋諸家)에도 출입했지만, 26세가 되면서 과거에 응시해 합격함으로써 합서의 호현주부(鄠縣主簿)를 시작으로 하여 강남의 상원현(上元縣), 하동(河東)의 택주(澤州)와 보성(晋城) 등의 지방관을 역임했다.

신종(神宗)의 희령(熙寧) 첫 해에 어사중승(御使中丞) 여공저(呂公著)의 추천으로 태자중윤권감찰사어사이행(太子中允權監察史御使裏

---

68) 역자 주 : 정호와 정이 형제가 사상적 논술과 문장 등을 수록한 책으로『이정전서二程全書』가 있다. 이 내용에는「이정유서二程遺書」·「이천문집伊川文集」·「정자외전程子外傳」·「이천경설伊川經說」·「이천역전伊川易傳」등으로 이루어져 있다. 이정자는 송대 도학의 대표적 인물이어서 주돈이, 소옹, 장횡거 등의 사상가가 각각 이색적인 사상의 소유자였음에 비하여 지극히 정통적으로 전통적 유학을 계승하여 논리적으로 전개하고 있으나, 양자의 정밀한 사상은 그 내용상 서로 다른 길을 갔기 때문에 그 결과 학문적인 관심과 방향에 있어서 크게 다른 점이 있다. 하지만『이정전서』의 내용이 명도의 말인지 이천의 말인지 판별되지 않는 것도 많이 보인다.『이정전서』속에서 사상면으로 특히 중요한 명도의 것은「식인편識仁篇」,「정성서定性書」외에「명도어록明道語錄」이고, 이천의 것에는「이천어록伊川語錄」,「이천어伊川語」,「이천경설伊川經說」,「이천역전伊川易傳」이 있다.

行)이 되었고, 중앙으로 나와 점차 신종에게 그 소신을 펼쳐서 제왕에게 거듭 발탁되었다. 그러나 그의 설은 치도의 마땅한 바를 논했던 것으로서 조금도 공리에 미치지는 못했기 때문에 때로는 정권을 담당하려고 했던 왕안석과 함께하지 못하다가 얼마 지나지 않아 하북단주(河北澶州)의 진령군판관(鎭寧軍判官)으로 자리를 옮겼다. 때때로 황하가 범람해 마을에 넘쳐흘렀기 때문에 그 대책을 위해 몸바쳐 최선을 다하여 큰 공적을 세웠다. 그 후 서경낙학죽목무(西京洛河竹木務), 하남부구현지사(河南扶溝縣知事), 여주(汝州)의 감주세(監酒稅)를 지냈고, 철종(哲宗)이 즉위한 후에 중앙의 초빙을 받아 종정사승(宗正寺丞)이 되었지만, 부임하기 직전에 병을 얻어 세상을 떠났다.

대체로 정호의 우주관과 인생관은 『역』과 『중용』에 기반을 두고 있다고 볼 수 있다. 그는 『역』의 말을 인용해서 말하기를 "천지의 큰 덕을 낳음이라고 한다. 천지가 인온하여 만물이 화생한다."고 한다. 즉 우주의 도를 만물의 낳고 낳음으로 봤다는 점은 전술한 주돈이와 같지만, 그는 음양의 두 기운이 각각 별도로 존재한다고 생각하지 않고 하나의 사물이 죽고 자라난다는 점은 특징적이다. 거기서 만물의 차이는 무엇에 의한 것일까? 정호는 "사람과 사물이란 다만 기의 올바름과 치우침에 있을 따름이다."라고 말하고, 사람의 선하고 악하며 어질고 어리석음도 기품의 치우침과 올바름으로 해석한다. 따라서 기의 치우침에 의해 발생된 악은 수양에 의해 되돌이켜서 사사로운 마음과 편향된 앎을 버리고, "넓고 크게 공명하여 사물이 와서 순응한다."는 것처럼 임해야한다는데 있다고 주장한다. 이 "넓고 크게 공명하여 사물이 와서 순응한다."는 것이야말로 정호가 장재에게 답한 『정성서定性書』의 안목이다.

정이(1033-1107)는 정호와 한 살 차이가 나는 아우이다. 자는 정숙(正淑)으로 이천(伊川)선생이라 불리어진다. 24세에 아버지를 따라 수도 변경(汴京)에서 나와 태학에 갔지만 때때로 국자감직강(國子監直講)의 호원(胡瑗 : 안정安定)이 낸 과제인 "안자가 좋아한 바는 어떤 학문인가?"에 답한 견해가 호원을 경탄케 했다. 그 말 중에 "성인은 배워서 이룰 수 있다."는 견해는 마치 정이의 본령이고, 또한 송학(宋學)의 방향을 단적으로 보여준 것이었다. 그 후 오로지 학문에 전념하여 후진을 지도하다가 마침내 사마광의 추천을 받아 숭정전설서(崇政殿設書)로 임명되었다. 정이로서는 이것이 최초의 임관이고, 이 때가 54세 되던 해의 일이다. 이로부터 정이는 어린 황제 철종 앞에서 학문을 강의하여 교육에 전념하였지만, 1년 남짓되어 낙(洛)과 촉(蜀) 두 당의 당쟁에 휩싸여 탄핵을 받고 낙양으로 옮겨와 사천부주(四川涪州)에서 유배생활을 했다. 74세에 벼슬에 올라 다음 해에 세상을 떠났다고 전해진다.

정이를 형인 정호와 비교한다면 그 생활에 있어서는 큰 차이가 있다. 정호는 이미 20세에 과거에 응시한 이래로 각지의 관직을 역임했다. 그러나 정이는 때때로 정시(廷試)가 중지되기도 하다가 마침내 과거에 응시하여 처음으로 관직에 오른 것이 이미 인생의 절반이 지난 때였다. 더구나 그 뜻을 가졌던 시기가 기껏해야 일 년 남짓이고, 그 후에는 대부분 불우한 생애를 보냈다. 이처럼 대조적인 생활의 차이와 두 사람의 성격의 서로 다름은 저절로 그 사고방식에도 영향을 주었을 것이다. 사람이 말하는 정호의 학문적·사상적 태도가 혼일적(混一的)이고 직관적인 것에 비해, 아우인 정이는 분석적이고 사변적이며 논리적이었다. 이미 송대에서 육구연은 다음과 같이 말하고 있다. "원회(元晦)는 이천(伊川)과 비슷하고, 흠부

(欽夫 : 장식張栻)는 명도(明道)와 비슷하다. 이천은 좀처럼 자신의 뜻을 드러내지않을 정도로 한결같이 깊고, 명도는 늘 막힘없이 소통한다."고 한다. 여기서 두 사람의 차이와 후세에 미친 영향을 알 수 있다.

정호의 학문은 주돈이·장재 등과 같이 『주역』·『중용』·『맹자』·『대학』·『논어』 등을 기초로 했지만, 특히 그의 주장을 드러내는 언급에는 "격물궁리(格物窮理)"와 "거경함양(居敬涵養)"이 있다. '격물'이란 이미 언급했던 『대학』의 팔조목의 하나로서 격물·치지·성의·정심에서 평천하에 이르는 최초의 조항이다. 정이는 다음과 같이 말한다. "'격(格)'이란 궁구한다는 말과 같고, '물(物)'은 이치와 같다. 격물이란 그 이치를 궁구한다는 말과 같을 따름이다. 그 이치를 궁구하고 그런 연후 얻은 앎이 있으면 족하다. 궁리한즉 능히 이를 수 있다. 사물을 격하는 것은 도의 적절한 시작이다. 사물을 격(格)하려고 생각한즉 무엇보다 이미 도에 가까워져 있다. 이것은 무엇인가? 그 마음을 가다듬어서 놓지않는 것이다."69)고 한다. 또한 "일에 따라서 이치를 보면 천하의 이치를 얻게 되고, 천하의 이치를 얻게 된다면 곧바로 성인이 될 수 있다. 군자의 학문은 마치 이처럼 몸소 실천할 뿐이다. 몸을 미루어 봄은 치지(致知)에 있다. 치지는 격물이다."라고 한다. 즉 정이는 격물을 사물의 도리를 지극한다는 의미로 이해한다. 그래서 도에 들어가기 위해서는 "거경함양"이 상대적으로 요청된다.

정이가 말하기를 "도에 들어가는 데에는 경(敬)만한 것이 없다.

---

69) 『二程遺書』권25, "格猶窮也, 物猶理也. 猶曰窮其理而已也. 窮其理, 然後足以致之, 不窮卽不能致也. 格物者適道之始, 欲思格物, 則固已近道矣. 是何也. 而收其心而不放也."

이제 잘 앎에 이르러 경에 있도록 하는 것일 뿐이다."라고 한다. 또한 "함양(涵養)은 모름지기 경을 중심으로 한다. 진학(進學)은 곧 치지에 있다."고 한다. 그리고 경(敬)을 주로 하려면 어떻게 해야 할까? "대개 사람의 마음은 두 가지 일을 같이 할 수 없어서, 하나의 일을 행한즉 다른 일은 마침내 들어올 수 없게 되니 하나의 일인 이것을 주로 삼게 된다. 하나의 일인 이것을 주로 삼게 되면 오로지 생각에 번잡된 근심이 없게 되고, 만일 경을 주로 하게 된다면 또한 이런 근심이 있겠는가? 이른바 '경'이란 한 곳에만 집중하는 것을 경이라고 한다. 이른바 하나[一]란 다른 곳으로 가지 못하게 하는 것을 하나라고 한다. 또한 '주일'의 뜻을 받아들이고자 한다면 하나인즉 둘이나 셋은 없다."70)고 말한다. 즉 '경'이란 마음을 집중해서 밖으로 조금이라도 뻗쳐 나가지 않는 상태를 두고 말하는 것이다. 그를 위해서는 시청언동(視聽言動)에 대해 스스로 자제하고 바른 일상생활을 하는 가운데에서 도를 구하는 것이 필요하다고 하는 정이의 생각은 특히 주자에 의해서 한층 더 발전되어 이른바 주자학에 이르게 되어 집대성해 갔던 것이다.

---

70) 『二程遺書』권15, "大凡人心, 不可二用, 用於一事, 則他事更不能入者, 事爲之主也. 事爲之主, 尙無思慮分擾之患. 若主於敬, 又焉有此患乎. 所謂敬者, 主一之謂敬. 所謂一者, 無敵之謂一. 且欲涵泳主一之義, 一則無二三矣."

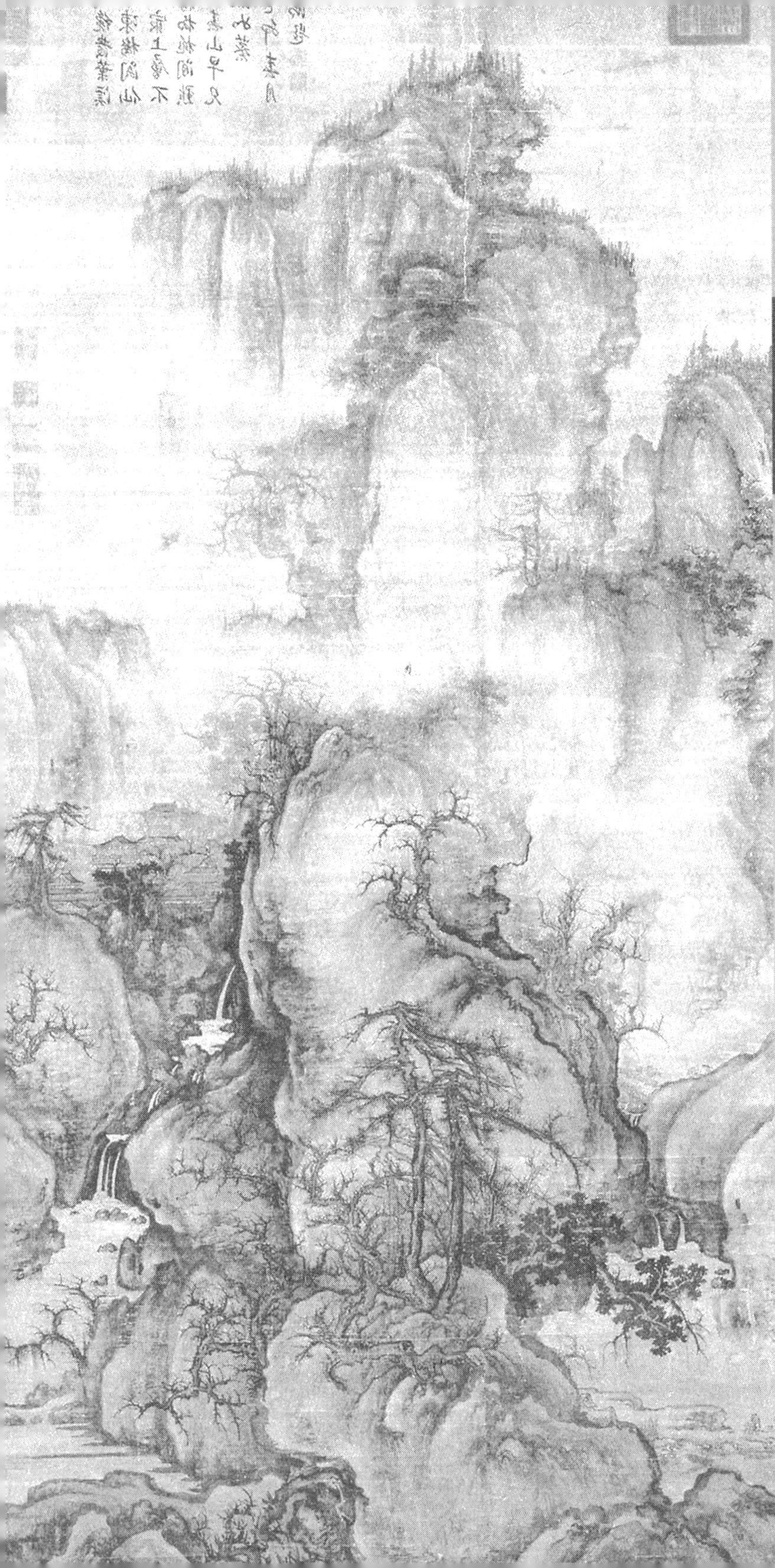

III

주자와 그 시대

1. 주자의 출현

1) 주자의 세 선생

송대의 신유학을 집대성한 사람은 주자(朱子)이다. 주자(1130-1200)의 본명은 주희(朱熹)라 부렸고, 자는 원회(元晦)이며 사후에는 중회(仲晦)로 고쳤다. 또한 회암(晦庵)·회옹(晦翁)·둔옹(遯翁)·고정(考亭)·자양(紫陽)·운곡노인(雲谷老人)·창주병수(滄州病叟) 등의 호가 있고, 문공(文公)이라는 시호를 받았지만 일반적으로 존칭해서 주자라고 한다.

그런데 송대의 유학을 주자학이라 말하고, 또한 송 이래의 유학도 주자학으로 대표되는 관점이 정주(程朱)에 의해 대성된 유학은 중국 근세에 있어서 큰 흐름이 되었다. 따라서 주자에 있어서도 옛부터 수많은 선인이 이를 언급하고 있다. 그러나 그 대세가 당연한 것이기 때문에 주자학의 집대성자로서 주자를 논했던 것이고, 또한 송대 이래로 유학의 개설 중에서 주자를 들었던 것이다. 그 점도 어쨌든 주자에 관한 저서로 불리고 있는 저작으로서는 소화(昭和)2년에 출판되었던 아키즈끼 가즈쯔구(秋月胤繼)의 『주자연구』, 11년에 다케우찌 요시오(武內義雄)의 『주자·양명』, 그리고 18년에 나온 고토우 토시미즈(後藤俊瑞)의 『주자』를 합해 모두 3권이 대표적이다. 특히 마지막의 『주자』는 주자행장과 주자연보를 정교하게 활용한 역작이고, 본고도 이들 서적들에 힘을 입은 바가 또한 크다.

주자의 선조는 원래 휘주(徽州)의 무원현(婺源縣 : 지금의 강서성)에 살았지만, 아버지 주송(朱松 : 위재韋齋)이 복건의 관리가 되어 일가가 모두 복건의 정화현(政和縣)으로 이주했다. 그 시기에 남검주 우계현(南劍州 尤溪縣)으로 옮겨갔지만, 때마침 우계(尤溪)의 정씨에게 집을 빌려서 지내고 있을 때 주자가 태어났다. 즉 남송의 고종(高宗) 건염(建炎)4년(1130) 9월 15의 일이다.

소흥13년(1143)에 주자가 14세 되던 해에 아버지 주송은 세상을 떠났다. 주송의 병이 깊어졌을 때 송(松)은 스스로 집안의 모든 일을 친구인 유자우(劉子羽 : 소전少傳, 1093-1142)에서 맡겼고, 또한 호헌(胡憲 : 적계籍溪, 1086-1162)·유면지(劉勉之 : 백수白水, 1091-1149)·유자휘(劉子翬 : 병산屛山, 1101-1147) 등 세 사람에게 이별을 고함과 동시에 주자에게 다음과 같이 말했다. "호헌·유면지·유자휘 이 세 분은 나의 친우로 학문이 심원하여 내가 늘 경외시했던 분들이다. 내가 떠난 이후에는 이 세 분을 찾아다니며 좋은 가르침을 받도록 하여라."라고 하였다. 주송이 떠난 후, 유자우에게 그의 고향 숭안현 오부리(崇安縣 五夫里)에서 다섯 칸의 방과 작은 채소밭과 양어장을 부여받았던 주자는 그의 어머니를 모시고 이곳으로 이사해 살면서 세 선생의 가르침을 받게 되었다.

주자의 아버지 주송은 일찍이 예장(豫章)의 나종언에 대해서 배웠었지만, 나종언은 이정자의 문인인 양시(楊時 : 구산龜山)의 흐름을 따르고 있었기 때문에 주송이 떠난 후에도 수년간 주자는 이미 아버지로부터 도학(道學)에 대한 첫 발을 내디뎠다. 더욱이 호헌은 그의 종부 호안국을 따라서 정씨의 학문을 전수받았다고 하기 때문에 당시 주자에게 도학의 영향을 재차 미쳤다고 생각되며, 『중용』·『논어』·『맹자』 등을 통하여 유가의 교양을 반복했다. 그러나 유자휘와 호헌은 또한 불노(佛老)를 좋아해 급기야 선(禪)에 접근했기 때문에 주자도 또한 불노에 흥미를 가졌고, 게다가 문학·시·병법

등 모든 것에 관심을 가졌다. 15, 6세에 유자휘의 집 근처에서 대혜종고(大慧宗杲) 선사(禪師)를 만나 감화를 받았다. 그리고 더욱이 17, 8세에는 그 제자인 개선사의 도겸(道謙) 선사에게도 뵙고싶다고 하고 선사에게 서면을 전달하자 대혜선사로부터 "개에게도 불성이 있다."라는 말을 전해들었지만, 아직 깨달아 들어가지 못했다고 했다. 주자는 18세에 건주(建州)에서 선발된 진사시험을 위해 모두 도회지로 향했다. 그 때 가지고 있던 상자 안에는 다만 『대혜어록』 한 부만 있었다고 하는 말은 그 때 주자를 비유한 일례이다.

2) 관료 일년생

고종(高宗) 소홍(紹興)18년(1148)에 19세로서 진사에 급제한 주자는 3년 후인 22세의 여름에 처음으로 좌적공랑(左迪功郞 : 종9품)의 관직을 얻어 천주(泉州) 동안현(同安縣)의 주부(主簿 : 장부와 관련된 일을 담당)에 임명되었고, 24세 되던 해 7월에 금문도(金門島)와 마주보고 있는 동안현(同安縣)에 부임했다. 그로부터 그의 관료생활이 시작되었다.

주자는 부임한 도중에 아버지 주송과 나종언의 기반에 토대를 두고서 친근하게 지냈던 이동(李侗 : 1093-1163, 연평延平)을 방문했다. 이후 십여 년 동안에 이동의 영향력을 받았지만, 주자의 사상형성에 부여했던 이동의 영향이 적은 것은 아니었다. 즉 세 선생을 따랐던 시대에 주자의 사상 속으로 파고들었던 선학(禪學)이 이동과 접촉하는 동안에 점차 변화해 갔다. 이동은 주자가 적극적으로 선(禪)의 이치를 세워 논술하는 것을 듣고서도 다만 고요하게 그를 살피고, 그 위에서 희노애락미발(喜怒哀樂未發)의 기상을 체인해 천하의 큰 근본을 안다면, 도는 그 일용인륜 사이에 있는 것을 이해할 수 있다고 말했다. 그리고 일용 간의 공부를 수행하기 위해서는 한 차례 성현의 말씀을 보는 것이라고 권했다.

주자가 동안에 부임한 24세의 7월에 큰 아들 숙(塾)이 태어나고, 다음 해 둘째 아들인 야(埜)가 태어나게 되자 집안도 분주해 졌다. 또한 동안에서 최초의 임무를 주자는 충실히 해냈다. 특히 장부의 점검을 엄격히 해 관리의 부정을 막고, 납세기간을 고지하여 공평하게 세금을 거두어 들였다. 고토우박사도 소개했었지만, 동안(同安)지역에서 토사가 흘러내리는 것을 방지하기 위해 힘썼고 현성(縣城)의 귀퉁이 공터에 활쏘는 곳을 만들어 부하에게 활쏘기 훈련을 시켜서 만일의 사태에 대비토록 하였다.

한편 주자는 동안현의 교육과 교화에 대해서도 힘을 쏟았다. 지역 안에서 준수한 자제를 학교에 불러들여서, 학덕이 높은 인물을 초빙하여 교육을 담당하게 했다. 그리고 도서관을 정비하여 역사각(歷史閣)이라 부르고 학자의 열람을 제공하기도 했다. 또한 공자의 제전을 정비하고 지방의 혼례에 관한 법령을 정해서 혼례의 예의를 온전히 정비했다. 여기서 재임할 당시에 주자가 학생과 관련직원에게 남긴 의견은 「동안현유학자同安縣諭學者」・「유제생諭諸生」・「유제직사諭諸職事」의 세 편에서 보이는데, 「동안현유학자」에서는 "그 배움은 자신을 위하는데 있다. 게다가 요즘 세상에 자신의 자식에게 고하는 글을 남기는 이유는 형의 아우가 열심히 할 수 있는 까닭이고, 스승이 제자를 가르치는 까닭과 제자가 배우는 이유는 과거(科擧)의 학문을 버림으로써 곧바로 남에게 책임을 전가하지 않게 된다."71)고 하여, 이익을 위해서 학문을 하는 시폐에 관하여 과거를

---

71)『朱子文集』권11, 「同安縣諭學者」.

도외시하고 옛사람에게 배워서 깨우쳤다. 또한「유제생」에서 말하기를 "배움을 끊고 도를 없애는 것보다는 지금에 이르기까지 천여 년 동안 학교의 관리자가 있었고, 교양의 명성이 남아있었음에도 이를 가르치고 길러냄의 결실이 없었다. 이는 이를 가르친 자의 잘못이니 지금 강문(講問)의 법을 고치는 것은 대개 옛날의 이치와 마음을 기르는 법칙이다."72)라고 한다. 이어서「유제직사」에서 "그러므로 지금 강문의 법을 고쳤다. 모든 군자는 그 마음을 전일하게 하고 생각을 이치에 닿게 하여 점차 이를 갈마들게 하는데 힘써야 한다. 장구(章句) 이해에 전력하지 않고 옛 소문에 머물지 않으며, 이렇게 해서 일상생활을 하는 동안에 마음을 바르게 하고 뜻을 정성스럽게 하여 이것으로부터 성현의 경지에 들어가는 까닭이 밝혀진다면 어찌 아름답지 않겠는가?"73)라고 한다. 한당(漢唐) 이래로 훈고에서 벗어나지 못한 대의의 관록을 가진 유학을 물리쳤으니, 이제 마음을 바르게 하고 뜻을 성실하게 하여 성현의 경지에 들어간 것처럼 노력하라고 훈계하고 있다. 이로 인해서 동안현 주부라는 관료 초임의 시절에 이미 주자의 학문의 방향이 어떠한 것을 향해서 실천해 나아갔는가를 살펴봄과 동시에 주자가 일용상의 일을 결코 등한시하지 않았다고 하는 태도를 가지고 있었음을 알 수 있다.

3)「임오응조봉사」74)

소흥(紹興) 26년(27세) 가을에 동안현에 머물렀던 삼년의 임기를

---

72)『朱子文集』권11,「諭諸生」.
73)『朱子文集』권11,「諭諸職事」.
74)『朱子文集』권74,「壬午應詔封事」.

마친 주자는 고향의 오부리(五夫里)로 돌아갈 것을 희망하여 다음해 11월에 마침내 그리던 고향으로 돌아왔다. 그러나 넉넉하지 못했던 주자는 노모를 봉양하는 시기에도 금전적으로 부족했기 때문에 소흥28년 11월에 조정의 부름을 받고, 12월에 담주의 남옥묘를 살피라는 명을 받았다. 사당을 관리하는 봉사(奉祠)의 관리란 전국에 있는 도관(道觀)의 관리관으로서 반드시 그 소재지에 부임할 필요가 없는 명목적인 관직이기에 퇴직관리나 학자에 대한 우대의 일환이었다.

　소흥 32년 6월에 고종이 퇴위하여 상황(上皇)이 되고, 태조7세인 손효종(孫孝宗)이 즉위했다. 일정한 법식의 예를 취하기보다는 서열의 밖에 있는 재능있는 자들을 초빙해서 나라의 시정에 관한 득실을 구할 즈음에 주자는 그 부름에 응하여 봉사를 올렸다. 즉 「임오응조봉사」라고 불리워지는 한 문장이다. 그 요점에는 다음의 세 가지 항목을 올렸다. 먼저 첫째, 제왕의 학문을 숙강(熟講)하도록 할 것, 즉 제왕이 오로지 말을 암기하고 쓰는 지엽말단으로 나가는 것을 경계하고, 허무적멸(虛無寂滅)의 불노(佛老)설에 미혹되는 것을 간언함으로써 제왕의 학문은 반드시 격물치지를 근본으로 하여 사물의 변화를 지극히 하고, 의리를 보존하는 바를 밝힌다면 저절로 뜻은 성실하고 마음은 바르게 된다. 천하의 임무에 응할 수 있도록 말했던 것으로 제왕의 도는 마치 유도(儒道)에 의거해야 할 것을 주장했던 것이다. 둘째, 내면의 다스림으로 오랑캐를 물리치는 정책을 결행하는 것이다. 즉 금(金)은 같이 할 수 없는 원수이고, 낡은 인습에서 벗어나지 못하고 눈앞의 편안함만 취하는 논의를 통해서 영토의 반환을 애걸하는 것이 아니라, 당당히 힘을 모아서 우리의 힘으로 영토를 회복해야 한다는 것이다. 셋째, 본토에 조정을 바로 세우고 충직한 신하와 현명한 사람을 채용해 인재를 적재적소에 쓸

수 있도록 하여 백성을 안정시킬 것을 상소했던 것이다.

효종은 이를 보고 감동해 다음해 봄에 그를 조정으로 불러들였지만 주자는 곧바로 사의를 표했다. 그러나 더 이상 거절할 수 없었기 때문에 10월에 행재(行在)에 이르렀고, 11월에 수공전(垂拱殿)에서 효종을 대면하여 문답한 것이 「발미수공전주차癸未垂拱殿奏箚」이다. 주자는 이번 문답에서 이전의 봉사보다 한층 부연하여 『대학』의 도는 격물에 있고, 이로부터 그 앎에 이르는 일과 군부의 일체에 보은하는 일, 그리고 기강을 바로 잡아야 하는 일을 강조했다. 이런 일이 있은지 얼마되지 않아 주자는 무학박사대차(武學博士待次)에 천거되어 건도원년(1165)에 무학박사에 취임할 것을 권유받았지만, 결국 주자는 그 자리에 취임하지 않았다. 그런데 건도3년에 집정하던 진준경(陳俊卿)과 유공(劉珙) 등의 추천을 받아 추밀원(樞密院) 편수관대차(編修官待次)가 되었다. 그 후 건도9년에 이르기까지 여러 차례 천거되었지만 사퇴해서 다시 중앙의 관료로서의 일은 맡지 않았다.

4) 악비와 진회

주자가 애초부터 중앙의 관직을 물리쳤던 이유는 무엇일까? 물론 그런 연유에는 병도 있었고 또한 모친의 상중이라는 여러 이유를 들 수 있지만, 무엇보다 중요한 이유는 아마도 그가 봉사에서 시사했던 주장에서 드러나 있다. 즉 그가 첫 번째 주장한 『대학』의 도(道)야말로 진정 유학의 도에 있다고 하는 점은 나중에 자세히 논할 것이고, 두 번째 말했던 금나라는 용서할 수 없는 원수로서 화의(和議)로 대해서는 절대 안된다고 주장했지만, 당시 중앙정계에서는 큰 과제였던 것이다.

송과 금의 관계에 대한 정점은 이른바 '정강(靖康)의 변'이었다. 정강원년(1126)에 격렬한 금의 공격 앞에 송의 수도였던 개봉은 함락되었다. 이윽고 이듬해 3월에 휘종과 흠종의 두 제왕을 시작으로 왕의 일가와 신하 등 천 이백 여명이 멀리 만주의 오지인 오국성(五國城)에 줄지어 밀려갔다. 거기서 다행히도 개봉을 도망나왔던 흠종의 제강왕(弟康王)은 남경에서 제위하여 건염원년(1127)에 남경의 고종이라고 개원했다. 즉 남송의 고종이다.

고종은 건염3년에 항주에 머물면서 여기를 행재(行在)라고 칭했는데, 그에게 급선무는 대금(對金)정책이었다. 건염4년에 금으로부터 돌아온 진회(秦檜)는 금의 정세를 상세히 보고하는 것으로서 고종의 신임을 얻었고 수년 후에 재상에 올랐다. 그는 비밀리에 금의 유력자와 내통하여 화평을 위한 교섭을 진행하고 있었다. 한편 남송의 조정에서는 금에 대항해야 한다는 악비(岳飛) 등의 주전파의 형세도 밀릴 수 없는 형세였다. 이러한 화의파(和議派)와 주전파(主戰派)가 뒤엉켜 있어서 남송의 앞길은 많은 어려움에 직면해 있었는데 노련한 진회는 교묘하게 악비 등을 곤경에 빠뜨려 독살하고, 마침내 소흥11년(1141)에 송으로서는 굴욕적인 조건으로 양국의 강화조약이 성립되었던 것이다.

이러한 일단의 안정을 시켜놓은 송과 금의 관계는 금의 지배자 해릉왕(海陵王)의 출현으로 인해 크게 붕괴되었다. 그는 소흥31년(1161)에 스스로 대군을 지휘하여 남송영역에 침입했다. 놀란 남송측에서는 양자강 언덕의 채석기로 이를 맞아 공격했는데, 필사적으로 분투한 남송측은 처음으로 화약을 이용해서 격전한 끝에 마침내 금나라를 격파하는데 성공했다. 한편 전쟁에서 패한 금나라는 해릉왕에 대한 불만이 폭발하여 드디어 해릉왕에 반대한 보수파는 사촌

동생인 세종을 추대하는 한편 전쟁의 진영에 있던 해릉왕이 반란을 일으킨 병사에게 살해되면서 이 일전은 겨우 한차례 결말을 보게 되었다. 새롭게 즉위한 세종은 수도를 연경에 두는 한편 송과의 국교를 회복하려는 강화를 추진했다. 송에서는 채석기에서의 대승의 열세를 얻었고, 더욱이 금을 물리쳐 단번에 옛 영토를 회복하려는 의견과 이 사이에 신중하게 화의를 맺고 사태를 수습해야 한다고 하는 화의파와 주전파의 주장이 팽팽히 맞섰던 것이었다. 이와같은 정세 속에서 주자의 「임오응조봉사」가 나왔던 것이다.

5) 건도의 화의

금나라의 화의(和議)신청에 분규한 송의 조정에서는 고종이 제위를 양자인 효종에게 양보하자 사태의 수습을 논의하려고 하였다. 그는 36세라고 하는 원기왕성함을 토대로 금에 대해서도 강경한 의견을 고수했기 때문에 금군의 북침에 편승해 협서・하남・회북(淮北)의 모든 주를 되찾고, 노장인 장준(張浚)을 기용해 중원의 회복을 시도했지만 결국 실패했다. 한편 조정에서의 화의론자는 이 정도까지의 화의를 주장하고, 금의 세종(世宗)과 협상에 응하여 결국 건도(乾道)원년(1165)에 송과 금의 강화조약을 매듭지었던 것이다.

이같은 사태 속에서 소흥32년에 상소한 주자의 「임오응조봉사」는 또한 효종의 의중을 적중시켰던 것이다. 거기서 제왕은 다시 이듬해에 주자를 행재로 불렀고, 수공전에서 주차(奏箚)를 올렸으며 무학박사대차의 명을 받았던 것이다. 그러나 송의 조정에서는 상당히 화의론자가 영향력을 행사하고 있었다. 이번 송・금의 조약에서는 진회(秦檜)가 체결한 조약과 비교해 보면 금・송의 관계가 군신으로부터 아저씨와 조카의 관계로까지 완화시키고 종래의 세공으로 은과 비단이 각각 25만이었던 것을 20만으로 경감시켰다. 하지만 양국의 국경은 이전과 마찬가지로 굴욕적인 상태이었던 것에는 전혀 변화가 없었다. 이러한 상태는 주자로서 진정 참을 수 없는 일이고, 또한 조정에 만연한 화의론자의 횡행도 주자에게 있어서는 도저히 용납될 수 없는 것들이었다. 거기서 그는 상소문에서 금에 대한 복수와 인재의 등용이라는 주장을 강조했던 것이다. 또한 이러한 그의 의견을 활용하지 않는 중앙의 관계에 대해서는 철저히 봉사하지 않겠다고 하는 그의 태도가 나온 것이다.

주자의 그런 자세는 건도원년 36세에 만들어졌던 「무오당의서戊午讜議序」75)에서도 통한다. 즉 소흥8년 11월에 고종이 군신들에게 강화(講和)의 득실을 논하고 있을 때 장도(張燾)를 비롯해 안돈복(晏敦復), 이미손(李彌遜)이 어사(御史) 방정실(方廷實) 그리고 관직(館職)의 호정(胡珵)과 주송(朱松) 등이 상서를 올려 강화가 부당함을 강력히 반대했던 것이다. 때마침 추밀원 편수관이었던 호전(胡銓)도 상서를 올려 직언하여 말하기를 "화의를 주장한 왕륜(王倫)과 진회(秦檜)를 참수해야 함이 마땅하다."라고 까지 주장했다. 그러나 이미 세력을 굳혔던 진회 등은 이같은 주전파를 점차 추방했다. 주송도 진회에게 추적당해 요주(饒州)의 지사를 명했지만, 그 임무를 흔쾌히 받아들이지 않고 봉사(奉祠)의 관직을 요청하여 태주(台州) 숭도관(崇道觀)의 주관을 맡아서 수행한지 3년 후인 47세에 세상을 떠났다.

이처럼 진회에게 받았던 주자의 부친인 주송의 비운은 당시 이미 열 살을 갖 넘긴 주자로서 진정 참을 수 없는 충격이었다고 생각된

---

75) 『朱子文集』권75, 「戊午讜議序」.

다. 그리고 지금에서야 진회가 맺었던 화의(和議)와 유사한 화의가 맺어진 것이다. 주자의 슬픈 추억은 또한 진회에 의해서 격분하게 되었고 진회가 제멋대로 화의를 주장해서 군부(君父)의 원수를 갚지 못한 죄를 깊이 통찰하고, 그 격정이 응어리가 되어 이 서문인 「무오당의서」에 응집되었던 것이다.

2. 주자의 학술과 사회정책

1) 봉사의 관직

건도9년(1173) 여름5월에 44세가 된 주자에게 명이 내려졌다. 지금까지 서너 차례 천거하려는 명령을 사퇴해 온 것에 대해 "가난해서 안정되지는 못하지만 도를 지키는 일, 그 청렴한 은퇴는 진정 아름다울 수밖에 없다."라고 칭송하고, 다시 태주 숭도관(台州崇道觀)의 주관으로 임명하라는 군왕의 명이 있었다. 태주는 절동성 임해현(浙江省臨海縣)에 있고 격식이 낮은 도관이다. 또한 일찍이 아버지 주송도 만년에 봉사(奉祀)했던 곳이었지만, 이 땅이 중앙에서 멀지 않은 경관(京官)에 준하는 곳이 되었다는 점에서 주자로서는 역시 사퇴의 기분이 강하게 들었던 것이다. 다만 이번의 명령은 완고해서 결국 다음해인 순희(淳熙)원년 6월에 그 명을 받아들이게 되었다. 그처럼 주자에게 부여된 특전의 배경에는 이미 향리에 있어서 주자의 사회활동, 이른바 주자의 학문에 대한 명성이 갑자기 높아져 그를 추천한 사람이 조정에도 적지않았음을 간과해서는 안된다.

순희2년(1175)에 효종은 청렴하게 은퇴한 선비를 추천하는 풍속을 독려하고자 하였다. 집정관인 공무량(龔茂良)은 주자를 추천하여 상서성 비서(尙書省秘書)에 임명하고자 상소하였다. 그러나 주자의 사의가 완고하여 결국 이듬해 경희3년(주자 47세)에 재차 무이산 충우관(武夷山 沖祐觀)을 주관하도록 명을 내렸다. 무이산은 복건 숭안현(福建崇安縣)의 남방에 있는 산으로 주자의 고향에서 가까운 곳이다.

그런데 순희5년(1178)에 50세인 주자를 재상 사호(史浩)는 반드시

기용하려고 생각해서 강서남강군의 지사로 임명하게 되었던 것이다. 주자는 통례에 따라서 재삼 사의를 표했지만 이를 조정에서 받아들지 않았고 친구인 여조겸과 장식이 강력히 권고하기에 이르자, 마침내 뜻을 굳힌 주자는 이듬 해 봄 정월에 집을 떠나 3월에 임지에 도착했다. 이 남강군 지사의 취임은 주자에게 있어 두 번째로 큰 전환기였다. 일찍이 소홍23년(주자 24세)에 천주동안현주부에 임명되어 3년간의 임기를 마친 이후로 한 번도 관료의 실무를 맡지못했던 주자가 20여년 만에 남강군의 지사에 취임한 것이다. 그간 오로지 집에 있으면서 성현의 책을 즐기고 책을 저술하는 작업에 몰두하여 그 명성은 이미 세간에 널리 퍼져있었고, 마침내 그의 실력을 다시 활용할 수 있는 때가 왔던 것이다.

2) 남강군 지사

남강군은 번양호(鄱陽湖)의 동북부에 위치한 성자현(星子縣)을 중심으로 영수(永修)와 도창(都昌)의 세 현을 관할하고 있지만, 토지는 척박하고 백성이 적어서 세무의 일도 매우 힘겨웠다. 주자는 임지에 있으면서 조속히 이익을 창출하고 피해를 제거하여 민생을 안정시키는데 전념했다. 이미 성자현의 가세부담이 한계에 다다를 것을 생각하여 먼저 성자현의 세전을 감면해 줄 것을 중앙에 상소했다. 그리고 세 곳의 현에서 발생된 목탄 납입액의 과다함에 있어서 먼저 3등급의 집에는 일체의 금액을 감해주고, 1, 2등급의 집에는 이전의 기준에 의거해서 납입해야함을 진언했다. 때마침 성자현에 가뭄의 피해가 들어서 그 해 가을에는 조세를 크게 감해주었기 때문에 주자는 빈민을 계도하여 타향으로 이주하는 것을 막고, 이들을 구제하기 위하여 남아 있는 곡식은 통상적인 값으로 제공해서 마을을 도와주었다. 또한 전운상평(轉運常平)의 금전과 쌀을 구휼하는데 지원해 줄 것을 간청했다. 또한 항구를 봉쇄해 구매할 쌀이 들어오는 것을 방해하는 자들을 엄중히 벌하고 관전 2만4천관과 적미 1만1천석을 보조받아 구휼에 대비하고 부자들에게 쌀 1만9천석을 제공받아 굶주린 백성을 구제했다. 더욱이 당해 여름 세금의 경우에 대해서 미납한 부분은 그대로 두고 이듬해에 누에와 보리의 수확의 시기를 기다려 새해의 세금과 같이 거두어들이도록 하였다. 특히 세 현에 모두 35개의 곡물배급소를 세워서 굶주린 백성에게 쌀을 배급했기 때문에 이러한 혜택으로 인하여 도움을 받은 사람이 무려 이십 수만 명을 넘어섰으니 민생의 안정에 있어서 큰 역할을 했다.

주자가 힘을 쏟은 또 다른 한 분야는 풍속을 돈화하고 교육을 충실히 하는 것이었다. 주자는 사인(士人)·향인(鄕人)·부노(父老)에게 명해서 때때로 집회를 통해서 자제들을 훈계하고, 부모와 윗사람을 잘 모시고, 이웃과 화목하며 없는 것을 서로 도와서 소통하여 환란에 서로가 불쌍히 여기는 도를 가르치고, 향리의 어른들을 통해서 자제를 선발하여 학교에 입학시키고 교육을 추진하였다. 주자 스스로도 5일에 한 번씩 매번 학교에 나와 학생을 위해서 강설(講說)에 주력했다. 특히 군내의 충신·열사·효자·절부 등의 유적을 조사하여 이를 표창하고, 또한 여기에 가려진 사람들을 찾아내어서 교화의 결실을 거두려고 노력했다. 예를 들어 당대(唐代)의 효자로서 귀감이 되었던 의춘현승(宜春縣丞)이었던 웅인섬(熊仁瞻)의 옛 묘를 손질하고, 또한 송대 고절의 선비로서 구양수로부터 찬사의 말을 받았던 유환(劉渙)의 묘를 성곽의 서문 밖의 풀무덤에서 발견하여 그 문장(門牆)을 복원해서 구양수의 말과 연관지어 그 정자를 장절

(壯節)이라고 이름지었다. 또한 동진(東晋)의 명장이었던 시중태위 (侍中太尉) 도간(陶侃)의 유적과 묘집을 조사하여 그 묘를 관리하는 데 드는 비용을 조정에서 하사할 것을 상소했던 것이다.

여기서 특히 주목해야 할 것은 주돈이의 사당을 학교 안에 세우고 여기에 이정자(二程子)를 배향함으로써 또한 백록동서원(白鹿洞書院) 을 부흥시켰던 것이다. 주돈이는 만년에 병을 얻었기 때문에 희망하던 남강군의 지사가 되어 여산 연화봉(廬山蓮花峰)을 근거지로 삼아 염계 서당(濂溪書堂)을 짓고 머물렀다. 주자에게 있어서 직접적인 스승이라 고 하기에는 시간상으로 떨어져 있지만, 주자가 누구보다도 경도되었 던 스승 이동(李侗)으로부터 거슬러 올라가면 나종언(羅從彦), 양시(楊 時), 이정자로부터 주렴계에 이르게 된다. 주자에게 남강군의 지사를 명받았던 때에 먼저 그에게 있어서 떠오르는 것은 주돈이와의 인연이 아닐까? 그의 기록에서는 그 점에 대해서 어떤 말도 하고 있지는 않지만, 오로지 20년 동안 관직을 떠나 생활한 뒤로부터 재차 중책인 공직의 실무를 맡게된 것은 또한 주렴계가 마지막에 밟았던 남강군의 지사라는 직책에 대한 매력이 그의 결의를 다지게 한 것은 아닐까생각 된다. 따라서 주자가 임명받은 곳에 도착하자마자 곧바로 그 곳의 충신열사 등의 유적조사를 명했던 것에는 "주렴계 선생이 일찍이 이곳의 지사였다는 것도 있지만, 군학(軍學)에 선생의 사당을 건립하려 는 것이 아니었을까?"하는 요소가 보이고, 그에 따라서 주렴계의 사당 을 학교에 건립하고 이정자를 같이 사당에 모시도록 하였던 것이다.

3) 관직을 떠난지 20년

여기서 주자가 어째서 주돈이와 이정자를 특히 군학(軍學)의 사당에 같이 모시게 되었는지 생각해 보자. 거기에는 주자가 동안현 주부를 사임하고 고향으로 돌아온 뒤로부터 재차 남강군의 지사가 되기까지 그의 학술을 검토할 필요가 있다. 주자는 28세에 고향으로 돌아와 서너 차례 중앙의 부름에 응하지않고 오로지 봉사(奉祀)의 관리로서 초지일관했다. 그러나 그 사이 마음을 저작과 편찬활동에 기울이면서 많은 저작을 남겼다. 다케우찌박사는 주자의 저작에서 그의 연구대상을 구분하여 46세의『근사록』의 편찬까지를 제1기로 생각하여, 이 시기의 학문은 북송 선유의 저작편찬과 주해로써 시종일관했고, 48세부터 50세까지를 제2기로 보아서『논』・『맹』・『학』・『용』의 주석이 중심이 되었고, 61세 이후인 제3기에는 오경(五經), 특히 예서의 정리가 중심이 되었다고 생각하고 있다. 먼저 제1기에 해당하는 것에 대해서 언급해 보겠다.

거기서 주자의 주요 저작에서 본다면 어떨까? 먼저 초기의 저작으로는 소흥29년(주자 30세)의『사상채어록謝上蔡語錄』3권의 편교(編敎)가 있다. 사상채는 정문(程門)의 네 선생 가운데 한 사람으로 불리워졌던 사량좌(謝良佐 : 1050-1103)이지만, 그의 말을 증념(曾恬) 및 호안국이 모아서 이를 주자가 3권으로 편성했다. 호안국은『춘추』연구자이지만, 또한 정문(程門)의 사상채와 양시 모두 절친하여 주자의 은사의 한 사람인 호헌(胡憲)의 종부이고, 호헌은 호안국보다 정씨의 학문을 전했다고 일컬어지는데, 주자로서는 먼저 은사의 학문을 이어받아 첫번째로 사사한 셈이다.

그 후 융흥(隆興)원년(34세)에『논어요의論語要義』와『논어훈몽구의論語訓蒙口義』가 완성되었다. 특히 건도4년(39세)에『이정전서二程全書』를 편찬하고, 건도8년(43세)에『논맹정의論孟精義』・『통감강목通鑑綱目』・『팔조명신언행록八朝名臣言行錄』・『서명해의西銘解義』

를 지었다. 건도9년(44세)에 『태극도설해太極圖說解』·『통서해通書解』·『이락연원록伊洛淵源錄』·『정씨외서程氏外書』가 완성되었다. 순희2년(46세)에 여조겸(呂祖謙)과 함께 『근사록近思錄』이 편찬되었던 것이다. 이것에 따르면 30대의 저작은 먼저 『논어요의』와 『논어훈몽구의』이다. 지금 이 두 책은 전해지지 않지만, 『주자문집』권75에 남아있는 「논어요의목록서論語要義目錄序」에는 "이 시기에 하남의 이정선생만이 오로지 맹자 이래로 후세에 남아있던 경전을 통해서 전해지지 않던 학문을 얻었다. 사람을 가르치는 것에 있어서도 또한 반드시 『논어』를 가지고 사람을 가르쳤다. 하지만 사람들이 그렇게 말하는 까닭이 말하는 사람마다 달랐다. 나 자신도 13, 4세에 돌아가신 아버지로부터 그 이야기를 들었지만, 또한 대의가 통할 수 있기 전에 아버지가 세상을 떠났다. 그러던 중에 사우들을 방문했지만 미흡하다고 생각하여 이로부터 제가의 학설을 모아서 하나의 책을 편찬했다. 이를 오랫동안 학습해 보았지만, 날이 갈수록 미혹되었다.....이로부터 융흥원년에 한 두 친구와 함께 이 일에 종사하면서 개탄분발하여 남겨진 여러 이야기 및 그 문인과 친구 등 여러 학설을 산정해 덧붙이고 정정하여 한 권의 책이 만들어지게 되었으니 이 책의 제목을 논어요의라고 했다."[76)]고 한다. 『훈몽구의』는 『논어요의』 편찬 이후 초학자들을 위해 편찬한 것으로 주소(註疏)에 의해 훈고(訓詁)를 통용하고, 석문(釋文)에 의해 음(音)을 바로

---

76) 『朱子文集』, 권75, 「論語要義目錄序」, "當此之時, 河南二程先生獨得孟子以來不傳之學於遺經, 其所以敎人者, 亦必以是爲務. 然其所以言之者, 則異乎人之言之矣. 喜然十三四時, 受其說於先君, 未通大義而先君棄諸孤. 中間歷訪師友, 以爲未足, 於是徧求古今諸儒之說, 合而編之. 誦習旣久, 益以迷眩.....隆興改元, 屛居無事, 與同志一二人從事於此, 慨然發憤, 盡刪餘說及其門人朋友數家之說, 補緝訂正, 以爲一書, 目之曰論語要義."

잡아서 여러 선생의 학설을 모아 동몽(童蒙)의 편을 구상한 것이라고 한다. 이『논어』의 연구가 특히 43세에 이르러『논맹정의』34권으로 발전했다. 이 책은 이정자 이외의 12학파의 학설을 모아놓은 것으로『논어요의』를 수정하고 보완하여 제목을 바꾼 것에『맹자정의』를 보완한 것이라고 일컬어지고, 주자의『논어』의 연구에서 특히『맹자』의 연구가 첨가되어 있는 것으로 알려져 있는 것이다.

이러한 점을 미루어 보면 30대에는『논어』의 연구에 하나의 목표를 두었다는 것을 알 수 있고, 그 연구의 실마리는 이정(二程)의 학문이었다. 그리고 이정자에게 기울어진 것이 마침내 39세가 되어서『이정전서』를 편성하게 되는 결실을 보았다. 43세에 이르러 장재의『서명』에 해의(解義)를 달고, 44세에 주돈이의『태극도설』과『통서』에 해석을 달았다. 결국 그 저작의 순서에 따르면 주자의 심경의 궤적은 이정자로부터 장재와 주돈이로 진행되는 것으로 볼 수 있는 것이다.

4)『근사록』과 백록동서원

물론 주자의 학문의 진전을 이것만의 저작으로 파악한다는 것이 조금은 성급한 생각일지도 모른다. 토모에다 유타로(友支龍太郎)도 언급했듯이(『강좌동양사상講座東洋思想』2) 주자는 34세쯤부터 장식과의 교우관계를 갖으면서 그 영향이 적지않았음을 잊어서는 안될 것이다. 또한 40세 봄에 채계통(蔡季通·1138-98)과 강론하는 가운데 장식(張栻)설이 미비함을 깨닫고, 마음의식의 문제에 대해서 정이의 거경함양과 격물치지에 의해 하나로 관통하는 이발미발설을 언급했지만, 거기에 덧붙여 정이를 핵심으로하여 주돈이의『태극도설해』와 장재의『서명해』를 썼다고 하는 의견도 존중해야만 한다.

어쨌든 젊은 시절 선학(禪學)으로부터 이동과 장식의 영향을 받았던 주자의 심론의 궤적은 40세에 이르러 정이와 장재 그리고 주돈이의 학문을 포괄해서 완성되었다. 그리고 그것이 순희2년에 『근사록』으로 집약된 것이다. 당시 주자와 막역했던 친구인 여조겸이 있다. 여조겸은 절강무주(浙江婺州, 金華)사람으로 주자와 함께 호헌에게서 수학한 한 사람이다. 순희2년 4월에 절강성 동양(東陽)으로부터 멀리 주자를 방문한 여조겸은 한천정사(寒泉精舍)에서 머물렀던 약 십여 일, 두 사람은 힘을 모아서 『근사록』을 편찬했다. 그 서문에 이같은 말이 쓰여져 있다. "그와 더불어 주자(周子)·정자(程子)·장자(張子)의 글을 읽고 그들의 학문이 드넓고 해박함에 끝없는 감탄이 절로 나오고, 한편 초학자들이 들어갈 곳을 알지 못할 것을 걱정하였다. 그래서 그 학문의 대체와 관련이 있으면서 일생 절실한 것을 잘 정리하여 이 책을 편찬하였다. 총620조인데 14권으로 나누었다."[77]라고 한다. 즉 본서는 주자가 주돈이·장재·정호·정이의 연구에서 전력을 기울인 마지막 성과인 셈이다. 이러한 주자에 있어서 학문의 편력을 더듬어보면 남강군의 지사로서 그가 적극적으로 주돈이의 사당을 건립하고 여기서 이정자를 배향한 심정을 충분히 알 수 있을 것이다.

그런데 주자가 남강군에 있으면서 남긴 또 다른 하나의 성과는 백록동서원의 수리와 복원이다. 주자의 정치적인 안목은 교육의 진흥에 있었지만, 남강군에서는 일찍이 당(唐)의 은사인 이발(李渤)이 은거하면서 지은 백록동이 있다. 오대십국의 남당(南唐)에서는 여기

---

[77] 『近思錄集解序』, "相與讀周子程子張子之書, 歎其廣大宏博, 若無津涯, 懼夫初學者不知所入也. 因共撰取其關於大體而切於日用者, 以爲此編. 總六百二十二條, 分十四卷."

에 학교를 세우고 여산국학(廬山國學)이라 칭하여 번성했었지만, 송대에 들어서면서도 서원을 세우고 구경(九經)을 하사해서 지방의 자제들에 대한 교육에 충실했다. 그러나 남송 초에는 이미 황폐해져 잊어버린 존재가 되어버렸지만, 때때로 주자가 경내를 순시할 때 이곳이 폐허가 된 것을 발견하고 그 부흥에 힘을 쏟아 스스로 원장이 되어 학생들의 교육을 맡았던 것이다. 주자는 그 교육방침을 「백록동서원게시」를 지어 남겨놓았다. 그런데 그 중에는 "부자유친(父子有親), 군신유의(君臣有義), 부부유별(夫婦有別), 장유유서(長幼有序), 붕우유신(朋友有信)"이라는 맹자의 문장 가운데 다섯 항목을 뽑아 게시하였다. 그 뒤에는 학문을 진작하는데 있어서 어떻게 해야 하는지를 『중용』·『논어』·『역전』 등에서 뽑아 설명하고, 학문을 인륜에 근거해서 의리를 밝혀서 이를 토대로 몸을 닦은 이후에 추진하여 사람들에게 미치는 것으로써 책을 편찬하여 타인에게 자랑거리로 삼는 것에 힘쓰고, 사장(詞章)을 만들어 명성을 드높이거나 하는 등의 이익을 취하는 일이 아님을 명확히함으로써 그의 교육이념을 단적으로 토로했던 것이었다.[78]

5) 「경자응조봉사」

남강의 행정에 대한 주자의 치적은 커다란 성과였다. 이로 인하여 주자가 단지 서재에만 웅크리고 앉아서 세상을 전혀 모르는 인물이 아니라는 것은 검증되었다. 진정 주자로서 일상인륜의 터전에서 기초한 실천은 그의 유학을 드러내는 것이었다. 그리고 현실의

---

[78] 『朱子文集』권74, 「白鹿洞書院揭示」.

정치현장에서 해결하기 쉽지않은 문제의 근본원인이 무엇인가를 추구했다. 여기에서 그의 거침없는 정치적인 비판이 나왔다. 순희7년(1180)에 주자가 51세 되던 해 여름에 자주로 심한 가뭄이 발생했기 때문에 민정을 보고하기 위한 칙령이 광범위하게 군수에게 내려졌다. 주자도 명을 받들어 세상의 폐단을 논했던 것이 이른바 「경자응조봉사庚子應詔封事」이다. 주자는 다음과 같이 말한다.

> 저는 일찍이 천하의 국가가 해야 할 가장 큰 임무는 백성을 구휼하는 것보다 큰 것이 없고, 백성을 구휼하는 실재는 조세를 잘 거두는 것이고, 조세를 잘 거두어들일 수 있는 실재는 군대를 다스리는데 있다고 하였습니다. 만일 군을 다스리고 조세를 거두는 것을 백성을 구휼하는 근본으로 삼으려 한다면, 무릇 군왕의 그 심술(心術)을 바르게 하여 기강을 세울 뿐입니다.....천하의 기강은 스스로 세울 수가 없습니다. 반드시 군왕의 심술이 공평정대하여 한 쪽으로 치우쳐 흘러가는 사사로움이 없는 경우에 비로소 기강이 서는 것입니다. 군왕의 마음은 또한 스스로 바르게 할 수 없습니다. 반드시 현명한 신하를 가까이하고 소인을 멀리하며, 의리를 밝히고 사사로운 길을 차단한 연후에 비로소 바르게 되는 것입니다.....지금 재상·대성(臺省 : 재상의 통제를 받는 관직)·사부(師傅 : 군왕을 가르치는 스승)·빈우(賓友)·간쟁(諫諍 : 직언하며 간함)의 신하는 모두 그 직책을 잃어버려서 다할 수가 없게 되었으니 폐하가 친밀한 모의를 할 수 있는 경우는 불과 측근의 한 두 신하에 지나지 않습니다. 그리고 이 한 두 소인배들은 위로는 폐하의 심지를 혼란스럽게 하고, 폐하로 하여금 선왕의 대도를 불신케 하여 공리의 천박한 설에 기뻐하게 하며, 충직한 선비의 직언에 기뻐하지 않고 오히려 사사로운 예물에 대해 천박한 태도에 빠져있습니다. 아래로는 사대부의 사사로운 이익을 착복하려는 뻔뻔한 자들을 소집해서 문무의 무리로 나누

고, 각각 그 문하에 들여서 흡족한즉 암암리에 끌어들여서 인재로서 발탁해 두고, 탐탁지 않은즉 조용히 따라다니며 비방하고 공공연히 거리낌 없이 배척합니다. 뇌물을 서로 주고받으면서 훔친 것은 모두 폐하의 재물이고, 대관을 임명하는데 폐하의 권력을 훔쳐서 이룬 것입니다……따라서 폐하의 독단이라고 말씀드려도 실은 이 한 두 사람이 몰래 그 권력을 잡고 있는 것입니다. 대개 그 흐트러진 바는 단지 폐하의 기강을 깨뜨린 것뿐만 아니라, 폐하가 기강을 세워놓은 이유까지 무너뜨린 것입니다.79)

진정 당당하게 당시의 정치적인 문제점을 날카롭게 지적한 것이다. 물론 사임을 각오했던 주자는 병을 이유로 내세워 관직에서 물러났다. 이것을 읽은 왕은 몹시 격노하였지만, 몇몇 중신들이 막아세움으로써 무사히 지나갔다.

얼마있지 않아 남강군의 임기도 마칠 때가 가까워졌다. 순희8년 윤3월에 그의 나이 52세 되던 해 봄날에 남강군을 떠나 고향으로 돌아온 주자에 대하여 제거강서상평다염공사(提擧江西常平茶塩公事), 즉 강서성의 재정관리를 담당하는 직책인 대차차견(待次差遣 : 빈 관직의 순서를 기다리는 것)이 주어졌다. 그런데 그 해 가을에 남강군의 공적을 포상하여 직비각(直秘閣)에 오르게 되었다. 하지만 그는

---

79) 『朱子文集』권11, 「庚子應詔封事」, "臣嘗謂天下國家之大務莫大於恤民, 而恤民之實在省賦, 省賦之實在治軍. 若夫治軍省賦以爲恤民之本, 則又在夫人君正其心術以立紀綱而已矣……然而紀綱不能以自立, 必人主之心術公平正大, 無偏黨反側之私, 然後紀綱有所繫而立. 君心不能而自正, 必親賢臣遠小人, 講明義理之歸, 開塞私邪之路, 然後乃可得而正也……宰相臺省師傅賓友諫諍之臣皆失其職, 而陛下所與親密所與謀議者, 不過一二近習之臣也. 此一二小人者, 上則蠱惑陛下之心志, 使陛下不信先王之大道而悅於功利之卑說, 不樂莊士之讜言而安於私褻之鄙態, 下則招集天下士大夫之嗜利無恥者, 文武彙分 各入其門所喜則陰爲引援 擢置淸顯, 所惡則密行訾毀, 公肆擠排. 交通貨賂, 則所盜者皆陛下之財, 命卿置將, 則所竊者皆陛下之柄……命爲陛下之獨斷, 而實此一二人者陰執其柄. 蓋其所壞, 非獨壞陛下之紀綱而已, 乃幷與陛下所以立紀綱者而壞之."

극구 사양했다. 가끔씩 절동성지역에 큰 기근이 발생했고 재해도 또한 극심했다. 그래서 재상 왕회(王淮)는 주자를 천거하여 제거절동상평다염공사(提擧浙東常平茶塩公事)에 임명하기에 이른다. 주자는 심각한 사태를 직접 느끼고 황급히 임지로 떠났다.

6) 절동의 치적

주자는 부임하는 도중에 다른 지역에서 쌀을 매매하는 상인을 공모함과 동시에 그 조세를 면제했기 때문에 순식간에 쌀을 실은 배가 많이 모여들었다고 한다. 부임하는 곳에 도착하자마자 주자는 스스로 부임한 지역을 한 바퀴 돌아보고 깊은 산골짜기까지 곳곳을 누비고 다니며 민정을 시찰하느라 침식을 잊으면서까지 정사를 돌보는데 열중했다.

주자는 또한 관내에 있어서 관료들의 근무상태를 조사하여 불량한 관료들을 적발하여 엄중히 문책했다. 소흥의 부병마도감(府兵馬都監) 가우지(賈祐之)가 기민구제에 철저하지 못했던 것을 상소하였고, 같은 소흥부의 밀극근(密克勤)에게는 관미를 도용한 죄를 물어 탄핵했다. 또한 구주지사(衢州知事)인 이역(李嶧)은 백성의 재해에 대해 그 피해를 줄여서 보고하여 대부분 감세를 이행하지 않았던 죄, 혹은 장대성(張大聲)과 손자(孫孜) 등은 구주지사의 뜻을 받들어 고액의 세금을 부과한 죄를 물었던 것은 어디까지나 주자에 의해 거둔 결과들이다. 특히 강산현(江山縣) 지사(知事)인 왕집중(王執中)과 영해현(寧海縣) 지사인 왕벽강(王辟綱)의 근무태만도 적발해냈던 것이다. 따라서 관내의 군현의 관리는 그 분위기를 미리 헤아려 스스로 근신했기 때문에 자연스럽게 잘 다스려졌다. 임금은 재상인 왕회에게 말하기를 "주희의 정치는 지속적으로 지켜보아야만 할 것이다."라고 하였다.

순희9년(1182)에 주자가 53세 되던 여름에 가뭄이 들고, 가을에는 메뚜기떼의 피해가 연이어 일어났다. 주자는 관내를 순찰하던 중 태주(台州)의 이전 지사였던 당중우(唐仲友)의 불법을 발견하고, 그의 죄목 수십여 항을 상소했다. 그런데 당중우는 재상 왕회와 동향일 뿐만 아니라, 그의 아우는 왕회의 여동생과 혼인하여 인척관계였었기 때문에 왕회는 주자의 상소를 제쳐놓았다. 그리고 당중우도 또한 그럴듯한 자기 변명하기에 급급했다. 하지만 주자의 탄핵이 단호하여 조정에서도 그냥 지나칠 수 없게 되자 소흥부에 명령을 내려 실태를 조사하고 사실을 마침내 폭로하게 되었다. 조정에서는 당중우에게 하명하여 강서제형(江西提刑)의 임무를 박탈하고 주자에게 이 자리를 물려주려고 하였다. 하지만 그는 "사람이 밭을 가는데 그 소를 빼앗는 격이다."라고 하여 이를 사퇴했다. 이로부터 주자와 왕회의 사이가 벌어져서 왕회와 가까웠던 이부상서(吏部尙書) 정병(鄭丙)은 상서를 올려 정씨의 학문을 비방한 주자를 저지해야 함을 밝혔고, 감찰사 진가(陳賈)도 왕과 대면하여 말하기를 "최근 지체 높은 관리들 중에 이른바 도학자(道學者)라고 자칭하는 것은 무릇 이름을 도용한 자들입니다. 부디 그 인물들을 발본색원하셔서 이를 막아야 합니다."라고 극론했던 것이다.

여기서 거듭 도학(道學)이라는 말에 대해서 다음의 글을 떠올려 보자. 이전부터 잘 알려져 있는『십팔사략』중에서 다음과 같이 말한다.

먼저 정이는 휘종 때에 세상을 떠났고, 그 제자인 양시(楊時)가

흠종(欽宗)과 광요(光堯·고종의 상제시대의 칭호)시기에 발탁되었다. 재상 조정(趙鼎)은 정이에게 직접 배운 일은 없지만, 그 정이의 학설을 이어받았다. 그래서 그 당시 정자의 학설을 싫어했던 사람들은 양시를 환혼, 조정을 존혼, 호안국을 강혼이라고 했다.80) 그 후 윤돈(尹焞)이 경연에 채용되었는데, 그는 정이의 만년의 뛰어난 제자였다. 당시 조정의 사대부들은 정씨의 학문을 이름하여 도학(道學)이라고 한다. 당시 도학이 숭상을 받자 이를 명분으로 해서 출세하려는 사람이 생기고, 세상이 이를 좋아하지 않게 되자, 도학의 이름으로 세상에서 배척당하는 일도 있었다. 연평(延平) 이동(李侗)은 양시의 제자인 나종언에게서 전수받고, 주희는 이동에게서 수학했다. 호전이 고종 때 주희를 조정에 추천했으나 주희는 나오지 않았다.81)

이런 연후에 주자에 관한 것이 나오게 되지만 정이의 제자인 양시(楊時)와 조정(趙鼎), 그리고 윤돈(尹焞)에 이르는 정씨의 학파를 도학이라고 불리워졌던 것으로 요약되어 있다. 그리고 도학의 이름을 가지고 나간 사람도 있으며 동시에 도학에 대한 반발도 또한 생겨나 주자도 도학자라고 말한 것에서 비판받고 있는 사실을 알고 있었다.

---

80) 역자 주 : 환혼이란 정자의 혼령이 돌아왔다는 것이고, 존혼은 정자의 영혼을 존경한다는 것이며, 강혼은 정자의 영혼으로 해서 성질이 강해졌다는 것인데, 모두 조소하는 말이다.
81) 『十八史略』「宋學流派」, "初 程頤卒於徽宗之世, 其徒楊時, 在欽宗光堯時 皆被擢 趙鼎雖不及識頤, 而主張其學. 惡之者, 以楊時爲還魂, 趙鼎爲存魂, 胡安國爲強魂. 其後又有尹焞見召入經筵, 焞蓋頤晚年高弟也. 士大夫名程氏之學曰道學. 時好所尙, 或冒此名以進, 時好不同, 亦多以此名見擯於世. 延平李侗, 受學於楊時之門人羅從彦, 而熹又受學於侗. 胡銓嘗薦於光堯, 熹不至."

7) 오부리의 사창

 그런데 주자가 절동의 미숙한 정치에 대처하기 위해서 적극적으로 제시했던 정책 가운데 하나가 사창(社倉)이다. 이것은 중국에서 고대부터 시행되어 온 상평창(常平倉)이나 의창(義倉)과 유사한 제도이지만, 주자가 창안한 사창법은 마을 안에서 자율적으로 운용되도록 의도한 것으로써 순희8년 2월에 마침내 인가를 받아 시행하게 되었다.

 하지만 주자는 절동에 부임하여 처음으로 이 사창법을 고안해 낸 것은 아니다. 이미 십여 년 전의 경험을 토대로 하여 폭넓게 공인된 사창법에 이르게 된 것이다. 건도3년(1167)에 주자가 38세 되던 가을에 고향인 숭안현에서는 산사태가 나서 흘러나온 토사가 전답을 휩쓸어버리고 수백 명의 사상자가 발생했다. 주자는 곧바로 집에서 뛰어나와 현의 관리와 함께 구제에 힘을 쏟았고, 드넓은 산과 계곡을 순시했던 것이다. 그런데 이듬해 건도4년에는 숭안현에 기근이 엄습하여 백성의 식량이 부족해지면서 곤란을 겪게 되고, 그다지 멀지 않은 포성(浦城)에서는 폭도의 약탈이 일어나게 되어 숭안의 인심이 동요하기 시작했다. 당시 현의 지사인 제갈정서(諸葛廷瑞)의 의뢰를 받은 주자는 고향 선배인 유여우(劉如愚)와 협력하여 부호들을 회유하여 그들이 저장해 놓은 곡식을 제공받았고, 곡식의 값을 저렴하게 하여 구제에 만전을 기했다. 하지만 그 곡식마저 바닥이 드러나게 되자 부(府)에 도움을 요청해 곡식을 빌려올 수밖에 없었다.

 당시 부(府)의 지사인 서철(徐嘉)은 조속히 상평미(常平米) 육백 석을 선적하여 계곡을 거슬러 올라갔다. 주자 등은 이를 굶주린 백성들에게 충분히 나누어주고 겨우 한시름 놓게 되었다. 다행히도 그 해 가을은 풍년이 들어 그 곡식을 상환할 시기가 되자, 주자 등은 허가를 얻어 그 곡식을 마을 안에 저장했다. 그러나 단지 그 곡식을 사장(死藏)해서는 곡식이 오래되어 부패했다. 그래서 주자는 부(府)에 간청하여 매년 여름에 이 곡식을 희망자에게 2할의 이자를 받고 빌려준 후 연말에 수납하도록 하고, 작은 기근에는 이자를 1할로 감면해 주고 큰 기근이 들 때는 면제해 주도록 하였다. 또한 민가의 여러 저장하는 것이 불편하기 때문에 쌀의 보관을 위한 사창(社倉)을 고향인 오부리(五夫里)에 세우고 통괄해서 저장하게 되었다. 이러한 산골의 영세민이 점차 높은 이자로 세호(勢豪)에게 빌리는 수고로움을 덜고 관가에 있는 곡식의 원활한 수급도 되는 대단한 성과를 올렸다. 그 후 14년이 지난 순희8년에는 이전의 육백 석을 상평창에 반환하고, 또한 곡창 세 동에 남아있는 곡식이 삼천백 석에 달했던 것이다. 이러한 상황에서는 곡식의 대부에 이자를 받지 않고, 다만 창고의 관리비로써 한 석당 세 되 정도의 작은 양을 거두는데 그쳤다. 이로부터 사오십리 정도 떨어진 마을 사이에서 흉년을 맞게 되어도 부족함이 없게 되고, 전후 삼십여 년 간에 저장 곡식이 오천 석 정도에 이르렀다고 한다.

8) 주자의 사창법[82]

이와같은 경험과 남강군과 절동의 황정대책 속에서 주자의 사창법은 순차적으로 정비되고 지금 조서(詔書)의 승인을 거쳐서 각 군

---

82) 역자 주 : 사창사목에 대해서 모로하시 데츠지(諸橋轍次), 구스모토 마사쓰구(南本正繼), 토모에다 유타로(友枝龍太郞) 등의 기존 연구가 있다. 특히 구스모토의 『宋明時代儒學思想史の硏究』는 번역출간되었고, (『송명유학사상사』, 김병화외, 예문서원), 또한 국내논문으로는 「주자의 사창법이 주는 사회복지학적 시사점」(『儒學思想硏究』제29집, 이동희) 등이 있다.

에 시행되기에 이르렀다. 즉 주자의 사창법에 관한 내용은 그의 「사창사목社倉事目」(『주자문집』권99, 「공이公移」)에 대개 다음과 같이 되어 있다.

하나, 매년 12월에 여러 부서의 사수(社首 : 50명이 한 조인 사창의 대표자), 부보정(副保正 : 10명의 조장)을 분할하여 위임하고, 종래의 보(保)의 명부를 정리해 고쳤다. 그 간에 군에서 도망을 쳤다거나 종종 부정한 자를 내부에 은닉시킨 경우가 발각되면 사수(社首)와 대장(隊長)이 그것을 잘 살펴서 위사(尉司)에게 연락해 추적하고 현(縣)으로 보내서 용의자를 자세히 조사했다. 그리고 그 일을 교사한 사람도 똑같이 단죄했다. 게다가 이듬해 3월까지 정리한 보(保)의 장부를 가지고 향관(鄕官)에게 주었다. 향관은 이를 점검해서 탈루가 있다든지 혹은 함부로 증첨(增添)해서 한 가구 또는 한 사람에게라도 거짓이 있다면 그 사람의 고발하여 사실을 검토한 다음에 현(縣)에 연락하여 근본적인 문제를 해결하도록 했다. 만일 거짓이 없으면 그 장부에 따라서 인구를 산출하고, 곡식의 양을 대인은 얼마로 지정하고, 소인에게는 그 절반으로 감해서 대출일에 지급하고, 대출하는 날에서는 각호에서는 청미장(請米狀), 이른바 빌린 곡식의 명목을 적는 장부를 지참시켜 장부와 대조하고 관리감독관은 이 장부에 따라 지급한다.[83]

하나, 매년 5월 하순에 곡식의 단경기(端境期 : 햅곡식이 출하되는 시기)에 대부하지만, 미리 4월 상순에 희망자하는 사람은 관청에 신청하고 규정에 따라서 대부를 받는다. 특히 당일에는 그 현(縣)으로부터 청강관(淸强官) 한 명, 인리(人吏) 한 명, 두자

---

[83] 『朱子文集』권99, 「公移・社倉事目」, "一, 逐年十二月, 分委諸部社首保定副將舊保簿重行編排. 其間有停藏逃軍及作過無行止之人隱匿在內, 仰社首隊長覺察, 中報尉司追捉, 解縣根究. 其引致之家, 亦乞一例斷罪. 次年三月內, 將所排保婦赴鄕官交納. 鄕官點檢, 如有漏落及妄有增添一戶一口不實, 卽許人告, 審實中縣, 乞行根治. 如無斯弊, 卽將其簿紐算人口, 指定米數, 大人若干, 小兒減半, 候支貸日, 將人戶請米狀拖對批塡, 監官依狀支散."

(斗子 : 되질하는 사람) 한 명을 파견해 배급하고 향관(鄕官)과 함께 대부에 관한 업무를 맡는다.84)

하나, 부(府)에서 신청한 차관이 결정되면 일제히 고시하고, 일정을 결정해 도(都)를 나누어 지급했다.(먼 곳부터 가까운 곳에 이르도록 하고, 하루에 한 도(都) 만을 지급해야 한다.) 지급해야 할 인구를 고시한다.(수입이 6백문 이상 및 자체적으로 생업에 종사해서 의식에 문제가 없는 자는 대부를 인정하지 않았다.) 각각 대출을 신청하는 자는 기일에 따라서 장부를 갖춘다.(장부에는 대인과 소인의 숫자를 적는다.) 보를 결속한다.(장부에는 열 사람마다 1보(保)로 보를 묶어 서로에게 책임을 물었다. 보 안에 도망간 사람이 있으면 똑같이 보 안에서 책임을 진다. 열 명 이하로는 보를 만들 수 없으며 지급하지 않는다.) 각 호는 각자 직접 창고로 가서 곡식을 청구한다. 특히 사수(社首)·부보정(副保正)·대장(隊長)·대보장(大保長)은 각각 창고에 갈 면모를 확인하고, 보(保)의 장부에 대조해서 속임수 또는 중복되지 않았으면 날인하여 보증한다.(사수나 보정 등이 사람을 보증할 수 없으면 주로 보증할 수 있는 자의 말을 토대로 판단한다.) 그 때 감독관[監官]과 향관(鄕官)이 같이 창고에 들어가 장부에 따라서 순서대로 지급한다. 만일 보사(保社)의 보증이 불확실하고, 또한 정보가 확실치 않은 자는 고소하는 것을 바탕으로 하여 사정에 따라서 조치한다. 그 밖의 것에 대해서는 함부로 대출하는 실수를 범해서는 안된다. 만일 대출을 원하지않는 사람이 있다면 대출을 억지로 권해서도 안된다.85)

---

84) 『朱子文集』권99, 「公移·社倉事目」, "一, 逐年五月下旬, 新陳未接之際, 預於四月上旬申府, 乞依例給貸. 仍乞選差本縣淸強官一員, 人吏一名, 斛子一名前來, 與鄕官同共支貸."
85) 『朱子文集』권99, 「公移·社倉事目」, "一, 申府差官訖, 一面出榜排定日分, 分都支散.(先遠後近, 一日一都) 曉示人戶(産錢六百文以上及自有營運, 衣食不闕, 不得請貸) 各依日限, 具狀.(狀內開說大人小兒口數) 結保, (每十人結爲一保, 遞相保委. 如保內逃亡之人, 同保均備取保. 十人以下不成保不支) 正身赴倉請米. 仍仰社首, 保正副, 隊長, 大保長並各赴倉

하나, 거두고 내는 곡식은 순희7년 12월에 부(府)에서 지급했던 새로운 검은 관통(官桶) 및 관두(官斗 : 곡식 재는 기구)를 사용해서(한 통은 곡식 다섯 되 반), 곡식을 담는 기구에 준해서 공평하게 쟀다. 감독관과 향관을 수행하는 사람은 다만 두 사람씩 중문에 들어오는 것을 허락했을 뿐, 그 밖에는 문 밖에 있게하여 근접하지 못하도록 하며, 각 가구에서 청구한 곡식을 몰래 속여 훔치는 것을 막았다. 만일 이를 어기면 피해자가 관청에 고발해서 거듭 중벌을 내린다.[86]

하나, 풍년에 만일 관미(官米)를 대출하는 것을 원하는 사람이 있다면, 두 개의 창고를 열고 하나의 창고는 남겨둔다. 만일 기근이 있을 때에는 또 다른 제3의 창고를 열어 오로지 산간벽지에서 농사만 짓는 사람들에게 대출을 진작하여 어려운 상황을 조절하도록 한다.[87]

하나, 대출한 관미는 겨울이 되면 환수한다.(11월 하순을 넘겨서는 안된다) 먼저 10월 상순에 날을 정해 부(府)에 진정하고 통례에 따라서 관리의 파견을 추진하여 공평하게 양을 잰다. 이전의 일례에서는 매석(每石)에 두 말을 거두었지만, 지금은 이처럼 거두어들이지 않는다. 다만 창고에 둘 수 있도록 적게 나눈 분량(이전보다 줄여서)으로서 매석마다 세 되를 거두어 절열(折閱 : 자연손실분) 및 관계의 인력[吏斜] 등의 식량을 위해 준비한 곡식은 정확하게 기일을 정해 거두어들인다.[88]

識認面目, 照對保簿, 如無僞冒重疊, 卽與簽押保明.(其社首, 保正等人不保而掌主保明者聽) 其日監官同鄕官入倉, 據狀依次支散. 其保明不實, 別有情弊者, 許人告首, 隨事施行. 其餘卽不得妄有邀阻. 如人戶不願請貸, 亦不得妄有抑勒."

86) 『朱子文集』권99, 「公移・社倉事目」, "一, 收支米用淳熙七年十二月本府給到新漆黑官桶及官斛, (每桶受米五省半) 仰斜子依公平量. 其監官, 鄕官人從, 逐廳只許兩人入中門, 其餘並在門外, 不得近前挨拶, 攙奪人戶所請米斛. 如違, 許被擾人當廳告覆, 重作施行."
87) 『朱子文集』권99, 「公移・社倉事目」, "一, 豊年如遇人戶請貸官米, 卽開兩倉, 存留一倉. 若遇飢歉, 則開三倉, 專賑貸深山窮谷耕田之民, 庶幾豊荒賑貸有節."
88) 『朱子文集』권99, 「公移・社倉事目」, "一, 人戶所貸官米, 至冬納還. 不得過十一月下旬.

하나, 반납 시기도 관리의 파견이 결정되면 일반적으로 고시하고 일정을 배정하고 도(都)를 나누어 거두어들이도록 한다. 이 경우에는 가까운 곳을 먼저하고 먼 곳을 나중에 거두고, 하루에 한 구역으로 한정한다. 사수와 대장은 보두에게 알리고, 보두는 각 호에 알려서 서로 연락하여 일률적으로 잘 말린 곡식을 준비하고 장부를 갖추어서 창고에 가서 납부한다.(동일한 보(保)의 사람은 한 장부에 두고, 부족해서 납부할 수 없다던가 혹은 보 안에서 도망간 사람이 있으면 같은 보 안에서 보충한다) 감독관·향관·이두 등은 기일에 맞추어 창고에 수납하고, 함부로 혼란스럽게 한다든가 지나치게 많이 거두지 않도록 한다. 그 외 모든 지급할 곡식은 약속에 따라 이행한다.(쌀을 거두는 관리와 되를 재는 사람은 일의 전후 사정을 알기 위해, 다음 해 여름의 대출하는 날까지 교체하지 말아야 한다.[89]

하나, 곡식을 지급하고 수납하는 동안에는 그 일이 끝나면 매일 그 현(縣)에서 발급한 일일 장부에 적어서 정리한다. 마지막 날에 전체 수를 총괄하고 부현(府縣)에 연락하여 그곳의 장부와 검토한다.[90]

하나, 지급하고 수납하는 때에는 매번 그 현에 파견된 관리 한 명, 두자(斗子) 한 명, 사창의 출납관리 한 명, 창고관리 두 명에게는 각각 매일 식량 1두(약 15일치 식량)와 출장여비미 2석을 합

先於十月上旬定日中府, 乞依例差官將帶史斛前來公共受納, 兩平交量. 舊例每石收耗米二斛, 今更不收上件耗米. 又慮倉敖折閱, 無所從出, 每石量收三升, 準備折閱及支吏斛等人飯米. 其米正行附曆收支."

89) 『朱子文集』권99, 「公移·社倉事目」, "申府差官訖, 即一面出榜, 排定日分, 分都交納. 先近後遠, 一日一都. 仰社首, 隊長告報保頭, 保頭告報人戶, 遞相糾率, 造一色乾硬糙米, 其狀(同保共爲一狀, 未足不得交納, 如保內有人逃亡, 即同保均備納足) 赴倉交納. 監官, 鄕官, 吏斛等人至日赴倉受納, 不得妄有阻節, 及過數多取. 其餘並依給米約束施行.(其收米人吏斛子要知首尾, 次年夏至貸日不可差換)"

90) 『朱子文集』권99, 「公移·社倉事目」, "收支米訖, 逐日轉上本懸所給印曆. 事畢日, 具總數申府縣照會."

하여 곡식17석 5두이다. 또한 첩서(貼書) 한 명, 첩두(貼斗) 한 명에게 식량 1두, 출장여비미 6두를 모두 합하여 4석 2두이다. 현관(縣官)의 하인 일곱 명, 향관(鄕官)의 하인 열 명, 각각 매번 반미 5승(10일 분)으로서 합계가 85석 5두이다. 이상 30석 2두는 매해 지급과 수납이 두 번이기 때문에 60석 4두이다. 거기에다 창고수리 비용인 약 9석을 합하여 약 69석 4두를 준비한다.91)

하나, 보를 편성하는 방식은 무슨 리의 몇 번째 무슨 도(都)의 어떤 사수(社首), 본도(本都)의 대보장(大保長), 대장(隊長) 등과 같이 배정한 도 안에 있는 사람으로서 이름 및 편제한 인구는 이하와 같이 표시해 둔다. 각 어느 집[甲戶 : 대인과 소인의 인구수와 거처하는 곳을 적는다.] 특히 산호(産戶 : 상인)에는 산전(産錢 : 수입액)이 얼마인지를 표시한다. 또한 백연(白煙 : 고용인), 경전(耕田), 개점(開店), 매매(賣買), 토착민[土着], 외래인(外來人 : 이 경우는 언제 이주했는지) 등을 매 호 마다 기입한다. 그 밖에 지금 편성된 위의 내용은 도 내의 각호의 가구수인데, 누락이나 증가 등의 일호(一戶)·일구(一口)가 틀림이 없도록 한다. 만일 다른 호의 진정을 받으면 현에 이첩되어 처벌을 받겠습니다. 삼가 장부에 기록합니다. 여기에는 보 편성의 연월일과 함께 대보장·대장·보정부(保正副)·사수가 서명한다.92)

---

91) 『朱子文集』권99, 「公移·社倉事目」, "每遇支散交納日, 本縣差到人吏一名, 斛子一名, 社倉算交司一名, 倉子兩名. 每名日支飯米一斛, (若半月) 發遣吏足米二石, 共計米一十七石五斗. 又貼書一名, 貼斗一名, 各日支飯米一斗, 若半月. 發遣吏足米六斗, 共計四石五斗. 縣官人從七名, 鄕官人從共一十名, 每名日支飯米五升, 十日. 共計米八石五斗. 已上共計米三十石二斗, 一年收支兩次, 共用米六十石四斗. 逐年蓋牆幷買藁薦, 修補倉廒約米九石, 通計六十九石四斗."

92) 『朱子文集』권99, 「公移·社倉事目」, "一, 排保式, 某里第某都社首某人, 今同本都大保長隊長編排到都內人戶口數下項, 甲戶(大人若干口, 小兒若干口, 居住地名某處. 或産戶, 開說産錢若干, 或白煙, 耕田, 開店, 賣買, 土着, 外來, 係某年移來, 逐戶開) 右某等今編排到都內人戶口數在前, 卽無漏落及增添一戶一口不實. 如招人戶陳首, 甘伏解縣斷罪. 謹狀. 年月日大保長姓名, 押狀, 隊長姓名, 保正副姓名, 社首姓名."

하나, 대여한 쌀의 증서[請米狀]의 양식에는 어느 도, 어느 보 대장 누구, 대보장 누구의 아래 어느 곳 보두(保頭 : 보정・부보정) 누구 등 몇 사람은 지금 서로 보증하여 사창에 미곡을 빌립니다. 보장과 사수가 서명하고, 보내(保內)의 청미수량, 반납 기일, 감소 곡식[耗米]분 세 되를 갚는다. 보 내의 어느 한 사람이라도 달아나거나 잃어버리는 등의 사고가 있을 시에는 보 안의 사람이 균등히 나누어 보충할 것입니다. 삼가 기록합니다.[93]

하나, 장부책과 열쇠 등은 향관이 협동으로 분담하고, 크게 지급하고 수납하는 일은 감독관의 직접적인 검열이 필요하며, 그 외에 영세한 출납은 향관에게 위임하여 공정하게 관리되도록 한다. 균등하게 하기 위해서 힘을 써야 하며 사적인 감정에 휩쓸리거나 개별적으로 부정적인 일은 허락하지 않는다.[94]

하나, 풍년이 들어 개별적인 대출이 없을 때에는 7, 8월에 이르러 산호 가운데 대출을 청하는 자가 있으면 허락한다.[95]

하나, 창고 안의 건물과 비품은 창고지기가 평상시에 관리하고 훼손이나 빌려주는 것을 허가치 않는다. 만일 손실이 있으면 향관이 점검하고 창고지기를 조사해서 배상토록 한다. 사소한 훼손은 때에 따라서 수리하고 대규모의 개조는 임시적으로 이유를 들어 부(府)에 요청하여 곡식을 지출한다.[96]

---

[93] 『朱子文集』권99, 「公移・社倉事目」, "一, 請米狀式. 某都第某保隊長某人大保長某人下某處地名保頭某人等幾人, 今遞相保委, 就社倉借米, 每大人若干, 小我減半, 候冬收日, 備乾硬糙米, 每石量收耗米三升, 前來送納. 保內一名走失事故, 保內人情願均備取足, 不敢有違. 謹狀. 年月日保頭姓名, 甲戶開名, 大保長姓名, 隊長姓名, 社首姓名."

[94] 『朱子文集』권99, 「公移・社倉事目」, "簿書鎖鑰, 鄕官公共分掌. 其大項收支, 須監官簽押. 其餘零碎出納, 卽委鄕官公共掌管, 務要均平, 不得徇私容情, 別生姦弊."

[95] 『朱子文集』권99, 「公移・社倉事目」, "如遇豐年, 人戶不願請貸, 至七八月而産戶願請者聽"

[96] 『朱子文集』권99, 「公移・社倉事目」, "倉內屋宇什物仰守倉人常切照官, 不得毀損及借出他用. 如有損失, 鄕官點檢, 勒守倉人備償. 如些小損壞, 逐時修整. 大段改造, 臨時具因依中府, 乞撥米斛."

9) 주자 사창법의 특질

　이처럼 주자의 사창법은 그 후 그의 제자가 지방관이 되어 복건(福建)・양절(兩浙)・형호(荊湖)・강남(江南)・사천(四川)의 각지에서 실시하려고 했다. 주자의 논적인 육구연도 그의 업적을 보고 감탄하여 스스로 그 법을 받아들였다고 일컬어진다. 또한 "절동의 사람과 곳곳에 주자의 덕을 칭송했다."고 하는 말이 있는 것을 보아도 그 성과가 컸음을 알 수 있다. 우리 주자학의 태두인 야마사키 안사이(山崎闇齋)는 『주자사창법朱子社倉法』이라는 주제의 글을 펴내어 그것을 주요 내용으로 하고, 아이쯔한(會津藩 : 현 후쿠시마현)의 호시나 마사유키(保科正之)는 이를 참조해 명력원년(1655)에 영내에 사창을 실시해 큰 성과를 거두었다. 또한 오카야마한(岡山藩)과 나가시마한(長島藩), 히로시마한(廣島藩) 혹은 빈고후츄(備後府中) 등에서도 이를 실행했던 것이다.

　구스모토박사는 『송명시대유학사상의 연구』라는 저작 속에서 그 사창의 사목(事目)을 상세히 설명하면서 주자가 왜 사창법을 실행하기까지 이르렀는가에 대한 이유를 근거로 하여 주자의 사상을 찾았다. 즉 그에 따르면 "사창법은 그 근본에 있어서 동포애 정신이다."라고 본다. 또한 "그리고 동포애라고 하는 하나의 씨앗은 그 혼륜한 상태를 벗은 사창법이라는 많은 가지와 잎이 수목이 되어 번성하지 않으면 안되었다."고 생각했다. 주자는 남강에 이어서 절동 지방을 엄습한 기근에 즈음하여 스스로 정치의 국면에 임해 체험하고, 종래의 정치가의 상투수단인 기도나 형식적인 순시 등으로는 어떤 구제도 할 수 없다는 것을 몸소 체험했던 것이다. 따라서 사창법을 실시함에 있어서도 단지 규칙을 엄격히 정하는 것만으로는 의

미가 없다. 또한 어느 정도 백성을 위해서 계획을 세웠다고 하더라도 정부가 홀로 독주해서는 어떤 성과도 거둘 수 없다. 결국 백성과의 협력을 통하여 실제의 효과가 있다고 판단했던 것이다.

주자의 사창법은 옛부터 의창(義倉)과 상평창(常平倉)과 달리 백성들이 참여한다는데 특색이 있다. 원래 수(隋)의 의창제도는 향사(鄕社)에서 세운 것으로써 백성의 이익을 도모하는 것도 있지만, 이윽고 현(縣)의 관할로 옮겨지게 되자 그 이로운 점은 사라지고 관청이 곡식을 쌓아두는 곳으로 바뀌게 되면서 백성을 압박했다. 송대의 유학자 호인(胡寅)이 민중으로부터 멀어져간 저장고는 진정 무의미하다고 한 것이야말로 탁견이다. 거기서 민간의 손길에 따라서 먼 곳에서도 편의를 제공 받을 수 있는 곳에 창고를 둘 필요가 있다고 생각했다. 그래서 위원리(魏元履)의 장탄사창(長灘社倉)을 시작으로 이것을 배웠다고 일컬어지는 주자의 오부리의 사창이 실현된 것이다. 다만 주자의 사창의 경우 전적으로 민간의 경영은 아니다. 이를테면 관민(官民)공동의 운영이다. 그 「사창사목」 중에 점차 보이는 공공(公共)이라는 단어는 바로 관(官)과 민(民)과의 협동관리운영을 의미했다. 또한 사수·보정(副保正) 등 민간 대표자의 책임을 명시하고 있는 것은 민간측의 참여를 중시했던 것이었다.

우리의 나카이 치쿠쟌(中井竹山)은 「사창사의社倉私議」 중에서 주자사창을 설명하기를 "하나, 주자사창의 의의는 지극히 훌륭한 법령으로 상하의 이익이 발생하여 이것이 세상에 널리 시행된 신호 등, 이상과 같은 법의 그 뜻을 따라서 실행해 옮겨 나가면 우리의 아침은 다만 지금에서도 큰 이익을 얻게 된다."고 높이 평가했다. 특히 그 사창법을 해설해서 말하기를 "사창이란 민간조합을 중개자로 하여 거래되는 곡식저장 창고라고 할 수 있다. 부락의 촌로 및 그 곳의 학자 몇 사람을 선발하여 그 지역의 담당관으로 정했다."고 하는 것도 "주자 시기에는 각 지역에 따라서 학자에게 알리면 그에 상응하여 주었던 관직도 행정관리와 같은 역할이다."라고 하여 그 관리의 성격을 명시하고 있다. 그리고 "사창의 의의는 민간을 위한 것으로서 상류층의 용도와는 무관하다."라고 명확히 규정하고 있다. 즉 주자의 사창이 원활히 운영되기 위해서 어떤 배려가 있어야 하는지를 파악한 후에 사창의 본질은 민간의 편의와 그 운용이 적절한 것인가를 간파했던 것이다.

  주자의 사창법 등의 정책은 인간이 무엇보다 간섭하지않는 넓고 전체적인 입장으로서 인(仁)의 이치를 토대에 두고 동포애의 실현을 목표로 하여 실질적인 이치에 준해서 시설이 크게 작용할 수 있는 곳에 세웠다고 구스모토박사는 언급하고 있다. 주자에 따르면 격물과 궁리의 결과는 인심의 본체가 커다란 작용을 통해 현현되어 나온다. 이것이 주자의 이른바 전체대용(全體大用)의 사상이고, 그 결과가 사창법과 예제(禮制)의 연구가 되었다. 즉, 첫째는 실제적인 정치경제적인 측면에 있어서 주자의 사창법 등에 유래한 흉년구제정책[荒政]의 시설이 되고, 둘째는 학술적인 측면에 있어서 『의례경전통해儀禮經傳通解』에서 유래한 대부분이 예제의 연구로서 주자의 『대학장구』를 교본으로 하는 일련의 사상은 나중에 송의 진덕수(陳德秀)의 『대학연의大學衍義』와 명대의 구준(丘濬)의 『대학연의보大學衍義補』가 나왔다고 하는 구스모토박사의 생각에는 동감한다. 여기서 지금까지 하나의 사창법에 대해서 언급했고, 다음으로는 예제(禮制)로부터 『대학연의』에 대해서 검토해야 하지만, 이는 추후의 장을 통해서 다시 생각하고자 한다.

3. 위학의 금지

1) 강서제형

　당중우를 탄핵의 결과, 재상 왕회(王淮)와 갈등의 골이 깊어지게 되고 도학의 비판의 소리가 높아졌다. 이를 몸으로 느낀 주자는 한산한 곳으로 옮겨 요양하면서 저술활동하기를 원하여 절동의 직책을 떠났다. 순희10년(1183)에 53세가 되던 해 정월에 태주(台州)의 숭도관(崇道觀)의 봉사(奉祀)를 명받게 되자, 이윽고 복건(福建) 무이(武夷)의 오곡(五曲)에 초막을 만들어 무이정사(武夷精舍)를 세우고 살았다. 또한 순희12년에 56세 되던 4월부터 화주(華州)의 운대관(雲台觀)의 주관이 되었고, 14년(그의 나이 58세)에는 남경홍경궁(南京鴻慶宮) 주관으로 옮겨갔다. 이같은 궁관봉사(宮觀奉祀)는 요컨대 휴직한 관리의 우대를 의도한 것이기 때문에 주자로서는 돌아가서 정착하여 학문의 도에 정진 할 수 있는 호기였는지도 모른다. 왜냐하면 순희13년에 『역학계몽易學啓蒙』과 『효경간오孝經刊誤』가 나왔고, 이듬해에는 『소학장구』가 편성되어 나왔기 때문이다.

　순희14년(1187) 7월에 주자에게 강남서로형옥공사(江南西路刑獄公事)의 명이 내려졌다. 주자는 병환을 이유로 고사했지만 받아들여지지 않았고, 마침내 순희15년(1188) 3월에 그 명을 받아들였다. 어느덧 그 해 5월에 주자에게 적대시했던 왕회가 재상의 지위를 그만두게 되자 주자는 곧바로 상경하여 자신의 주장을 상소하려고 했다. 그 때 친구 한 사람이 "자네의 상소는 반드시 '정심성의正心誠意'의 문구가 있고 이것이 몇 번이고 중요하다고 들은 사람도 싫증나 있기 때문에 이번에는 생략하는 것이 어떻겠는가?"라고 물었다. 이에 주자는 "내가 평생 배운 것은 이 네 자 뿐일세. 어찌 묵묵히 있는 내가 자네를 속일 수 있겠는가?"라고 답하였다.

이때의 상소가 이른바 「무신연화주차戊申延和奏箚」라고 칭하는 것으로 그는 다음 다섯 조항을 주장했다.[97] 첫째, 교화형벌(敎化刑罰)의 본지를 분명히 할 것, 둘째, 감옥의 관리에 대한 선임을 신중하게 할 것, 셋째, 경총제전(經總制錢)이 백성을 괴롭히는 것, 그리고 넷째, 강서로(江西路)의 제주(諸州)에서의 법에 따라서 죄에 부과한 벌의 폐단이 특히 심하다는 것을 논했다. 세 번째의 '경총제전'이란 옛날에 북송과 남송 초에 건설된 임시 군사비용이였던 경제전(經制錢)관 총제전(總制錢)이지만, 이 경우에는 특별과세로서 일반화했던 것이다. 이상의 네 조항은 강서제형(江西提刑)의 입장으로부터 상서한 조항이지만, 다섯 번째 조항에 있어서는 더 나아가 황제로서의 자세에 대해서 언급했다. 다섯 번째 조항에서 다음과 같이 말했다.

> 이른바 천리가 순탄치 못하고, 또한 인욕이 여전히 남아있는 것은 왜일까요? 천리가 아직 순탄하게 흐르지 않고 있기 때문에 선(善)으로 나아가기에 늘 충분하지 않고, 인욕이 또한 존재하기 때문에 악(惡)을 제거하려 해도 언제나 근절되지 않습니다. 따라서 비록 일념을 기울여서 공사와 사정 그리고 시비와 득실의 정황을 일찍이 분명하게 확립되지 않은 적이 없지만 그 가운데에서 서로 다투고 있습니다. 그렇기 때문에 신망이 두터운 대신을 예우하지만 한층 그 위에 있는 간측의 무리가 사사롭게 총애를 얻게 됨으로써 중앙부의 기이한 이변이 깊어지고 있고, 지속적으로 영웅호걸이 사라진 것은 아니지만 간사하고 용렬한 무리들이 총애

---

[97] 『朱子文集』권14, 「戊申延和奏箚一~五」.

를 받게 됨으로써 오랫동안 사당의 권력을 훔치고 있습니다..........
어쨌든 지금 이후부터 일념이 싹트게 되면 반드시 신중하게 그것
을 살펴서 이것이 천리(天理)가 될 것인가 아니면 인욕(人欲)이 될
것인가? 만일 천리라면 이를 확충하여 그것이 조금이라도 가로막
히지 않도록 해야하고, 만일 인욕이라면 이를 최선을 다해 극복하
여 그것이 조금이라도 막히지 않도록 해야 합니다.[98]

아마도 정심성의(正心誠意)는 『대학』의 도에 대한 실천을 황제에
게 구한 상소문이지만, 이때의 황제 효종(孝宗)은 주자를 존중하여
"오랫동안 경을 보지 못했지만 절동의 일은 짐이 잘 알고 있는 바이
다. 지금 아마도 경을 측근에 두고 또한 주현(州縣)을 돌보게 하고
싶다."고 칭하고, 다음 날 병부낭관(兵部郞官)에 임명했다. 그러나 주
자는 발병(지금의 각기병으로 추론해 볼 수 있다)을 이유로 사퇴하
고 이전의 강서제형(江西提刑)에 머물렀다.

2) 「무신봉사」

주자에 대한 황제의 신임은 점점 두터워지고, 또한 주자를 중심
으로 한 도학(道學)의 세력도 확대되었다. 그러나 이를 흔쾌히 생각
하지 않는 사람도 적지 않았다. 또한 주자를 중심으로 한 도학의 융
성에 반감을 가진 자도 많았다. 그 즈음에 본부의 시랑(侍郞)인 임율

---

[98] 『朱子文集』권14, 「戊申延和奏箚 五」, "臣誠愚賤, 竊爲陛下惑之, 故嘗反履而思之, 無乃燕閒蠖濩之中 虛明應物之地, 所謂天理者有未純所謂人欲者有未盡而然歟. 天理有未純, 是以爲善常不能充其量, 人欲有未盡, 是以除惡常不能去其根, 是以雖以一念之頃, 而公私邪正是非得實之幾未嘗不朋分角立而交戰於其中. 故所以體貌大臣者非不厚, 而便嬖側媚之私顧得以深被腹心之奇. 所以寤寐豪英者非不切, 而柔邪庸繆之輩顧得以久竊廊廟之權.....自今以往, 一念之萌, 則必謹而察之, 此爲天理耶, 爲人欲耶. 果天理也, 則敬以擴之, 而不使其少有壅閼, 果人欲也, 則敬以克之, 而不使其少有凝滯."

(林栗)은 주자와 『역』과 『서명』을 논하는 가운데 서로의 의견이 일치하지 않았다. 때마침 주자가 병부낭관(兵部郞官)에 임하게 되자 아랫사람을 파견해 속히 임무를 마치라고 다그쳤다. 주자가 발병 때문에 잠시 쉬었다가자고 하자 주자를 비난하여 말하기를 "주자는 원래 학문적인 역량이 없다. 다만 장재와 정이의 일부분을 빼내어 이를 도학이라고 칭하고, 문하생 수십 명을 휘하에 두고 함께 했다. 공자와 맹자가 제후들을 방문하면서 구했던 학풍을 배워서 높은 지위에 있었던 것을 긍정하지 않는다. 그가 위자(僞者)인 것은 감출 수 없는 것이다."라고 말했다.

이것을 들은 효종은 "임율의 말이 지나치다."라고 하고, 주자를 옹호했던 재상 주필대(周必大)도 "주자가 조정에 오를 때는 발병이 아직 다 낳지도 않았는데 무리하게 조정에 오른[登殿] 것이다."라고 했다. 효종도 "짐도 그와 같은 상태였음을 보았다."고 덧붙여 말했다. 그 밖에 좌보궐(左補闕) 설숙사(薛叔似)도 주자를 변호하고, 태상(太常)박사 엽적(葉適)도 상소해서 말하기를 "하나의 실질도 없는 자를 가리켜 도학이라고 하는 것은 무실(無實)이라도 지나치다. 게다가 왕회(王淮)가 태간(台諫)과 연계해서 올바른 사람을 제거할 때도 이 손을 썼던 것이다."라고 말했다. 특히 효종은 주자에게 명을 내려서 "이전에 입궐해서 논한 것은 모두 신임의 직무에 관한 사항이다. 짐은 그 성의를 믿기에 요청한 사항은 가능한 한 빨리 처리해 주도록 하라."고 하였다. 때마침 시어사(侍御史)에 임명된 호진신(胡晋臣)이 임율을 논박했기 때문에 마침내 임율은 천주(泉州)의 지사에서 내려앉게 되었던 것이다.

그 후 주자는 직보문각 주관(直寶文閣 主管)과 서경숭산 숭복궁(西京嵩山崇福宮)에 올랐고, 또한 대차의 소명을 받았지만 이를 사퇴하고 이를 대신하여 봉사(封事)를 헌상했다. 이것이 「무신봉사(戊申封事)」이다. 주자는 이 중에서 "천하의 대본은 폐하의 마음이고, 오늘의 급선무는 태자(太子)를 보좌하고, 대신을 선임하며, 일의 기강을 바로 세워서 풍속을 바꾸고, 백성의 힘을 보살펴 길러주며, 군사와 정치를 바르게 닦아서 밝히는 것이 여섯 가지 일(육사六事)'이다. 이 육사는 어디까지나 긴급한 문제이지만, 그 근본은 폐하의 한결같은 마음에 있고, 한결같은 마음을 바르게 하면 육사가 바르게 되지 않을 수 없습니다. 만일 사욕(私欲)이 그 사이에 끼어든다면 이 육사도 쓸모가 없게 되고 천하의 일도 어찌할 도리가 없을 것입니다."99)라고 말했다. 이 상소가 궁중에 전달되었을 때 효종은 밤이 늦어서 이미 침소에 들었었지만, 곧바로 일어나 불을 밝혀서 마지막까지 읽었다고 전한다. 그리고 이튿날 태일궁(太一宮)의 주관 겸 숭정전(崇政殿)의 설서(說書)에 올랐지만, 주자가 완강하게 사의를 표했기 때문에 재차 비각수찬(秘閣修撰)에 올랐다.

이렇게 보면 주자가 효종을 만나서 대면한 것도 세 차례이고, 또한 봉사를 헌상한 것도 세 차례이다. 그 중에서 당시의 정치적 정황의 긴박함을 논한 것과 동시에 황제로서의 자세를 논하여 감히 직언을 서슴지 않고 피력했던 것이다. 더욱이 주자의 지극하고 심오한 의견은 효종을 억지로 움직여서 낙향한 주자를 신임할 만한 곳에 머물러있기를 희망했다. 그래서 무학박사・비서랑(秘書郎)・병부낭관(兵部郎官) 등에 거명되었지만, 그 밖에 주자에 대한 논란은 점차

---

99) 『朱子文集』권11, 「戊申封事」, "蓋天下之大本者, 陛下之心也. 今日之急務, 則輔翼太子, 選任大臣, 振擧剛柔, 變化風俗, 愛養民力, 脩明軍政六者是也. 臣之輒以陛下之心爲天下之大本者, 何也. 天下之事千變萬化, 其端無窮而無一不本於人主之心者, 此自然之理也. 故人主之心正, 則天下之事無一不出於正, 人主之心不正, 則天下之事無一得由於正."

대신(大臣)과 측근 사이의 간악함에도 미치고 그것이 조신의 격분을 사게 되어서 주자의 진로를 저해하고, 또한 주자 스스로도 타인과의 공전을 기피해서 두세 차례에 걸쳐서 사퇴를 했던 것이다.

3) 광종과 이후

순희16년(1189)에 63세가 된 효종은 선조인 고종의 일례를 배워서 군왕의 자리를 아들인 광종에게 물려준 뒤 상황(上皇)이 되었다. 그런데 광종은 본래부터 그다지 현명하지 못해서 그 황후인 이씨의 전횡은 눈에 띄게 두드러지고 자신의 애증관계에 의해 조신들의 등용을 좌우했으며, 황제의 첩을 위협하여 살해하는 등 자기마음대로 권력을 휘두르기 일쑤였다.

광종 초에 이윽고 주자는 강동전운부사(江東轉運副使)에 임명되었지만, 질병을 이유로 사퇴하자 미리 그 해 겨울 11월에 장주(漳州)의 지사로 임명하였다. 재차 사의를 표했지만 허락하지 않자 이듬해 소희(紹熙)원년(1190)에 61세의 주자는 임지의 장주에 부임했다. 당시 장주는 풍속이 문란하고 예의도 제대로 행해지지 않았기 때문에 주자는 고금의 예를 가르치고 기강을 진작하였으며 학문을 장려하여 크게 풍속을 정비했다. 또한 무명의 조세 7백만을 없애고 경총제전(經總制錢) 4백만을 감했으며, 그 치적은 주목할 만한 것이었다고 일컬어지는 것이다.

이듬해 2년 2월에 주자의 장남인 숙이 세상을 떠났기 때문에 주자는 봉사(奉祠)를 희망하여 비각수찬(秘閣修撰)이 되어 남경홍경궁주관(南京鴻慶宮主管)을 명받았다. 거기서 4월에 장주를 떠나 건양(建陽 : 복건성 건양현)에 도착했다. 이 지역은 일찍이 주송도 머무르기를 희망했던 곳이었기에 주자는 여기에 초막을 짓고 머무르게 되었다. 그 후 9월에 형호남로전운부사(荊湖南路轉運副使), 그리고 순희3년에는 정강부(靜江府) 지사와 광남서로경략(廣南西路經略) 안무사(按撫使)에 임명되었지만 모두 사퇴했다. 그런데 동료(洞獠 : 동정호洞庭湖부근의 부족)의 난이 일어나 이를 무심코 지나칠 수 없는 상황이었기 때문에 주자는 마침내 이를 받들어 이듬해 5년에 임지인 호남성 장사로 향했다. 담주(潭州)에 도착한 주자는 속히 사람을 파견해 동료의 난을 진정시키고, 또한 무장을 정비하고 예(禮)를 일으켜서 악록서원(嶽麓書院)을 복원했다. 이 서원은 북송의 주동(朱洞)이 건립한 것으로 재차 여기서 교육의 장을 부흥시켰던 것이다.

그런데 상황(上皇)인 효종(孝宗)을 어렵게 생각했던 이후(李后)는 상황과의 사이를 견제했기에 부자의 관계에 깊은 골이 생겼다. 이윽고 소흥5년 6월에 효종이 세상을 떠났음에도 광종(光宗) 이후는 병을 구실로 삼아 장례식에도 참석치 않았다. 이와 같은 사태를 우려한 조신들은 여러 비상수단을 모의하게 되었다. 먼저 그 중심이 된 사람이 재상 조여우(趙汝愚)이다. 그러나 궁중에 있어서 무엇보다 존중되고 있는 고종(高宗)의 황후, 즉 오태황태후(吳太皇太后)의 힘을 빌리는데 있어서 조여우의 힘으로는 역부족이었다. 여기서 오태황태후를 움직일 수 있었던 것이 다름아닌 한탁위(韓侂胄)였다. 그는 북송의 명신(名臣)인 한기(韓琦)의 손자로서 오태황태후의 외조카이기도 하다. 또한 그의 질녀가 황태자의 비(妃)이었기에 오태황태후와 연락하고 그의 명령에 따라서 효종이 세상을 떠나자 황태자를 아버지 광종을 대신하여 장례식에 참석시키고, 그대로 황태자를 황제에 즉위시켜놓고, 광종 이후를 칩거시켜버리고 말았다. 이렇게 해서 영종(寧宗)의 시대가 시작된 것이다.

4) 중앙에서의 45일

효종의 죽음은 주자에게 크나큰 충격이었다. 지금까지 두세 차례에 걸쳐 주대(奏對)와 봉사(封事)를 쾌히 받아들였던 효종이 세상을 떠나버리게 된 것이다. 여기서 주자는 굳게 마음먹고 사직을 요청했다. 그런데 조정에서는 순식간에 광종이 퇴위되고 영종이 즉위하게 되자 영종은 이전부터 익히 주자의 명성을 듣고 있었던터라 조여우의 추천으로 하여금 주자를 환장각대제(煥章閣待制) 겸 시강(侍講)으로 추대했다. 주자는 담주에 머무른지 3개월이 되어서야 바뀐 조정의 부름에 나와서 강관(講官)이 되었던 것이다.

소흥5년 10월에 궁중에 출사한 주자는 그 임무가 막중하다고 생각하여 강하게 사퇴의 뜻을 밝혔지만, 영종의 강력한 지시로 인해 결국 이 명령을 받아들이게 되었다. 때마침 효종의 산릉(山陵)의 위치가 문제시 되었다. 처음에는 예정된 장소가 좋지않아서 조금만 파내려가도 물이 솟아올랐다. 여기서 산릉의 이전에 대한 회의가 시작되었지만, 관계관들은 광종이 이전하는 것을 좋아하지 않는다고 했기에 회의를 중단했다. 주자는 이를 듣고 조속히 산릉회의에 문서를 올리면서 마땅히 길한 터를 찾아서 옮겨야 할 것을 상소했다. 또한 영종의 생신에 즈음하여 주자는 효종의 관이 여전히 안치되어 있는 상중이기 때문에 축하를 위한 행사를 거두어야만 함을 상소하여 영종의 명령에 의해서 그의 말이 시행되었다. 또한 윤10월7일에 주자는 종묘에 관한 의론을 올려서 효종을 태묘(太廟)에 모시는 것이 마땅한데 희조(僖祖)와 선조(宣祖)의 묘실을 부숴버린 조정의 처사를 비판했다.

이렇게 주자는 중앙에서 봉직하면서 눈앞에 펼쳐지는 문제에 대해서 옳지 않다고 판단되면 서슴지 않고 이를 논했지만, 그 논의가 자주로 조신에게 파급되어 주자의 의견을 속히 알아차리지 못한 사람들은 이를 도중에 끊어버려서 결국 중앙에 까지 이르지 못한 일도 있게 되었다. 주자는 강관으로서 『대학』을 강의했다. 종래의 강연은 홀수 날에 일찍부터 저녁 늦게까지 진행되었고 사고가 있을 경우에는 휴강했지만, 주자는 매월 초하루 또는 특별한 날을 제외하고는 휴강하지 않았다. 또한 그 강의를 편찬해서 영종에게 받쳤다. 윤10월 19일의 저녁에도 여느 때처럼 강의를 하고 『대학』의 전문 제6장까지 마친 후에 먼저 상소한 긴요한 네 가지 일을 시행시켜줄 것을 요청하고 궁중에게 물러나왔다. 그런데 주자가 물러나오자마자 곧바로 어명이 내려져서 "경이 나이도 들고하여 이 추운 겨울에 강의하기가 어려울 것이라 생각된다. 이미 경은 궁관(宮觀)에서 제외하도록 했다."라고 했다. 즉 어명에 의해 면직되었던 것이다. 이 날이 주자가 중앙에 들어간 지 45일째 되는 날이었다.

5) 주자의 면관

갑작스럽게 일어난 주자의 면관(免官)에 대한 배경에는 한탁위의 책모가 있었다. 영종의 즉위에 대해서는 재상인 조여우와 한탁위의 연계작전이 성공했었지만, 그것을 계기로 해서 한탁위의 세력은 점차 신장되어 마침내 전횡의 기미가 보이기 시작했다. 주자는 자주로 조여우에게 편지를 보내어 한탁위가 국정에 있어서 해가 되는 자임을 충고했다. 또한 이부시랑(吏部侍郞)인 팽구년(彭龜年)도 공조해서 한탁위를 공격하고, 이에 앞서 상소한 네 가지의 일 중에서도 좌우로 간악한 조신이 정권을 농간하고 있는 폐단을 올렸다. 그 때문에 한탁위는 주자를 미워했고, 마침내 임금의 마음을 움직여서 주자를 추방하기에 이르게 되었던 것이다.

주자가 추방되는 날 재상인 조여우는 임금의 어필을 소매에 넣고 임금에게 이를 거두어줄 것을 간청했지만, 이를 듣지않은 채 한탁위는 내시인 왕덕겸(王德兼)을 시켜 주자를 물러나게 했다. 그것이 앞서 언급한 영종의 어명이었다. 중서사인(中書舍人)인 진부량(陳傅郞) 등 조신들 중에는 주자를 위해 여러모로 임금에게 간청한 사람도 적지않았지만, 어디까지나 이를 듣지않았고 주자와 공조한 팽구년도 곧바로 관직에서 물러나자 지방으로 추방당했다. 결국 지금까지 좋은 보호의 역할을 했던 재상 조여우 조차도 경원(慶元)원년 2월에 한탁위의 간계에 걸려서 파면되고 영주(永州)로 유배가게 되었던 것이다. 더욱이 그 이유가 "조여우는 조정의 조씨 성과 같은 성씨를 가지고 있기 때문에 장차 나라를 위험에 빠뜨리게 할 것입니다."라고 말한 적이 있다. 요컨대 주자 등의 의견이 마음에 들지 않았던 것이다. 그 중에서도 주자 등이 "정치는 마땅히 황제를 중심으로 해서 조정의 대신이 지도권을 갖도록 하고, 후궁과 외척의 발언은 잘못된 도이다."라고 주장했다. 하지만 태황대후 오씨와 한탁위로서는 그다지 탐탁치않았던 것이다.

주자는 영종으로부터 어필을 받자마자 곧바로 도(都)를 출발하여 복건의 건양을 향해 길에 올랐다. 도중에 강서성 옥산(江西省玉山)의 지사인 사마매(司馬邁)의 요청으로 강연을 하게 된다. 이것이 그 유명한 옥산강의(玉山講義)이다. 게다가 도에 매진하던 차에 건양에서 돌아오자마자 이 지역에 죽림정사(竹林精舍)[100]를 세워 많은 제

---

100) 이 후에는 창주정사(滄州精舍)로 개명함.

자에게 매일 강의를 거듭하였다. 하지만 한탁위의 욕망은 거침이 없어서 경원(慶元)2년에 감찰어사인 심계조(沈繼祖)는 한탁위의 뜻을 받들어서 주자의 열 개의 죄목을 논했다. 주자의 직책을 빼앗고 봉사(奉祠)를 파면해 달라고 상소하여, 그 해 겨울 12월에 주자에게 면관의 명령이 내려졌다.

6) 위학의 금지

이렇게 되자 한탁위에게 영합해서 이익을 얻기 위한 무리는 지속적으로 주자와 조여우 등을 공격하기 시작했다. 하지만 주자 등의 일파에서는 지명도 있는 학자들이 많았기 때문에 일일이 개인을 공격해서는 따라잡을 수 없었다. 여기서 지금까지 자주로 이용되었던 도학(道學)을 공격하기 위한 전술을 활용하려고 들었다. 먼저 한탁위의 안내역할로서 언관(言官)이 된 하담(何澹)이 "전문적인 학문이란 어떤 것일까? 그 진의를 변론해 보아야 한다."고 논하고, 유덕수(劉德秀)는 "승상의 한사람인 유정(留正)이 위학(僞學)의 무리를 임용해서 사직도 위기에 빠지게 되었다."라고 하여 그 위학을 임용한 죄를 물었다. 유덕수는 일찍이 장사(長沙)에 있는 장식(張栻)의 일파 가운데 한 사람에게 냉대를 당했던 것에 원한을 품고 도학을 위학이라고 단정했던 것이다. 이로부터 위학이라고 칭하게 되었고, 경원3년(1197) 12월에는 위학의 무리가 벼슬길에 오르는 것 및 저서를 유포하는 것을 금지하고 위학의 무리로 보여지는 59명을 추방했다. 이같은 추방의 명분이 다름 아닌 그들의 학문은 고상한 이론을 가지고 즐기지만, 실제의 정치에는 도움이 되지 않고 오히려 정치를 혼란하게 한다는 것이었다.

이 사건을 '위학의 금지'이라고 하기도 하고, '경원(慶元)의 당금(党禁)'이라고 칭해지는데, 한탁위의 일파의 욕망은 날로 증폭되었다. 이전의 어사 유삼걸(劉三傑)은 "주자·조여우·유광조(劉光祖)·서의(徐誼)의 무리는 일전에는 위당(僞党)이었지만, 여기에 이르게 되자 역당(逆党)으로 변해 버렸다."고 하여 그 날로 우정언(右正言)에 오르게 되었다. 그리고 우간의 대부(右諫議大夫) 요유(姚愈)는 "도학(道學)의 권신들이 결성하여 사당(死党)이 되고, 신기(神器)를 엿보고 있다."고 하였고, 선인(選人)인 여가(余嘉)의 경우에는 상서를 올려 "주자를 처단해야 한다."고 탄원했던 것이다.

일찍이 위학에 대한 공격은 나날이 심해졌다. 지금까지 주자를 따랐던 사람들 가운데에도 다른 문하로부터 옮겨와서 주자의 문하로 들어온 사람도 있고, 의관을 바꾸어 도학의 중개인이 아니라는 것을 보여준다고 하는 무리도 있었다. 그러한 가운데 주자는 밤낮으로 제생과 강학하는 것을 빠뜨리지 않았고 스스로 학문에 정진했다. 경원4년에 69세의 주자는 내년에 70세가 된다는 이유로 건령부(建寧府)에 보내주기를 청원하여 이듬해 5년 4월에 허락을 받게 되었다. 그 해 3월에 역작으로 『초사집주楚辭集注』·『후어後語』·『변증辨證』을 편찬했다.

경원 6년(1200) 봄에 이미 주자의 병세는 호전될 수 없다고 생각되었지만, 보다 열심히 정사의 제생들에게 『서명』을 강학했다. 3월6일에 『대학』「성의」장을 개정해서 몇 자를 고쳤고, 『초사』의 일단을 수정했다. 그러나 7일에는 설사병이 심해지고 고열이 있어 중태에 빠졌다. 8일에 가까스로 일어나서 제생들을 모아놓고 주의를 당부하고, 세 통의 글을 써서 그 자식과 제자 황간 등에게 남기고, 다음 날 9일 아침에 숨을 거두었다. 향년 71세였다.

IV

주자와 『대학』

1. 송원시기의 유학의 전개

1) 도학의 회복

위학의 금지가 삼엄한 가운데 주자는 그 생애를 마쳤다. 주자의 장례식장에 모인 사람들 가운데에서 당대의 사람들을 비난하고, 시정의 득실을 논의할 움직임이 있을지 몰라서 한탁위는 지방관에게 명하여 엄중한 경계를 펼쳤다. 하지만 주자의 죽음에 대한 소식을 전해듣고 모인 제자와 신봉자들이 수천 명을 헤아렸다고 전해진다. 한편 적전(籍田)의 관리인 진경사(陳景思)는 지나치게 엄중히 추궁하는 것이 어렵다는 것을 한탁위에게 진언하자 한탁위도 조금은 후회스러운 점이 없지 않았다. 그래서 주자가 세상을 떠난지 2년이 지나자 가태(嘉泰)2년(1202)에 위학의 금지도 서서히 풀리려는 기미를 보였다. 그 해 10월에 주자에게 화문각대제(華文閣待制)의 명이 내려졌다. 주자가 이미 떠난 후였지만, 건령의 자사가 주자의 죽음이 임금에게 알려지지 않았기 때문에 살아있는 사람이라는 전제하에 발령을 내렸던 것이다. 또한 관직을 박탈당한 당의 사람들도 조금씩 부활되었다. 여기에는 태황태후 오씨가 세상을 떠났던 것도 하나의 원인이 되었다.

그런데 한탁위는 그 위세를 한층 더 높이기 위해 금나라를 큰 공을 세우려고 마음먹고 개희(開禧)2년(1206)에 금과 전쟁을 벌였다. 그러나 시기가 그에게 이롭지 않았고, 또한 사람들도 그를 배신하여 다음해에 양황후의 형인 양차산(楊次山)이 예부시랑(禮部侍郎)인 사이달(史你達)과 모의를 꾸며 비밀스런 칙명을 받들어 한탁위를 살해하는데 성공하였다. 그리고 그의 베여진 목을 금나라에 보냄으로서 화해가 이루어지게 되었던 것이다. 여기서 마침내 주자의 충성을 보고받게 되는 계기로 하여 가정(嘉定)원년(1208) 10월에 주자에게 문공(文公)의 시호가 내려졌고, 가정3년에는 중태부 보모각 직학사(中太夫寶謨閣直學士)의 칭호가 내려졌다.

특히 이종(理宗)의 시기에 이르자 주자 등의 도학이 다시금 세상에 시행되었고, 보경(寶慶)3년(1227) 정월에는 주자에게 태사(太師)의 호(號)가 부여되어 신국공(信國公)에 추대되었다. 또한 그로부터 3년 후에는 다시 휘국공(徽國公)이 되었고, 순우(淳祐)원년(1241)에는 학궁(學宮)에서 제사를 모시게 되었다. 그 때 이종의 언급에 따르면 "짐이 생각하건대 공자의 도는 맹가 이래로 그의 도를 전해듣지 못했다. 내가 보위에 올라서 주돈이·장재·정호·정이 모두가 진정 역행실천을 향해 깊게 성역을 탐구했다. 천년 동안 이어지지 못했던 학문이 비로소 알려진다. 중흥 이래로 또한 주희가 나와서 정사명변(精思明辯)과 절충회융(折衷會融)해서『중용』·『대학』·『논어』·『맹자』에 관한 본말을 통찰하여 공자의 도가 나날이 퍼져 널리 세상을 밝혔다."고 하였다. 이 말의 문맥은 마치『송사』「도학전」의 표현에서도 볼 수 있지만, 이 시대가 되어서 상하의 도학이 풍미하여 유학의 정통적 지위를 점하였음을 알 수 있을 것이다.

2) 성즉리

그렇다면 그 도학의 대성자인 주자의 사상이 학문과 일체가 되는지에 대해 좀 더 설명하지 않으면 안될 것이다. 그러나 이는 간단히 설명될 수 있는 것이 아니고, 또한 지금 그럴 여유가 없기 때문에 앞서 전술했던 구스모토박사의 『송명시대유학사상의 연구』와 야스다 니로(安田二郎)의 『중국근세사상연구』, 그리고 시마다 겐지(島田虔次)의 『주자학과 양명학』을 참조하고자 한다. 다만 서술하면서 필요한 범위에 대해서만 언급하도록 하겠다.

아마도 주자의 학문의 중심이 되는 것은 리기설(理氣說)일 것이다. 주자는 생각했다. 현실의 세계는 하늘에 일월성신이 있고, 땅에는 산하자연이 있으며 이들 모두의 존재는 기에 의해서 구성된 것이다. 그리고 동적인 기는 양(陽), 정적인 기는 음(陰)이고, 이 두 기가 응집해서 목화토금수의 오행이 되어 만물을 생한다. 그 만물이 있어서 형태가 생기도록 하는 것이 리(理)이니 여기서 주자는 "천지 사이에 리가 있고, 기가 있어 리가 되는 것은 형이상의 도이다. 사물을 낳는 근본이다. 기가 되는 것은 형이하의 기(器)이다. 사물을 낳는 도구(具)이다. 이것을 가지고 인물(人物)을 낳는다. 반드시 이 리를 부여받아서 본성(性)이 되고, 반드시 이 기를 부여받아서 형상이 있으며, 그 본성과 그 형상이 일체가 되어 서로 떨어지지 않는다고 해도 도기(道器)사이의 구분에 있어서는 지극히 분명해서 혼란함이 없다."101)고 말한다. 그러나 그 기와 리가 완전히 떨어져 있는 존재인가라고 말한다면 그렇지는 않다. 기와 떨어져서 별도로 리가 존재하는 것은 아니다. 리기는 불리부잡(不離不雜)의 관계에 있다.

이처럼 리기이원론을 기초로 해서 주자의 성리학이 전개되었다. 주자는 말하기를 "기질은 이 음양오행이 되는 바이고, 본성은 곧 태극의 전체이다."102)라고 하고, 또한 "본성은 곧 리이다. 하늘이 음양

---

101) 『朱子文集』 권58, 「答黃道夫」, "天地之間, 有理有氣. 理也者, 形而上之道也, 生物之本也. 氣也者, 形而下之氣也, 生物之具也. 是以人物之生, 必稟此理然後有性, 必稟此氣然後有形. 其性其形雖不外乎一身, 然後其道器之間分際甚明, 不可亂也."

오행으로서 만물을 화생(化生)하고, 기로서 형체를 이루고, 리는 또한 거기에 부여되어 마치 명령함과 같다. 이에 사람과 만물이 태어남에 각각 그 부여한 바의 리를 근거로 하여 건순과 오상의 덕을 삼는 것이니 이것이 소위 본성이다. 솔(率)은 따르는 것이다. 도(道)는 길과 같다. 사람과 만물이 각각 그 본성의 자연스러움을 따르게 되면 그 매일 사물을 이용하는 생활 속에서 각각 마땅히 행해야 할 바가 아님이 없으니 이것이 바로 이른바 도(道)이다. 수(脩)는 이를 품절하는 것이다. 본성과 도는 비록 같은 것이지만 기품이 각기 다르다. 그러므로 과불급의 차이가 없을 수 없다."103)고 말한다. 그래서 주자는 본성을 본연의 성과 기질의 성으로 나누고 본연의 성이 발현되지 않는 것은 기질의 성에 의해서 가리워져 있기 때문이다. 따라서 이를 제거하는 방법을 언급하여 기질의 성을 변화해서 본연의 성으로 돌아가는 것, 즉 인욕을 제거하고 천리를 보존하는 것이 인간의 과제로 본다. 여기에서 주자의 실천도덕설이 들어난다.

3) 『격물보전』

주자의 학문의 방법은 거경(居敬)과 궁리(窮理)라고 일컬어진다. '거경'이란 잡념을 제거하고 마음을 잘 가다듬어 일물에 빠지지 않고 항상 엄격하게 하는 것이니 『중용』의 존덕성과 『맹자』의 존심양성에 해당한다. '궁리'란 자연계의 이치와 인간계의 이치를 구별없

---

102) 『朱子文集』권61,「答嚴時亨」, "氣質是陰陽五行所爲, 性卽太極之全體."
103) 『中庸章句』1장, 朱子注, "性卽理也. 天以陰陽五行, 化生萬物, 氣以成形而理亦賦焉. 猶命令也. 於是人物之生, 因各得其所賦之理, 以爲健順五常之德, 所謂性也. 率循也, 道猶路也. 人物各循其性之自然, 則其日用事物之間, 莫不各有當行之路, 是則所謂道也. 脩品節之也. 性道雖同而氣禀或異, 故不能無過不及之差."

이 사사물물의 이치를 궁구하여 그 지극함에 이르는 것으로 『중용』의 도문학과 『대학』의 격물치지이다. 이 두 가지는 요컨대 주관적 방법과 객관적 방법을 논하는 것으로 도덕성을 함양하는 것과 지적인 학문연구를 진행해 나가는 것은 수레의 두 바퀴와 같은 것으로서 서로가 각자의 결함이 없도록 하는 것으로 생각하지만, 주자는 오히려 궁리에 중점을 두고 있다. 그 주자의 격물궁리의 논점이 무엇보다 잘 드러나는 것이 주자의 『격물보전格物補傳』이다.

주자는 이미 융흥원년(1163)인 43세에 『논맹정의論孟精義』를 저술하고, 순희4년(1177)인 48세에 『논맹집주論孟集註』 및 『혹문或問』을 저술했다. 또한 『대학』과 『중용』도 이미 순희(淳熙)초에 장구(章句)와 혹문(或問)에 착수하고 있었고, 순희16년(1189)에 이르러 『대학장구大學章句』와 『중용장구中庸章句』의 서문이 작성되었고, 나중에 이를 일컬어서 『사서집주四書集註』라고 칭하고 있다. 이 사서는 송대에 이르러 널리 이용된 서적이지만, 주자는 『논어』를 공자의 정신을 전하는 것, 『맹자』는 맹가의 저술, 『대학』은 증자의 학문을 전한 것, 『중용』은 자사의 저술이라고 생각하여 이 사서에 의해 공자·증자·자사를 거쳐 맹자에 전한 도통을 천명한 것이라고 보고 있는 것이다.

더구나 주자는 사서 가운데 『대학』을 무엇보다 중시했다. 주자는 늘 제자들에게 먼저 『대학』 읽기를 권하여 "학문은 모름지기 두루 살펴볼 수 있는 『대학』을 먼저 읽어야 한다. 다음은 『논어』이고, 그 다음은 『맹자』이며, 마지막으로 『중용』이다."라고 말했다. 또한 "대학은 이 학문하는 강목이니, 먼저 『대학』을 통해서 강령을 세우게 되면 다른 모든 잡다한 학설은 여기 안에 포함되어 있다."라고 말하고 있다. 하지만 종래의 『대학』은 장마다 서로 섞여있고 문장에도 오탈이 있기 때문에 이를 개정하지 않으면 안된다고 생각하여, 먼저 『예기』「대학」편을 분석하고 제일 첫 장을 경(經)으로 하고 뒤의 10장을 그 주석의 전(傳)이라고 했다. 그래서 『대학』의 첫머리에서 말하기를 "대학의 도는 명덕을 밝히고, 백성을 친히하여, 지극한 선에 머무는 것이다."104)를 『대학』의 삼강령이라고 하고, "명덕을 밝힌다"[明明德], "백성을 새롭게 한다"[新民], "지극한 선에 머문다"[止於至善]라고 바꿔서 읽었던 것이다. 결국 평천하·치국·제가·수신·정심·성의·치지·격물의 여덟 개 조항을 『대학』의 팔조목이라고 불렀다. 그리고 평천하·치국·제가를 명덕을 밝히는 방법, 수신·정심·성의의 세 조목을 백성을 새롭게 하는 방법, 치지·격물의 두 조목을 지극한 선에 이르는 방법이라고 보아서 『대학』의 궁극은 치지·격물이고, 이것에 의해서 자신의 명덕을 밝히고 타인을 감화시키는 것이라고 생각했다. 그런데 『대학』의 전(傳)인 10장을 보면 제1장에서 명덕을 밝히는 것, 제2장에서 백성을 새롭게 하는 것, 제3장에서 지극한 선에 이르는 것, 제4장에서 본말(本末)을, 제6장에서 성의, 제7장에서 정심과 수신, 제8장에서 수신과 제가, 제9장에서 제가와 치국, 제10장에서 치국과 평천하를 여러 가지로 설명하고 있다. 하지만 격물치지를 설명하는 부분이 뿔뿔이 흩어져 소실되어 버렸다고 해석하고, 이에 주자는 정이의 설을 토대로하여 제5장을 보완하였다. 이것이 바로 『대학보전』이다. 그 문장에 따르면 다음과 같다.

    이른바 치지가 격물에 있다는 것은 자신의 앎을 이르도록 하려면 사물에 나아가 그 이치를 궁구함에 있음을 말한 것이다. 대개 사람 마음의 신령함에는 앎이 있지 않음이 없고 천하의 사물

---

104) 『大學章句』, "大學之道 在明明德 在親民 在止於至善."

에는 이치가 있지 않음이 없지만, 사물의 이치를 다 궁구하지 못하기 때문에 그 앎에도 극진하지 못함이 있기 마련이다. 그러므로 대학에서의 처음 가르침은 반드시 배우는 사람으로 하여금 천하의 사물에 나아가 이미 알고 있는 그 이치로부터 더욱 궁구하여 그 지극한 곳에 이르기를 추구하는 것이다. 오랜 동안 힘쓰다가 어느 날 아침에 확연히 툭 트이어 관통하게 되면 모든 사물의 겉과 속·정밀함과 거친 것이 이르지 아니함이 없고, 내 마음의 온전한 본체와 큰 작용이 밝혀지지 않음이 없을 것이다. 이것을 일러 사물의 이치를 궁구함이며, 이것을 앎의 지극함이라고 한다.105)

여기서 주자의 실천도덕설의 본령을 보여주고 있는 것이다.

4) 『대학』과 『소학』

주자는 『대학』의 역주(譯註)에 심혈을 기울였다. "이렇듯 『대학』에서 그 쓰임은 너무 많다. 온공(溫公)은 통감(通鑑)을 지었고, 나는 평생 동안 온 힘을 쏟아서 이 책을 완성했다. 그것이 바로 『대학』에 있음은 당연하니 『논어』·『맹자』·『중용』에는 새로이 힘을 쓰지 않았다."106)고 하였다. 주자가 죽기 3일 전까지 아픈 몸을 부여세우며 『대학』「성의장」의 해석을 고치고 있었듯이 생애의 노력을 『대학』의 주석에 전력했던 것이다. 더욱이 주자가 소흥32년(1162)에 효종

---

105) 『大學章句』, "所謂致知在格物者, 言欲致吾之知, 在卽物而窮其理也. 蓋人心之靈莫不有知, 而天下之物莫不有理, 惟於理有未窮, 故其知有不盡也. 是以大學始敎, 必使學者, 卽凡天下之物, 莫不因其已知之理而益窮之, 以求至乎其極, 至於用力之久, 而一旦豁然貫通焉, 則衆物之表裏精粗無不到, 而吾心之全體大用無不明矣. 此謂物格, 此爲知之至也."
106) 『朱子語類』권14, "某於大學用工甚多. 溫公作通鑑, 言臣平生精力, 盡在此書. 某於大學亦然. 論孟中庸, 却不費力."

즉위에 즈음하여 처음으로 올렸던 봉사(封事)에 이미 제왕의 학문은 반드시 격물치지를 먼저 해야 한다는 논의를 전개해 두었고, 이후의 봉사나 주차(奏箚)에서는 반드시 치지격물의 논의를 보여주었다. 소흥5년(1194)에 마지막의 강연으로서 광종의 앞에 나가서 했던 것도 『대학』이었다.

그런데 주자의 『대학』에 대한 또 다른 하나 특색은 『대학장구』의 서문의 첫머리에서 찾아볼 수 있다. "대학이라는 책은 옛날에 대학에서 사람들을 가르치던 바의 방법이다."라는 태도이다. 주자는 『대학』은 추상적인 학문의 이상을 서술해 놓은 것이 아니라, 소학에 대한 국가 중추의 교육기관인 대학의 교육법을 분명히 해놓은 것이라고 생각했다. 그 『대학장구』 가운데에서 다음과 같이 말한다.

> 하·은·주 3대의 태평성대의 시절에는 그 법이 여러모로 구비되어 있어서 왕궁과 수도로부터 마을의 거리에 이르기까지 학교가 설립되지 않는 곳이 없었다. 이에 사람이 태어난 지 여덟 살이 되면 왕(王)·공(公) 이하 서민의 자제에 이르기까지 모두 소학(小學 : 학교명)에 입학시켜 그들에게 물 뿌리고 쓸며 응대하고 나아가고 물러나는 예절과 예의·음악·활쏘기·말타기·글쓰기·셈하기를 가르쳤다. 15세가 되면 천자의 맏아들과 여러 아들로부터 공경대부원사의 맏아들, 그리고 뭇 백성 가운데 준수한 자에 이르기까지 모두 태학에 입학시켜서 그들에게 이치를 궁구하고 마음을 바르게 하며 몸을 닦고 사람을 다스리는 도를 가르쳤다. 이는 또한 학교의 가르침이 크고 작은 절차로 나누어진 까닭이다.[107]

---

107) 『大學章句序』, "三代之隆, 其法寖備, 然後王宮·國都以及閭巷, 莫不有學. 人生八歲, 則自王公以下, 至於庶人之子弟, 皆入小學, 而敎之以灑掃·應對·進退之節, 禮樂射御書數之文, 及其十有五年, 則自天子之元子·衆子, 以至公·卿·大夫·元士之適子, 與凡

그런데 주나라 말기에 이르자 학교는 점차 없어지면서 교화가 쇠퇴해져 갔다. 여기서 공자는 선왕의 법을 담아서 후세에 전했다. 즉 『예기』 가운데 「곡례」・「소의」・「내칙」・「제자직」의 모든 편은 소학의 교육에 관한 내용이고, 「대학」편은 즉 대학교육의 방법을 적은 문헌이라고 주자는 언급하고 있는 것이다. 다케우치박사는 이처럼 「곡례」・「소의」・「내칙」・「제자직」을 소학의 교과에 남아있는 글이라고 생각했고, 「대학」편을 대학교육의 방법을 기재해 놓은 것이라고 설명하고 있는 것은 주자로부터 비롯된 말이라고 설명하고 있다. 하지만 이로부터 출발한 주자의 교육설은 당시의 과거(科擧)에 대해서 어느 정도의 입장을 보여주었던 것일 것이다.

5)「학교공거사의」

새 왕조가 들어서게 됨에 따라서 새로운 체제를 정착시킨 송대의 과거에서 특히 새로운 개혁의 변화를 가져왔던 것이 왕안석의 개혁이다. 신종(神宗)의 희령2년(1069)에 참지정사(參知政事)가 된 왕안석은 점차 여러 정치 개혁에 나섰는데, 그 중 하나로서 과거와 학교의 제도에도 참여했었다. 당시 과거에서는 진사과(進士科)・명경과(明經科)・제과(諸科)가 있었지만, 희령4년(1071)에 이 개혁에 착수하고 과거는 진사라는 이름으로 통합해서 명경과를 폐지하고 제과는 그 수를 제한하다가 결국 폐지하였다. 더욱이 진사의 시험에서는 시부(詩賦)・묵의(墨義)를 폐지하고 책(策)・논(論)과 함께 처음으로 경의(經義)를 사용하게 되었고, 아울러 『논어』와 『맹자』를 배

民之俊秀, 皆入大學, 而敎之以窮理・正心・修己・治人之道. 此又學校之敎・大小之節所以分也."

우게 된 것이다. '경의'란 경서의 대의를 이해하고 있는지의 여부를 묻는 시험이었지만, 왕안석은 그 참고서 내지 교과서로서 『시경』・『서경』・『주례』의 『삼경신의三經新義』를 편찬해 경서의 의리(義理)는 모두 이 『신의(新義)』를 바탕으로 하고, 경서문자의 해독은 그의 저술인 『자설字說』에 의거할 것을 강요했던 것이다.

또한 같은해 학교제도도 개혁했다. 송대의 태학(太學)에서는 이미 내사생(內舍生)과 외사생(外舍生)으로 나누고, '내사생'은 기숙사에 있는 학생으로 이백 명으로 한정했다. '외사생'은 청강생으로 별도의 정원이 없었다. 그 후 정원도 증원시킴과 동시에 희령원년, 특히 상사생(上舍生)이 개설되었었지만, 4년이 되자 왕안석은 이를 확충하여 학생을 세 등급으로 나누어 처음 입학한 학생은 외사(外舍)로 받아서 시험의 성적에 따라서 내사(內舍)로부터 상사(上舍)로 순차적으로 진급시켰다. 게다가 상사의 시험도 또한 세 등급으로 나누어 상등(上等)은 궁중에서 시행하는 시험을 보아서 관리가 되고, 중등(中等)은 예부의 시험을 면제하고, 하등 (下等)은 시를 해석하는 시험을 면제한 제도로서 이 태학에서 이용하는 텍스트도 마찬가지로 『삼경신의』 및 『자설』이었다. 이것이 이른바 왕안석의 '삼사법(三舍法)'이다. 이 개혁에 따라서 자칫 학교교육이 과거로부터 이탈하는 점을 개정하고, 과거와 태학을 함께 연계하는 한편 태학 자신을 권위있는 존재로 규정했던 것이다.

하지만 왕안석이 죽은 후 곧바로 삼사법은 폐지되었고, 이른바 십과거사법(十科擧士法)이 세워졌다. 또한 신법당(新法党)과 구법당(舊法党)과의 당쟁의 움직임에 따라서 과거제도 점차 개혁되었지만, 주자는 현실의 과거에 대해 「학교공거사의學校貢擧私議」로서 그의 의견을 표명했던 것이다. 주자는 그 글에서 먼저 당시의 학교과거의 폐해를 일례를 들어서 설명하고, 다른 자신의 개혁안을 제시한다. 첫째, 모든 주(州)마다 할당 비율을 균등히 할 것, 즉 모든 주의 합격자의 수를 균등히 하고, 태학의 사생에 대한 선발비율을 줄임에 따라서 수험자가 경쟁하러 먼 곳으로부터 시험에 응하러 오는 폐해를 없애서 그들에게 편의를 균등하게 해야 한다. 둘째, 덕행과를 세우는 것, 즉 후덕한 사람을 선발하기 위해 선발 비율의 4분의 1을 이것으로써 충당하고, 지방의 현령에게 명하여 덕망있는 사람을 초빙해 태학에 들이고 그 학비를 지급하여 면학하게 한다. 그 상과(上課)시험을 면제하여 크고작은 업무를 견습시키고, 이 일에 익숙해진 자는 특별히 선발해서 관리로 임명하고 그 외에는 다음 해에 성시(省試)를 치르도록 한다. 셋째, 시부(詩賦)를 폐지하고 모든 경(經)·자(子)·사(史)·시무(時務)를 매년 나누어서 그 업무를 정해놓을 것, 즉 시부는 헛된 말이 심하기 때문에 이를 폐지하고,108) 육경의 불완전한 부분을 제자(諸子) 및 역사를 통해서 보완한다. 또한 시무를 덧붙여 완벽을 기하고,『서』와『시』를 하나의 과(科),『주례』와『의례』및『이대례二戴禮』를 하나의 과,『춘추』와 삼전(三傳)을 하나의 과로서 매 해마다 정해서 시험을 치르고 각 과에서도『대학』·『논어』·『중용』·『맹자』를 부속시켜야한다는 것이다.109)

주자의「학교공거사의」에서는 더욱 지속적으로 경학의 역주(譯註)에서는 어떤 학설에 의거해야하는지에 대해 상세히 설명하고, 또한 학교와 공거(貢擧)와의 관계를 소상히 논하고 있다. 하지만 그

---

108) 역자 주 : 일찍이 왕안석도 이를 폐지했다. 그 후 다시 부흥되었지만 왕안석의 경우 시부를 폐지한 것이 잘못된 것이 아니라, 왕안석의『삼경신의三經新義』가 문제였기 때문이다.
109)『朱子文集』권69,「學校貢擧私議」.

중에서 주자가 말하고자 하는 것은 두루 경전의 뜻을 몸소 느끼고 자(子)·사(史)·시무에 익숙해지며 『학學』·『용庸』·『논論』·『맹孟』과 친숙해짐과 동시에 덕행과(德行科)의 설립까지 추진한다면, 수신 이후에 천하와 국가를 다스린다고 하는 대학의 이념에 대한 구현을 목표로 했던 것이라고 생각된다.

6) 주자의 저작과 문인들

하지만 이처럼 주자의 「학교공거사의」는 다른 사람들의 의견은 남겨두더라도 그것이 실제로 시행되었던 것은 아니었다. 사실 주자가 중앙에 있으면서 충분히 그 의견을 논할 수 있는 시기는 짧았고, 만년에 이르러서는 한탁위의 '위학당금(僞學党禁)'에 대한 억압을 받아 자신의 직책을 박탈당할 정도였기 때문에 도저히 그것을 실현시킬 가능성도 없었던 것이다.

그러나 주자의 이념은 '경원의 당금'이라는 탄핵과 한탁위가 주살하려고 들자 겨우 살아갈 수 있는 계기만을 엿보았다. 특히 주자에게 문공(文公)의 시호가 내려지게 되자 주자의 명예가 회복됨과 동시에 그 제자들은 재차 활발히 주자의 학문을 계승하여 발양시켰던 것이다. 예를 들어 주자의 제자 가운데 한 사람인 채침(蔡沈)은 주장의 유업을 계승하여『사경집전四經集傳』을 대성했고, 같은 제자인 황간(黃幹)은 주자가 만년에 착수해 완성되지 않았던『의례경전통해儀禮經傳通解』를 보완하여 이를 완성시킨 것은 주자학의 발전에 큰 힘이 되었다. 또한 황간의 제자인 하기(何基)가 있고, 그의 제자 왕백(王柏)의 문인인 김이상(金履祥)은『논맹집주고증論孟集註考證』을 편찬하였다. 황간의 제자 요로(饒魯)의 재전 제자인 진호(陳

澔)는 『예기집설禮記集說』을 편찬했다. 또한 주자의 문인인 이번(李燔)의 학문을 이어받은 위료옹(魏了翁)은 『구경요의九經要義』를 지었고, 주자의 제자인 첨체인(詹體仁)의 학문을 계승한 진덕수(陳德秀)는 『대학연의大學衍義』를 편찬하는 등 어디까지나 주자학을 연계해서 이를 선양하는데 전념했기에 이종(理宗)의 시대에 주자가 주(周)・장(張)・이정(二程)과 함께 공자의 사당에서 종사하게 되면서 주자학은 한 세기를 풍미하게 되었던 것이다.

따라서 주자 생애의 저작은 적지않다. 지금까지 논했던 것 가운데 관계있는 책은 여러모로 설명을 덧붙였지만, 이들 가운데 주요 저작을 요약한다면 경(經)에 관한 것으로는 『주역본의周易本義』12권・『역학계몽易學啓蒙』4권・『시집전詩集傳』8권・『대학장구大學章句』1권・『대학혹문大學或問』2권・『중용장구中庸章句』1권・『중용혹문中庸或問』3권・『중용집략中庸輯略』2권・『논어집주論語集註』10권・『논어혹문論語或問』20권・『논어정의論語精義』20권・『논어훈몽구의論語訓蒙口義』・『논어약해論語略解』・『논어강령論語綱領』・『맹자집주孟子集註』7권・『맹자정의孟子精義』14권・『맹자요략孟子要略』5권・『효경간오孝經刊誤』1권이 있다.

역사에 관한 것에는 『자치통감강목資治通鑑綱目』59권・『이락연원록伊洛淵源錄』14권・『팔조명신언행록八朝名臣言行錄』24권이 있고, 자(子)에 관한 것에는 『태극도해太極圖解』1권・『통서해通書解』2권・『서명해西銘解』1권・『옥산강의玉山講義』1권・『백록동서원게시白鹿洞書院揭示』1권・『소학서小學書』6권・『잡학변雜學辨』1권・『기의記疑』1권・『사상채어록謝上蔡語錄』3권・『연평답문延平答問』2권・『정씨유서程氏遺書』25권 그리고 『부록』1권・『정씨외서程氏外書』12권・『근사록近思錄』14권・『음부경주陰符經註』1권・『주역참동계고이周

易參同契考異』1권이 있다. 집(集)에 속하는 것에는 『한문고이韓文考異』10권·『초사집주楚辭集註』8권·『초사후어楚辭後語』6권·『초사변증楚辭辨證』2권 등이 있다. 또한 주자와 문인과의 문답을 모아놓은 것으로 『주자어류朱子語類』140권이 있고, 주자의 저작을 주자의 막내아들인 주재(朱在)가 편집한 『주문공문집朱文公文集』100권 및 그 이후에 나온 『속집續集』11권, 『별집別集』10권을 합해서 오늘에 『주자문집朱子文集』121권이 나오게 되었다.

2. 『대학연의』와 『대학연의보』

1) 실학의 정신

주자의 학문을 발전시킨 후계자 가운데 특히 『대학』을 계승해 이를 연계한 것은 진덕수의 『대학연의』이다. 이미 언급했듯이 구스모토박사는 주자의 전체대용(全體大用)의 사상, 즉 격물(格物)·궁리(窮理)의 결과로 대개 인심(人心)의 본체는 큰 작용이 현현한 것으로서 사창법과 예제(禮制)의 연구를 들었다. 바꾸어 말하면 "주자의 『대학장구』를 교본으로 한 일련의 사상은 전체대용이라고 하는 이념 하에 송말(宋末)부터 원(元)·명(明)을 거쳐 청대에 이르기까지 큰 진전을 거두었다. 이러한 진정의 결과로서 생겨난 것은 첫째, 실질적인 국제정치경제의 측면에서 주자의 사창법 등에서 유래한 황정(荒政)시설의 계승이다. 둘째, 학술적인 측면에서 『의례경전통해儀禮經傳通解』에서 유래하여 방대한 예제의 연구가 되었다. 그리고 이 사상의 교본이 『대학연의』 등의 저술을 낳았고, 광범위한 정치기술과 그 도덕의 교육사상을 조직했다."고 생각하고 있다.

그렇다면 『의례경전통해』란 무엇인가? 그것은 주자가 만년이 되면서 착수한 책으로 『의례』를 골자로 한 예제에 대한 대규모의 저작이고, 생존에 완성하지 못했다가 그가 세상을 떠난 후 제자인 황간과 양복(楊復)에 의해 완성되었다. 주자에 따르면 『의례』야말로 예의 중심이고, 『예기』는 진한의 유자들이 『의례』를 해석한 책으로서 이를 종합적으로 분석해서 그 예가 구체적으로 실행될 수 있는 도가 있었다고 한다. 즉 이 책은 마치 주자의 실학 정신을 보여주고 있는 것이다. 따라서 이 책 가운데에는 『가례家禮』로부터 시작해 왕조의 예에 이르기까지 예의 체계를 보여주고 있지만, 이는 곧 『대학』에 있어서 제가(齊家)로부터 평천하(平天下)에 이르는 순서에 대응하는 것이었다.

이처럼 주자의 정신이 그의 사후에 현실 정치의 무대에서 제시되었던 것이 진덕수의 『대학연의』이다. 주자의 제자에는 채원정·채침·황간·보광·진순, 또는 재전 제자인 하기·왕백·김이상·허겸·황진 등 많이 있다. 하지만 대개 사관을 지내지 못했거나 또는 관직에 뜻을 두었지만 얻지못한 가운데 진덕수는 크게 중앙에서 활약하여 호부상서에 이르렀고, 참지정사(參知政事)가 되어 그 이름을 천하사방에 떨쳤다. 그리고 또한 그는 주자의 정신을 계승하고 현실의 정치와 이상적인 제왕을 위해서 심혈을 쏟아 지은 『대학정의』를 제왕에게 봉정하고 더없는 이상의 현현을 추구했다.

2) 진덕수

진덕수(陳德秀)는 순희5년(1178)에 복건성의 포성(浦城)에서 태어났다. 주자보다 48년 늦게 세상에 모습을 드러냈다. 자(字)는 경원(景元)이라 불리웠고, 이후 경희(景希)라고 고쳤다. 세간에서는 서산(西山)선생으로 알려져 있다. 어릴 때부터 영특하여 4세에 서적을 건네주고 얼마 후에 이를 암송했다고 전해지고, 경원5년(1199)에 22세로서 진사에 급제해 남검주판관(南劍州判官)으로 임명되었고 곧이어 박학굉사과(博學宏詞科)에서도 통과하여 태학정(太學正)으로부터 태학박사(太學博士)에 추천되었다.

이처럼 진덕수가 진사에 급제한 경원5년이라 하면 마치 주자가 실의에 빠져 세상을 떠난 이전의 해이다. 당시 한탁위의 권세는 더욱더 거세지고, 주자의 도학은 위학이라고 판명이 내려져서 혹독한 탄압을 받았던 때였다. 점차 공적을 쌓은 한탁위는 개도(開禧)2년(1206)에 금나라와 전쟁을 벌여 실패하고, 이듬해 예부시랑(禮部侍郞)인 사미원(史彌遠)과 결탁한 양차산(楊次山)이 한탁위를 살해하고 그의 시신을 금나라에 전하여 화해하였다. 진덕수가 태학박사에 천거되었던 것은 한탁위가 살해된 다음 해, 즉 가정원년(1208)이었다. 따라서 태학박사가 된 진덕수는 크게 시세를 논하는 대담함이 없이 한탁위의 시대를 논하여 "정성을 다해 나라를 근심하는 선비는 이단이라고 지목되어 버리고, 충성스런 선비는 배척된 정론을 듣지못하니 정심성의의 학문은 명분만을 쌓으려는 자들에 의해 결정되어서 위학의 논의가 홍성하여 정도(正道)는 행해지지 않았다."고 하여 오늘날이야말로 기강을 일신하여 명분과 절도를 존중해야만 하는 때라고 명백히 밝혔다.

이로부터 진덕수는 비서성정자 겸 검토옥첩(秘書省正字兼檢討玉牒)·비서랑(秘書郞)·저작좌랑(著作佐郞) 등을 거쳐 기거사인(起居舍人)으로 나아가면서 점차 상소를 올려 긴박한 시세를 논했다. 한때 금나라 축하사절로 임명되어 금나라로 향했지만, 도중에 금나라에 정치적인 변란이 있음을 듣게 되자 급히 다시 돌아가 지금이야말로 개간의 땅을 넓히고 저축을 충실히 해서 방비를 견고히 할 때라고 하여 방위의 절실함을 말했다. 이러한 진덕수의 기탄없는 의견은 조정의 위세를 넓힌 사미원과 의기투합하여 스스로 중앙을 떠나 비서각수찬 강동전운부사(秘閣修撰 江東轉運副使)로 전출했다. 강동에서는 가뭄과 병충의 해를 구하고 특히 천주(泉州)·융흥부(隆興府)·담주(潭州)의 지사를 역임하면서 여러 치적을 쌓았다.

영종(寧宗)에서 바뀌어 이종(理宗)이 즉위하자 명을 받들어 사인(舍人)이 되고, 예부시랑직학사원(禮部侍郎直學士院)에 발탁되었다. 거기서 진덕수는 여러모로 그 자신의 본분을 발휘하여 일찍이 상소를 통해서 삼강오상의 준수해야함을 직언하자 이종도 허심탄회하게 이를 받아들였다. 하지만 사미원은 그의 직언이 탐탁지 않아서 마침내 묘책을 내서 진덕수의 직책을 박탈했다. 그 후 소정(紹定)5년(1232)이 되어 겨우 천주의 지사로 임명을 받게 되어 그 지역에 부임하자, 환영 사람들이 길가에 넘쳐흘렀고 지팡이를 짚은 백세 노인까지 나와서 성안에 환성의 소리가 끊이지 않았다고 전한다. 이윽고 사미원이 죽고 이종이 정사를 다스리게 되자, 진덕수는 복주(福州) 지사의 명을 받고 호부상서(戶部尙書)가 되어 『대학연의』를 헌상하였다. 드디어 한림학사지제고(翰林學士知制誥)가 되었다. 또한 참지정사(參知政事)로 임명되었지만, 단평(端平)2년(1235)에 58세가 되어 병으로 세상을 떠났다. 주자가 세상을 떠나지 35년 후의 일이다.

3) 『대학연의』

진덕수는 첨체인이 아끼는 제자로 주자의 재전의 제자이다. 어려서부터 첨체인과 친분이 있어 접촉하면서 체인에게 "관직에 오르면 백성에게 바라는 바가 무엇입니까?"라고 묻자, 체인은 "진심(盡心)과 평심(平心)일뿐이다. 마음을 다하면(진심) 부끄러울 것이 없고, 마음을 평안히 하면(평심) 치우치지 않는다."라고 가르쳤는데 진덕수도 이를 잘 지켰다고 한다. 『송사』「진덕수전」에 따르면 "그는 키가 크고 이마가 넓고 용모는 구슬같아서 그를 보면 반드시 대신재상이 될 것이라고 생각했다고 한다. 그가 중앙의 관직에 있던 시기는 10년이 되지 않지만, 그간의 상소는 무려 수 십 만언이고 모두 시무에 적합한 것으로 그 직언은 조정을 놀라게 했고 그 명예는 천하에 빛났다."110)고 한다. 또한 그는 "가정15년(1222)에 호모각 대제와 호남의 담주지사가 되던 때에 청렴·인자함·공적임·근면함[廉·仁·公·勤]의 네 글자를 모토로 해서 동료들에게 권장하고 주돈이·호안국·주자·장식의 학술을 그 아래 사람들에게 공부를 시켰다."111)고 한다. 그가 도학발전에 기여한 공로자라고 하는 견해는 예를 들어서 "한탁위가 위학의 금을 시행했기 때문에 근래 훌륭한 유자들의 책은 대개 엄격히 금지되어서 세상에서 그 자취를 감추었다. 하지만 진덕수가 뒤늦게 세상에 나오게 되자 홀로 개탄하며 이 글에서 자신의 임무임을 밝히고 도학의 부흥을 배려해 주고 강습에 심혈을 기울였다. 마침내 정학은 마침내 천하에 밝혀지게 되었다. 이는 진정 진덕수에게 힘입은 바가 크다."112)고 하는 것을 보더라도 높이 평가할 만한 것이다.

그런데 진덕수를 대표하는 저작은 『대학연의大學衍義』이다. 이것은 소정2년(1229)에 완성되었고 단평(端平)원년(1234)에 이종에게 헌상되었는데 그가 『대학연의』43권을 찬술한 의도는 어디에 있을까? 그 서문을 요약해 보면 "먼저 대학에서 서술한 격물로부터 평천하의 팔조목에서는 하나의 순서가 있어 제왕과 백성 그리고 신하인 자들은 반드시 이 책에 기록되어 있는 바에 따라야 하는데, 삼대 이래로 이 학문은 소실되고 당나라에 이르러 한유와 이고가 가까스

---

110) 『宋史』권437, 「儒林七·眞德秀」.
111) 『宋史』권437, 「儒林七·眞德秀」.
112) 『宋史』권437, 「儒林七·眞德秀」.

로 이 책을 존신했다. 하지만 아직 무엇이 성학의 연원과 치도의 근저인지를 알지 못했다. 그런데 근세의 대유(大儒) 주자가 그『장구章句』와『혹문或問』을 저술해서 그 뜻을 밝히고, 자신도 또한 이 책을 강학했으니 이것이 제왕에게 있어서 다스림의 순서이고 학문하는 근본이라고 확신했다. 즉 이 책은 천하의 그대들에게 법령과 격식이다."113)라고 논하고 있다.

그런데 그 내용을 보면 진덕수의 독자적인 견해를 볼 수 있다. 그는 먼저 "제왕의 다스림의 순서"와 "제왕의 학문의 근본"은 무엇인가를 논하고, 이어서『대학』의 팔조목을 나누어서 다음과 같이 집약해서 말한다.

① 인군(人君)의 격물치지의 요체 : 이치와 방법을 밝힘, 인재를 변별함, 다스림의 근본을 살핌, 민심을 보살핌.
② 성의정심의 요체 : 경외를 숭상함, 과욕을 경계함.
③ 수신의 요체 : 언행을 삼가함, 처신을 바르게 함.
④ 제가의 요체 : 왕비를 존중함. 가정의 다스림을 엄격히 함, 나라의 근본을 정함, 친척을 교화함.

여기서 그는 이 네 가지 도를 얻은즉 치국평천하는 이 가운데 있다고 생각했다. 여기서 이 네 항목에 대해서 경전을 인용하여 선유의 학설을 거론하고 자신의 견해를 피력했던 것이다. 하지만 보다 구체적으로 그 네 가지 항목을 검토해 본다면, 예를 들어서 인재를 변별하는 세부 조항이 "성인과 현인을 구분해 보는 법"과 "제왕의 사람을 아는 일"이라든지 또는 가정의 다스림을 엄격히 한다는 세

---

113)『大學衍義』「眞西山讀書記乙集上大學衍義序」.

목에 대해서 "궁궐의 안팎을 구분함"·"궁궐의 정치참여에 대한 경계"·"내부 신하의 충성과 근면함의 화복함"·"내부 신하의 정치참여의 화근"이라고 말하는 것처럼 모두 제왕이 준수해야 할 치세의 도이다. 하지만 대체로 윤리도덕적인 조항으로서 당시 정치의 현실에 적응하기 위한 국가치세의 세부적인 계획은 아니다. 결국 이와 같이 제왕이 마음을 쓰게 되면 치국평천하는 저절로 바르게 행해진다고 하는 이념을 드러내고 있는 것이다. 그렇기 때문에 직접적으로 치국평천하의 조항에 대응하는 세부항목은 적용되고 있지 않은 것이다.

4) 단평시기의 경화

『대학연의』는 이종(理宗)시기에 수십 만언을 상소했다고 하는 진덕수의 마지막에 해당하는 이상이다. 또한 그가 바라는 제왕의 치도이념을 드러낸 것이 확실하다. 하지만 또한 그것이 당시 물가고로 극심한 인플레이션의 상황이라는 힘겨운 현실에 대해서는 너무나 세상 물정에 어두웠음을 부정할 수 없다.

영종으로부터 이종이 즉위할 즈음에 남송에서는 주자학을 받드는 사람들이 진보파로서 존중받고, 이종도 이같은 진보파 관료에 대해 긍정적으로 생각했었다. 특히 사미원이 죽은 후 스스로 정치에 참여하게 되자 연호를 단평으로 고치고, 주자학의 대가인 진덕수와 위료옹을 중앙관청으로 불러들여 큰 정치개혁을 실현하려는 의지를 드러냈다. 세간에서는 이 새로운 인사에 주목하고 물가고에 민감해 있는 대중은 그들이 생각한 시책을 기대했다. 하지만 진덕수는 단평원년 10월에 『대학연의』를 헌상하고, 이듬해 5월에 세상을 떠났다. 위료옹도 얼마 지나지 않아 관직에서 물러났기 때문에 이종의 의지를 드러낸 '단평(端平)시기의 경화(更化)'라 불린 정치개혁은 어떤 개혁도 실현하지 못한 채 사라져 버렸던 것이다.

이처럼 당시 이미 주자학자 가운데에는 그런 일면에 익숙해져서 학문적인 진리를 체현하는 것에 따라서 정치가 잘 전개될 것이라고 하는 것과 같은 공론(空論)으로 잘난척하는 바람에 생긴 것임을 의심하지 않았다. 그처럼 주자학자를 '도학선생(道學先生)'이라고 부르면서 송왕조가 멸망의 위기에 즈음해서 8세의 어린 황제를 끌어안고 광동성의 바다로 뛰어든 재상 육수부(陸秀夫)가 매일 어린 황제에게 『대학』을 강론하여 치국평천하의 근원은 몸을 닦는데 있다고 하여 어린 황제를 격려했다고 하는 것도 세상 물정에 어두운 도학자들의 일면을 보여주는 것이었다. 하지만 『대학』 또는 『대학연의』가 제왕에게 준수해야 할 방향을 규정한 이념을 들려주었던 것이라고 생각한다면, 거기에 주자학이 원류로서의 의의도 충분히 존중되어야만 한다. 그 후 『대학연의』는 후세의 제왕이 항상 따라야 할 책이라고 생각하여, 자주로 이 책이 제왕에게 강론되었고, 제왕의 치세의 교훈으로서 오랫동안 지속적으로 이용되었던 것이다.

5) 원조와 『대학연의』

진덕수가 『대학연의』를 헌상한 단평원년은 또한 북송을 영유하고 있던 금나라가 몽고에게 멸망한 해이기도 하다. 그리고 금나라에 바뀐 몽고는 특히 사오년 후에 남송도 멸망시켰던 것이다. 이러한 한민족을 지배하게 된 몽고민족인 원조에서도 역시 『대학연의』의 정신은 제왕의 치도를 보여준 것으로서 계승되었다. 운중(雲中)

의 회인(悔仁)출신인 조벽(趙璧)은 세조 쿠빌라이가 아직 황제라고 칭하기 전에 부름을 받고 후한 대접을 받았고 세조는 몽고인 10명을 조벽에게 유학을 학습시켰으며, 또한 조벽에게 몽고어를 학습시켜『대학연의』가 몽고어로 표현되었던 것은 아마도 처음 있는 일일 것이다.

그러나『대학연의』가 원조에서 널리 읽혀졌던 것은 인종(仁宗)시기부터이다. 대덕(大德)11년(1307) 5월에 형인 무종이 즉위하고 인종이 황태자로 받들어지던 때 각 지역에 경적(經籍)을 구하는 관리들을 보냈지만,『대학연의』를 진상한 자가 있어 속히 첨사(詹事) 왕약(王約) 등에게 이를 요약해서 번역하도록 하였다. 때로 인종이 말하기를 "천하를 다스림에는 이 책 하나로 충분하다."고 하였다. 그후 연우(延祐)4년(1317)에는 한림학사승지 홀도노도아미실(忽都魯都兒迷失) 등이『대학연의』를 번역해 인종에게 올리자 군왕도 군신들에게『대학연의』의 논의는 매우 훌륭한 것이라고 말했다. 이듬해 중서참지정사(中書參知政事)에 임명된 경엄(敬儼)은 인종으로부터『대학연의』를 받았다. 또한 같은 해 9월에 강절(江浙)에서 출판된『대학연의』50부를 조신들에게 하사했다.

뒤이어 영종이 즉위하자 한림학사 홀도노도아는 자신이 번역한『대학연의』를 진상하고, 영종도 "수신치국에 있어서 이 책을 능가하는 것은 없다."고 하여 흔쾌히 받아들였다. 더욱이 태정제(泰定帝)의 시기에는 강절행성 좌승(江浙行省 左丞) 조간(趙簡)이 경연을 열어 태자와 제왕대신의 자제들에게 학문을 전수하기를 청원했던 시기에『제범帝範』·『자치통감』·『정관정요』와 함께『대학연의』가 강연의 교재로 받아들여졌던 것이다. 결국 이민족의 지배하인 원조(元朝)에서 중국적 통치규범이 깊숙이 침투해 있다고 보아도 좋을 것이다.

그런데 원조의 유교정책에 대해서 공자를 제사지낸 선성묘(宣聖廟)에 대한 원조의 태도를 회고해 보도록 하자. 중국 역대왕조에서 항상 존중되어 왔던 선성묘가 원조에서 본격적으로 존중된 것은 성종(成宗)의 시기부터로서 성종이 처음 경사(京師)에 선성묘를 세웠던 것은 대덕10년(1306)이다. 그것이 인종 시기에 이르자 이 묘에 안자·증자·자사·맹자를 배향하고, 또한 주돈이·정호·정이·장재·소옹·사마광·주자·장식·여조겸 등의 송대 유학자과 원대의 허형까지 종사했던 것이다. 특히 순종조에 이르러서는 양시·이동·호안국·채침·진덕수의 다섯 사람이 봉작시호(封爵諡號)와 태사(太師)를 하사받았다. 그리고 진덕수도 유학에서 중요한 한 사람으로서 돈독히 존경되어 『대학연의』와 『정관정요』가 나란히 제왕의 치세를 위한 책으로서 존중되었던 것이다.

6) 명조와 유학

홍무(洪武)원년(1368)에 남경에 명조(明朝)의 건국을 선언한 태조(太祖) 주원장(朱元璋)은 나라의 근원을 오로지 문치(文治)정책의 실행에 두고, 그 해 2월에는 공자를 국학에 추대하고 관리를 곡부로 파견해 공자묘에 제사를 올리게 하였다. 또한 지속적으로 유사의 등용에 전념하였고 그러한 정책에 기여한 사람이 송렴(宋濂)이다. 그런데 태조가 일찍이 송렴에게 "제왕의 학문에는 어떤 책이 긴요한가?"라고 물었을 때 송렴은 『대학연의』를 올리자, 태조는 궁전의 벽에 『대학연의』를 크게 써놓았다고 하는 말이 있었기 때문에 태조도 이 책의 가치를 충분히 인식하고 있었던 것이다.

그러나 태조의 유학존중에는 조금 주의해야 할 점이 있다. 그는 새로운 지배자로서 중국에 군림할 즈음에 유학도 자신이 바라는 방향으로 고정시켜주기를 바랬었다. 따라서 유학의 가운데에 보이는 윤리규범도 제왕의 통치에 따르기 위한 범위에 포괄했던 것이다. 태조가『정관정요』를 본보기로 해서 만든『황명보훈皇明寶訓』을 시작으로『자세통훈資世通訓』·『존심록存心錄』·『소감록昭鑑錄』·『조훈록祖訓錄』등은 어디까지나 군신의 도를 보여주는 것이다. 하지만 사실은 그 다수에 있어서의 중심은 신하의 도를 말한 것으로 군왕이 치정을 분명히 했던 것을 적었다. 그 일은 성조에서도 계승되어 영락13년(1415) 9월에 완성되었다고 하는『오경사서성리대전五經四書性理大全』은 아마도 유학의 고정화를 초래했던 것이다. 성조는 영락15년에 이 책을 천하의 군현학으로 선포할 때에 "이 책은 학자의 근본이고 성현의 정의는 세밀하게 갖추어져 있다. 이 책이 나온 이래로 짐은 조석으로 궁중에서 조목조목 검토하는 것을 게을리하지 않으니 도움이 되는 바가 많은 것이다."라고 말했던 것을 보더라도 그가 이 책에 대해 강한 자신감을 가지고 있었음을 알 수 있다. 이로부터 과거는 모두 이 책에 기초하고 옛날의 주소(註疏)는 마침내 더 이상 사용하지 않았다고 말했던 것이다.

『오경사서성리대전』이라고 하는 국정교과서에 의거해 유학교육은 어떤 의미에서는 명조통치의 수행에 도움이 되었다. 하지만 그것은 학문의 동맥경화를 일으키는 위험이 있다. 또한 그 폐해도 표면으로 드러났다. 영종의 정통(正統)원년(1436)에 소부상서(所部尙書) 황복(黃福)은 "최근 몇 년간 각지의 유학생원은 사서경사를 숙독하지 않고, 다만『대전』의 주석을 통째로 암기하는 것 만으로 과거의 요행을 바라고 있다."고 말했는데, 그 정통 즈음에 이르자 명초 이래로 유학정책에 불만을 갖는 사람들이 나타났다. 예를 들면 명초부터 시행되지 않았던 호안국·채침·진덕수 등을 공자묘에 종사하도록 하는 의견도 역시 새로운 동향이다. 특히 헌종의 성화(成化)시대가 되어 예부상서(禮部尙書) 주홍모(周洪謨)가 『변의록辨疑錄』3권을 헌상하여 『오경사서대전』의 잘못을 지적하여 개정을 압박한 것도 유학의 변혁을 보여준 새로운 현상이었다. 주홍모가 말하기를 "오경사서는 송유인 주자의 주석을 거친 것이라고 말하지만, 간간이 지금껏 한당(漢唐)의 제유의 잘못된 해석도 쓰여지고 있다. 본 영락의 시기에 유신이 조서를 봉하여 『대전』을 찬수(纂修)했지만, 모두 그 옛 것을 따르고 있다. 나는 일찍이 그 『대전』에 대해서 제생들과 의문스러운 부분에 대해 변론했었지만, 아직 잘못된 견해가 많이 들어있기 때문에 이를 정정하고 싶다."고 하였다. 이것에 대해서 헌종은 "오경사서는 한·당·송의 제유의 주석에 기초해서 각각 근원적으로 막히는 것이 있어 영락 시절의 편찬도 모두 본 뜻에 맞게 하였다. 더욱이 천하에 학문하는 자들이 강습한지 이미 오래되었다. 지금 주홍모의 한 사람의 의견만으로 이를 정정한다면 여러 많은 혼란이 일어나는 까닭에 허락할 수 가 없다."고 하여 그 상소는 반려되었다. 만일 성조와 선종의 시기였다면 『오경사서대전』의 잘못을 말하는 것은 절대 있을 수 없는 일이었을 것이다. 하지만 성화시기가 되면서 『대전』의 권위에 대해서도 당당히 의견을 주장할 수 있는 시기가 되었던 것이다.

7) 구준과 『대학연의보』

이러한 시대를 배경으로 해서 구준(丘濬)의 『대학연의보大學衍義

補』가 탄생했던 것이다. 구준은 영락18년(1420)에 광동성 경산현(瓊山縣)에서 태어나 경태(景泰)5년(1454)에 35세의 나이로 진사에 급제해 한림원에 들어왔고, 편수(編修)로부터 시강(侍講)·학사(學士)·국가좨주(國家祭酒) 등을 역임했다. 그 사이에 있는 성화원년(1465)에 영종시대의 사적을 수집정리한 『영종실록』의 편찬에서도 참여했었다. 하지만 성화16년(1480)에 이따금 대학학장의 지위라 불리는 국가좨주로서 헌종 시기에 『대학연의』를 강의할 때 이를 보완하기 위해 특히 그 경세(經世)의 구체적인 방법을 모아두었던 것이 『대학연의보』160권이다. 이 책은 이로부터 8년을 들여서 성화23년(1487)에 완성해 헌종 다음에 즉위한 효종에게 헌상되었지만, 성화16년에 편찬과 착수라는 것을 어떻게 생각하면 좋을까? 이따금 『대학연의』를 강의했던 것도 하나의 이유이겠지만, 특히 생각할 수 있는 것은 구준의 훌륭한 선배인 주홍모가 그 성화16년 5월에 『변의록』3권을 진상했던 일이다.

주홍모의 『변의록』에 서술된 오경사서 개정의 의견은 한때 제재를 받았었다. 하지만 유학의 세계에 있어서도 당시 광동 신회현(新會縣) 출신의 진헌장(陳獻章)은 주자학의 궁리의 형식주의에 대해서 오로지 정좌(靜坐)에 따라 마음을 맑게 하고 이치를 직관하는 학설을 제창해 새로운 경향을 보여주는 시기였다. 아마도 구준은 "논의를 통해 잘못된 것을 바로잡는 일을 즐겨해서 듣는 이로 하여금 경탄케 한다."라고 하는 인물이라고 한다면, 『대학연의』의 근본을 빌려서 그의 의견을 서술한 것이 『대학연의보』이라고 생각할 수 있지 않을까? 또한 이 시기야말로 오랜 제왕학의 교과서로서 존중되어 온 『대학연의』에 대해 『대학연의보』라는 새로운 형식의 저작의 출현이 가능했다고 생각된다.

구준은 그 서문에서 다음과 같이 말한다. "송유로서 진덕수가 찬한 『대학연의』43권은 『대학』8조목 가운데 격물·치지·성의·정심·수신·제가의 요체만이 있고, 치국·평천하의 요체가 없기 때문에 진덕수의 범례에서 배워서 육경(六經)과 다양한 역사적 사실, 그리고 여러 사람들의 말을 모아서 이를 보충했다."114)고 한다. 또한 말하기를 "진씨의 앞의 책은 몸에 근거해서 천하에 이른다. 나의 이 책은 치평(治平)의 효과를 통해서 격치(格致)·성정(誠正)·수제(修齊)의 공력을 거두는 것이기 때문에 양자에 의해 완전해졌다."115)고 한다. 또한 "『대학연의』는 이치를 주로 하고 수신과 제가의 밖으로 나가지 않는다. 따라서 서술한 바는 크지만 간단하니 나의 책은 일을 주로 해서 천하의 큼을 포함한다. 따라서 서술한 바는 세밀하고 자세하다."116)고 하였다. 즉 구준은 『대학연의』가 일신일가(一身一家)에 관한 설인 것에 대해서 자신의 『대학연의보』는 천하의 대사를 상세히 서술한 현실에 도움을 주는 책이라고 말한 것에 대해 자신에 차있었던 것이다.

그러면 『대학연의』에서 말하는 치국평천하의 요체는 1.조정을 바르게 한다. 2.모든 관리를 바르게 한다. 3.나라의 근본을 견고히 한다. 4.나라의 등용을 제도화한다. 5.예악을 밝힌다. 6.제사를 질서지운다. 7.교화를 숭상한다. 8.규제를 갖춘다 9.형벌의 법을 신중히 한다. 10.군대의 무장을 철저히 한다. 11.오랑캐를 소탕한다. 12.직무의 변화를 적절히 조절한다고 하는 등의 12항목으로 나누었다.117) 그 중에

---

114) 『大學衍義補』「大學衍義補序」.
115) 『大學衍義補』「大學衍義補序」.
116) 『大學衍義補』「大學衍義補序」.
117) 『大學衍義補』「大學衍義補序」.

서 제도·민생·재정·경제·조세·운수·둔전·예악·교육·토목건설·복식·천문·도서·율령·형정·군비·국방 등 국정전반에 걸친 문제를 들어 역대의 행정을 서술하고, 저명한 군주와 정치가 그리고 사신 등의 사적과 논평을 인용하여 구준 자신의 의견도 덧붙여서 말하고 있는 것이다. 지금 개개인의 문제에 까지 구체적으로 설명할 여유가 없기 때문에 니시타 타이이치로(西田太一郎)의「유교의 재정사상과 일유형」과 다무라 지쯔조(田村實造)의「구준의 대학연의보」등을 참조해 서술하고자 한다. 요컨대 구준은 성화(成化)시기의 사회를 배경으로 해서 현실의 정치문제에 입각해 이 책을 저술하여 황제에게 올렸다. 여기서 단지 간단한 이념으로서의『대학연의』를 초극해서 현실의 문제해결에 대한 새로운 방향을 제시했다. 즉 송대의 민중이 진덕수에게 기대한 분야가 여기에서는 정면으로 제기했던 것이다. 따라서 구준이 젊은 시절에 경험한 토목의 변화와 그 선후책의 고민은 '오랑캐를 소탕한다.'라는 내용에 대해서 상세히 논한 변경(邊境)의 문제와 군대의 무장을 철저히 해야 한다고 하는 내용이 영향을 주었을 것이다. 그리고 성화시기에 각 지역의 반란과 유민의 문제는 '나라의 근본을 견고히 한다.'와 '국가의 등용문제를 제도화 한다.'에서 생겨난 것이라고 생각된다.

V

왕양명과 그 시대

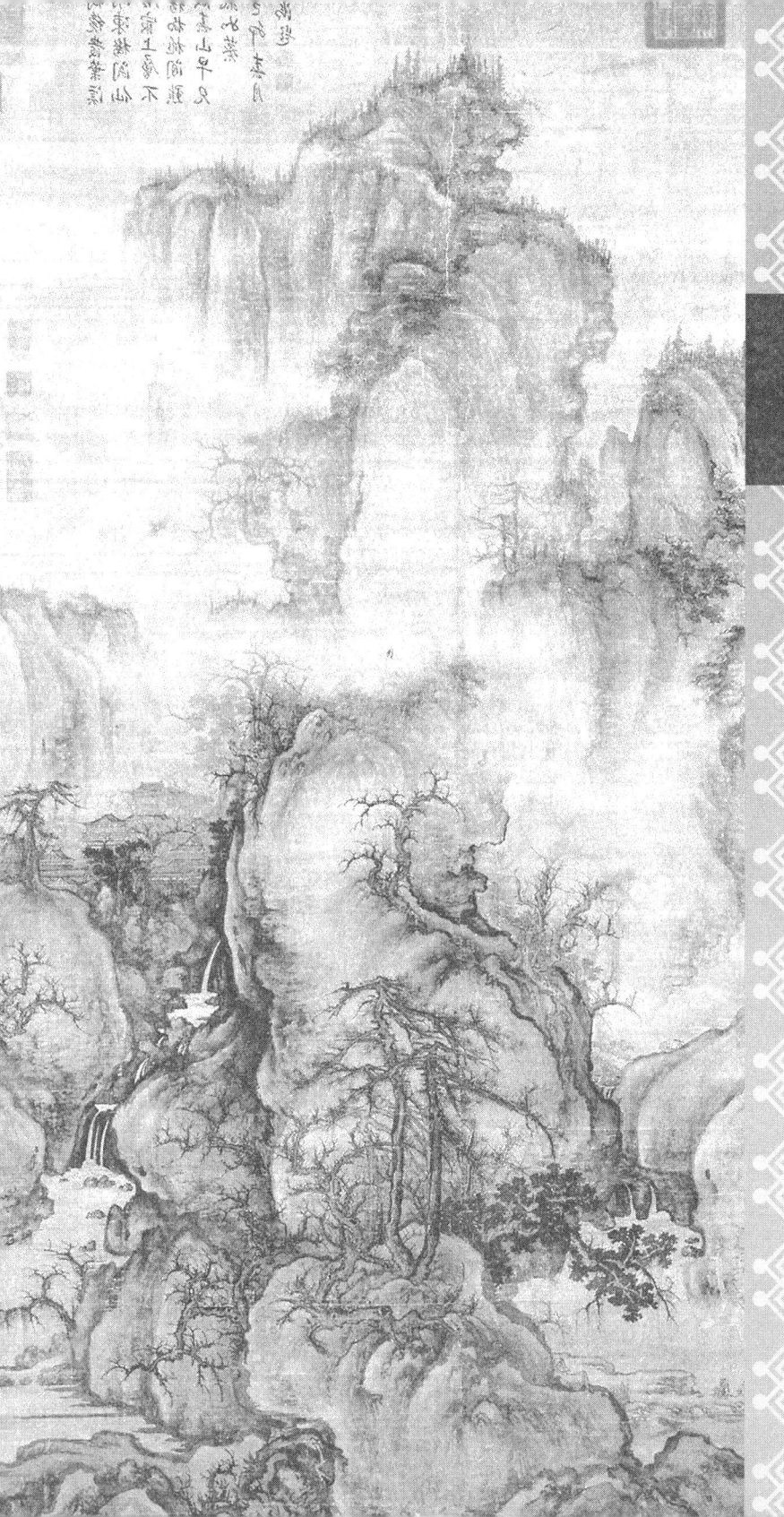

1. 육구연과 왕양명

1) 『명사』「유림전」

명조중기에 일어난 유학의 고정화에 대한 저항의 물결은 여러 가지 파문을 일으키고 있다. 특히 유학의 이같은 분위기 속에서 진헌장처럼 주자학에 대항하여 심학적인 경향을 가진 사람들의 출현은 더욱 큰 반향을 불러일으켰던 것이다.

여기서 재차 명대의 유학을 한 번 더 거론해 보자. 명초 태조의 신임을 얻은 학자 송렴은 오로지 주자학자로서 특히 성조가 편찬한 『사서대전』·『오경대전』·『성리대전』 등이 과거시험의 수험자용으로 변해버린 국정교과서는 주로 주자일파의 학설에 의해 구성되었던 것이기 때문에 명대의 유학은 주자학에 의해 일색이 되어버렸다고 해도 과언이 아니다. 『명사明史』권282, 「유림전」에도 대개 다음과 같이 말한다.

> 명초의 제유를 살펴보면, 대개 주자 문인의 후예들이었는데 규범을 잘 따르고 질서정연하여 조단과 호거인은 실천적인 측면에 있어서 돈독하고 규칙을 준수하면서 선유의 정통을 지켰으니 자진해서 이를 고쳐서 어지럽혀 놓은 것은 없다.[118]

즉 조단(曹端 : 1376-1434)과 호거인(胡居仁 : 1434-84)처럼 주자학자가 배출되어 일찍이 주자학의 전통을 지켜왔던 것이다.

---

118) 『明史』권282, 「儒林一」, "明初諸儒, 皆朱子門人之支流餘裔, 師承有自, 矩矱秩然. 曹端·胡居仁篤踐履, 近繩墨, 守儒先之正傳, 無敢改錯."

하지만 주자학의 이론적 고찰은 이미 전개되었었던 것처럼 실천궁행을 중시하는 경향을 드러냈다. 정통으로부터 천리의 질서에 걸쳐있는 주자학자 설선(薛瑄 : 1392-1464)은 "주자 이후 이 도는 이미 크게 밝혀졌기 때문에 이 이상의 저작은 없다. 다만 궁행할 따름이다."라고 말했다. 그와 같은 시기의 오여필(吳與弼 : 1391-1469)도 빈곤에 직면해서 스스로 밭을 갈면서 도를 체득하는데 열중하여 "빈곤에 처하는 것이야말로 수양에도 도움이 된다."와 "학자의 실천의 공부는 지극히 어렵고 지극히 위태로운 곳으로부터 시련을 겪어야만 한다."라고 하여 단지 가볍게 저술하지 말고 실천적 수양을 우선으로 두고서 했던 것이다.

이처럼 실천주의적 경향은 주자의 주석에 근거해서 독서를 통해서 리(理)를 추구하는 방법과는 다른 새로운 형식으로써, 이른바 명대 주자학의 새로운 국면을 열어주는 것이었다. 이미 서술했던 구준도 그 범주는 주자학자였지만, 역시 지금까지의 패턴으로부터 한 발 벗어나려는 새로운 경향을 가지고 있었다고 할 수 있다. 그리고 또한 새로운 의식을 가진 학자가 오여필의 제자들 가운데에서 나왔다. 즉 진헌장과 누량(婁諒), 그리고 누량의 영향을 받은 왕양명이다. 앞서 들었던 『명사』「유림전」에는 다음과 같이 말한다.

> 학술을 나눈 것은 진헌장과 왕수인으로부터 시작된다. 진헌장을 시조로 하는 것은 강문(江門)의 학이라고 하여 외롭게 수행하고 홀로 학문의 경지에 올랐지만 멀리 전해지지는 않았다. 왕수인을 시조로 하는 것은 요강(姚江)의 학이라고 하고, 별도로 종지를 세워 확연하게 주자와 배치되고, 그 문도들은 세상에 널리 퍼져서 그것이 유전된지 백년을 넘어서게 되자 이 가르침이 마침내 크게 행해하여 그 폐해가 자못 심했다. 가정융경(嘉靖隆慶) 이

후에 정주를 철저히 믿으면서 이설(異說)로 옮기지 않는 자들은 불과 몇 사람도 채 되지 않았다.119)

여기서 먼저 진헌장부터 검토해 보자. 진헌장(1428-1500)은 광동성 신회현의 백사리(白沙里)의 출신이다. 27세에 분발해서 오여필의 문하에 들어왔고, 옛 성현의 가르침에 관한 책을 섭렵했다. 살아온 지 반 세기, 아직 도에 들어가는 방법을 모르고 백사에 돌아왔기에 문을 걸고 전력해서 그 방법을 구하여 독서를 중시했다. 하지만 몇 년을 지나도 성과가 없게 되자 그는 마침내 번쇄한 독서를 버리고 정좌로 바꾸어 오랜 동안 실행하여 마침내 내 마음의 본원을 파악하게 되었다. 더욱이 이를 일상적인 일에 미치게 하고 사물의 도리에 적용시켜서 성현의 교훈에 따라서 응하게 되자, 처음으로 "성인이 되는 도는 여기 있었단 말인가!"라고 깨달았던 것이다. 이로부터 진헌장은 가르침을 구하는 자가 있으면 오로지 정좌내성(靜坐內省)을 가르쳤고, 『송사』「도학전」의 서문을 쓰면서 "학자는 도리를 책에서 구하는 것이 아니라 내 마음에서 구해야 한다."라고 말했던 것은 주자학으로부터 나와 육구연의 학설에 가까운 것이라고 말할 수 있다.

2) 육구연

진헌장에게서 본 것처럼 육구연의 학설에 가까운 심학(心學)의 경향성은 특히 왕양명에 이르러 비약적으로 발전했다. 『명유학안明

---

119) 『明史』권282, 「儒林一」, "學術之分, 則自陳獻章・王守仁始. 宗獻章者曰江門之學, 孤行獨詣, 其傳不遠. 宗守仁者曰姚江之學, 別立宗旨, 顯與朱子背馳, 門徒徧天下, 流傳逾百年, 其教大行, 其弊滋甚. 嘉隆而後, 篤信程朱, 不遷異說者, 無復幾人矣."

儒學案』의 편자인 황종희도 「백사학안」에 최초로 "유명한 학문은 백사에 이르러 비로소 정밀해졌다. 왕양명에 이른 연후에는 커졌다. 두 선생의 학문도 서로 비슷하다."고 말한 것처럼 양자는 같은 궤도 상에 있었다. 그 궤도란 육구연의 심학이다.

그런데 그 육구연이란 명대의 사람이 아니라, 주자와 동시대의 송나라 사람이었다. 육구연(1139-92)은 강서성 무주금계(撫州金溪)의 사람이고, 자는 자정(子靜), 스스로 존재(存齋)라고 칭하고, 또한 상산(象山)이라고도 불리워지며 주자보다 9살 적었다. 어려서부터 영민하여 7세부터 책을 읽어서 사람들이 정이의 말을 암기하고 있는 것을 듣자, 자신들에게 충격을 안겨준 말이라고 하여 "이천의 말은 공자와 맹자의 말과 유사하다."고 하였다. 또한 우주의 두 글자를 고찰해 "우주는 곧 내 마음이고, 내 마음은 곧 우주이다. 동해에서 성인이 나온다 해도 이 마음과 이 이치는 같고, 서해에서 성인이 나온다 해도 이 마음과 이 이치는 같다."고 했는데, 이 말 가운데에 육상산의 사상이 보인다.

송대 효종 건도8년(1172)에 34세의 상산은 임안에서 진사시험을 보았다. 때마침 시험관이었던 여조겸은 그의 답안을 잠시 보고 상산의 글이라는 것을 알자 강력하게 그를 추천했다. 즉 당시 이미 상산의 학문이 일가를 이루고 있는 것이 회자되고 있었던 것이다. 이렇게 해서 진사에 합격한 상산의 명성이 도성에 널리 알려졌고, 그의 문하에 점차 방문하는 사람들이 많아지게 되었다. 하지만 마침내 향리로 돌아와서 학문을 강론하면서 많은 문인에게 도를 가르쳤다. 때마침 36세에 강서성의 정안현 주부에 임명되었다. 이듬해 순희2년(1175)4월에 여조겸의 알선으로 상산은 형인 육구령(陸九齡: 복재復齋)과 함께 주자와 강서성 신주(信州)의 아호사(鵝湖寺)에서 담론을 하게 되었다. 이것이 유명한 '아호(鵝湖)의 모임'이다. 당시 주자는 46세이고, 함께 회의를 주재한 여조겸과 장식(張栻)과 유자징(劉子澄)이 있었다. 여조겸은 주륙(朱陸)의 동이(同異)를 절충하려고 노력했지만, 토론 3일째가 되자 마침내 주륙의 의견이 서로 엇갈린다고 말했다.

여기에서는 무엇이 부합하지 않는다고 했던 것일까? 이 때 상산은 무극(無極)의 두 자를 태극의 위에 첨가할 필요가 없다고 했고, 이에 대해서 주자는 첨가하는 것이 마땅하다고 주장했다고 한다. 하지만 이로부터 양자의 상이함은 학문의 성향과 연계되어 있다. 주자는 도문학(道問學)을 종지로 삼고, 상산은 존덕성(存德性)을 중시한다. '도문학'이란 학문에 의거하여 견문을 넓히는 것이고, '존덕성'이란 내 마음의 도덕적인 본성을 존중하여 이를 기초로 해서 행동하는 것이다. 이 말은 본래 『중용』에 나오는 말로써 군자는 양 측면을 합하여 갖추어야만 한다. 하지만 주륙의 학풍의 상이점이 어디에 중점을 두고 있는지를 안다면 양자 간에 타협은 찾을 수 없었다. 여기서 주자의 성즉리설(性卽理說)과 상산의 심즉리설(心卽理說)의 서로 다름이 드러나고 있는 것이다.

3) 심즉리설

주자는 정이의 학설을 계승하여 '성즉리'를 제창하였다. 주자가 말하기를 "본성은 곧 리이다. 하늘이 음양오행으로서 만물을 화생(化生)하고, 기로서 형체를 이루고, 리는 또한 거기에 부여되어 마치 명령함과 같다. 이에 사람과 만물이 태어남에 각각 그 부여한 바의 리를 근거로 하여 건순과 오상의 덕을 삼는 것이니 이것이 소위 본성이다. 솔(率)은 따르는 것이다. 도(道)는 길과 같다. 사람과 만물이 각각 그 본성의 자연스러움을 따르게 되면 그 매일 사물을 이용하는 생활 속에서 각각 마땅히 행해야 할 바가 아님이 없으니 이것이 바로 이른바 도(道)이다. 수(脩)는 이를 품절하는 것이다. 본성과 도는 비록 같은 것이지만 기품이 각기 다르다. 그러므로 과불급의 차이가 없을 수 없다."120)고 하였다. 그래서 이 두 가지의 본성을 '본연지성'과 '기질지성'이라 한다. 그리고 인간이 인간다운 바의 본성(본연지성)이 통상은 기에 의해 혼란한 상태(기질의 성)에 놓여있다. 그렇기 때문에 기질의 성을 변화시켜서 반드시 고요한 본연의 성으로 바꾸는 것, 즉 인욕을 제거하고 천리를 보존하는 것이 인간의 과제가 되는 것이다. 여기에서는 성인의 가르침을 배우는 것이고, 그렇게 해야 이치를 알고 이를 실행할 수 있기 때문에 학문에 의해 이치를 알아야만 한다고 주장했다.

하지만 상산은 각각 사람의 마음을 중요시하여 본심의 자각을 성인이 되는 근본으로 삼았다. 이것은 고대 맹자에서 볼 수 있던 견해이었고, 또한 자신이 스스로 "주원회는 이천(伊川)에 가깝고, 장흠부는 명도(明道)에 가깝다. 이천은 가리움이 심하고, 명도는 새로 고쳐서 소통된다."는 말처럼 정명도에 가깝다는 입장을 들고 있다. 특히 상산은 "우주에 가득 차 있어 이 이치에 있지않음이 없다."고 말하여 모두 리(理)로서 해석하려고 했다. 그리고 인간의 마음도 또한 리라고 보았다. 그래서 그는 "사단은 즉 이 마음이다. 사람은 모두

---

120) 『中庸章句』1장, 朱子注, "性卽理也. 天以陰陽五行, 化生萬物, 氣以成形而理亦賦焉. 猶命令也. 於是人物之生, 因各得其所賦之理, 以爲健順五常之德, 所謂性也. 率循也, 道猶路也. 人物各循其性之自然, 則其日用事物之間, 莫不各有當行之路, 是則所謂道也. 脩品節之也. 性道雖同而氣稟或異, 故不能無過不及之差."

이 마음이 있다. 마음에는 모두 이 이치를 갖추고 있다. 마음이 곧 이치이다."고 하였다. 또 한편으로 "우주가 곧 이 마음이고, 이 마음이 바로 이 우주이다."고 하여 주관적 유심론이라고 하는 그의 "심즉리설"이 성립한다. 그는 물론 학문의 필요성도 강조한다. "도는 넓어서 이를 배우고 궁리해야 한다."와 "공자의 성인됨으로서 더욱 배우는 것을 싫어하지 않는다고 한다. 더욱이 일반 사람들에게 있어서랴!"라고 하였다. 하지만 학문은 자신의 마음의 이치를 구체적으로 구명하기 위한 것이라고 하여 "학문에 있어서 적어도 근본을 안다면 육경(六經)은 내 스스로 각주한 것이다."라고 강조했다. 여기서 상산파는 주자파를 일러 근본을 잃고, 말단을 달려서 '지리支離'하다고 비판했다. 또한 주자파는 상산파의 진심내성(盡心內省)의 자세를 '광선(狂禪)'이라고 비판한 것이다.

학문상에서 주륙(朱陸)의 동이(同異)를 결국 극복하지 못했지만, 양자는 그 서로 다름을 넘어서 서로를 존경하였다. 순희8년(1181)에 때마침 남강군에 있던 주자와 함께 상산은 그의 형인 육구령의 묘지명에 대해서 그 휘호를 의뢰하러 들렀다. 주자는 백록동서원으로 상산을 안내하여 강단에 앉도록 청했다. 상산은 서원의 사람들에게 『논어』의 "군자는 의에 밝고, 소인은 리에 밝다."는 1장을 강의했다. 그 강론은 절묘하고 맹백하며 매우 통쾌하여 듣는 사람으로 하여금 눈물을 흘리면서 감동했다고 한다. 이런 주륙의 우정은 그 후에도 자주로 편지를 왕복하면서 지속되었다.

순희9년(1182)에 상산은 국자학정(國子學正)에 오르게 되어 수도 임안(臨安)에 부임하여 『춘추』를 강의했다. 뒤이어 칙령소산정관(勅令所刪定官)이 되었고, 순희13년에는 장작감승(將作監丞)이 되었다. 하지만 이를 반대하는 논의가 있게 되자 태주의 숭도관(崇道觀)을 주관하고 강서성의 귀계(貴溪)의 상산(象山)이라는 곳에 정사(精舍)를 짓고 오로지 학문을 강론하는 것에만 열중했다. 여기에 모여든 수 천명의 사람과 큰 정사(精舍)는 영예로웠으며, 이윽고 호북성의 형문군(荊門軍)의 지사로 임명되었다. 형문에 있으면서 치적도 차근차근 쌓아올리다가 마침내 순희3년인 12월 14일에 그 지역에서 병으로 세상을 떠났다.

4) 왕양명의 등장

상산의 학은 강서성과 절강성에서 성행했고 그 제자로 양간(楊簡)이 활동했지만, 송원 시기에 주자학에 압도당해 그 영향력이 드러나지 못했다. 하지만 명대 중기에 이르자 진헌장과 왕양명이 출현함으로서 재차 기회를 얻게 되었던 것이다.

그러면 이어서 왕양명에 대해서 언급하도록 하겠다. 왕양명(王陽明)의 이름은 수인(守仁) 자는 백안(伯安)이다. 명대 헌종의 성화(成化)8년(1472) 9월 30일에 항주만의 남쪽 해안에 가까운 절동성 여요(余姚)의 외곽 용천산북록(龍泉山北麓)에서 태어났다. 제자 전덕홍이 편집한 연보에 따르면 양명의 선조는 진(晉)의 광록대부(光祿大夫) 왕람(王覽)의 후손으로서 증손인 왕희지에 이르게 되자 산음(山陰 : 절강성에 위치)으로 옮겼고, 23대인 왕수(王壽)에 이르게 되자 달계(達溪)로부터 여요에 왔다고 한다. 이로부터 미루어 보더라도 왕양명의 가계는 명문이었다고 할 수 있다. 물론 거기까지 거슬러 올라가 생각할 필요도 없는 것이 명대에 이르면서 가계를 보면 유학에서 훌륭한 인물과 덕행으로 알려진 자 등으로 그 집안은 양명을 낳을 수 있는 바탕을 충분히 갖추고 있었다.

양명의 아버지 왕화(王華)는 성화17년(1481) 진사에 일등으로 급제해 벼슬에 나아가 남경이부상서(南京吏部尙書)가 될 정도의 인물이었다. 하지만 또한 여조의 외곽 용천산에서 학문을 연마했기 때문에 용산공(龍山公)이라고도 불린다. 그런데 양명의 출생에 관한 한 가지 독특한 일이 전해진다. 전덕홍의「서운루기瑞雲樓記」에 따르면 어머니 정(鄭)부인이 임신해 14개월이 지난 어느 날 조모인 잠(岑)부인의 꿈에 붉은 명주옷에 옥대를 찬 신인(神人)이 음악을 이끌며 어린 아이를 안고 나타나서 이 아이를 너에게 건네주게 되었다고 말했다. 놀라서 눈을 뜨자 이미 어린아이의 울음소리가 들렸다. 불가사의하다고 생각한 조부 왕륜(王倫)은 그 아이의 이름을 운(雲)이라고 지었다. 이 아이가 양명이다. 그런데 어느 날 지나가던 스님이 "영특한 아이인데 안타깝게도 이름을 잘못 지었구나!"라고 해서 조부는 그 이름을 수인(守仁)이라고 고쳤는데, 그러자마자 별안간 말문이 트였다고 한다. 또한 다음과 같은 이야기도 있다. 어느 날 조부 왕륜이 읽던 책을 술술 암송하기에 조부가 어찌된 일인가 하고 들어보니 "할아버지가 독서하는 것을 듣고 그대로 암기했습니다."라고 답했다고 한다. 이런 이야기는 어디까지나 양명의 됨됨이를 강조하려고 한 것으로 보인다.

5) 양명의 남다른 재능

이처럼 양명에게는 일반사람과 다른 특별함이 있었다. 양명이 10살 되던 해에 그의 아버지는 과거에 급제해 이듬해 양명은 아버지를 만나러 조부와 함께 북경으로 향했다. 가는 도중에 진강(鎭江)을 지나 금산사에서 조부는 낯선 사람과 술을 마시며 시를 지으려할 때 옆에 있던 양명은 맨 먼저 붓을 들고 일필휘지하자 사람들이 경탄했다. 그리고 또한 조부가 "어떠하냐? 다시 한 번 지어볼 수 있겠는가?"라고 하자, 양명은 「폐월산방蔽月山房」이라는 제목으로 싯구가 그의 목소리를 타고 줄줄 흘러나왔다.

> 산은 가깝고 달이 멀어 달이 작은 듯하니,
> 이를 일러서 이 산이 달보다 크다고 한다.
> 만일 사람이 눈을 하늘과 같이 크게 뜬다면,
> 오히려 산은 작아지고 달은 더욱 광활하다는 것을 알게 될 것이다.121)

이미 양명의 비범한 문학의 재질을 알 수 있다.

북경에 도착한 양명은 12세에 숙사(塾師)에게서 사사받았다. 하지만 언제나 눈에 띄게 탁월한 것은 아이들을 모아서 크고 작은 깃발을 만들어 전쟁놀이를 했다. 자신은 대장이 되어있었다. 아버지는 양명의 분방한 모습을 걱정했지만, 조부는 양명의 훌륭한 재질을 간파하고 왈가왈부하지 않았다. 어느 때 양명은 그 숙사에게 질문하기를 "세상에서 어떤 것을 가장 우수한 사람이라고 합니까?"라고 했다. 숙사가 답하기를 "진사에 급제해 세상에 이름을 떨치는 것, 즉 너의 아버지와 같은 사람이 되는 것이다."라고 했다. 양명은 의아한 듯이 물었다. "그처럼 진사에 급제한 사람은 자주로 있습니다. 그것을 최고의 사람이라고 할 수 있습니까?"라고 하자, 숙사는 거기서 거꾸로 질문했다. "그러면 너는 무엇을 최고라고 생각하는가?"라고 묻자, 양명이 답하기를 "독서해서 성현이 되는 것이야말

---

121) 『陽明全集』권33,「年譜 一」, "山近月遠覺月小, 便道此山大於月. 若人有眼大如天, 環見山小月更闊."

로 아마도 최고가 되는 것이 아닐까요?"라고 했다.122)

어느날 같은 기숙사의 친구와 북경의 시장을 거닐다가 참새 새끼를 파는 것을 보았다. 양명은 그 참새를 갖고 싶었지만 좀처럼 살 수가 없었다. 그러던 중 한 사람이 쳐다보며 지나가다가 양명을 보고 놀라며 "이 아이는 장차 반드시 훌륭한 공을 세울 것이다."라고 하였다. 거기서 돈을 꺼내어 참새를 사서 양명에게 건네주면서 그의 머리를 쓰다듬으면서 말했다. "열심히 독서를 하거라. 내가 말하는 것은 장래에 반드시 효과가 있을 것이다."라고 하였다. 이로부터 양명은 그 말에 감동하여 침잠해서 독서에 열중하게 되었고, 그의 학문은 나날이 진전되어 나갔다.

6) 양명의 결혼

양명은 유년시절부터 전쟁놀이에서 늘 대장을 도맡아서 했다고 하는 기질은 그 후에도 성장하면서 14세가 되어 궁마를 연습하면서 마음을 병법에 두고 이었다. 그는 "유자가 병법을 알지못하는 것에 대해 근심한다. 공자는 문사(文事)라면 반드시 무술이 갖추어져 있어야 한다고 했다. 매일 장구(章句)를 읽는 유자는 단지 부귀를 구하고, 시문(詩文)에 빠져서 태평을 탐내고 있지만, 한차례 일의 변화에 직면하게 되면 손을 쓰는 것만으로는 어떤 책략도 쓰지 못한다. 이는 유자로서 수치스러운 일이다."라고 했다. 그리고 15세에 아버지의 친구를 따라서 북경 서북의 요충거용관(要衝居庸觀)에 놀러갔었는데, 관상(關上)에 서서 문득 길게 연결된 만리장성을 조망하면서

---

122) 『陽明全集』권33, 「年譜一」.

변방의 형세를 관망하며 크게 감격하였고, 한 달 남짓 체재하면서 많은 이민족의 취락을 순방했다. 당시 꿈 속에서 한(漢)나라 복파장군(伏波將軍) 마원(馬援)의 묘지에 참배하여 시를 지었다고 할 정도로 뛰어난 군사전략가로서의 소질을 충분히 갖추고 있었음이 전해지고 있다.

효종 홍치원년(1488)에 17세의 양명은 고향인 월(越)로 돌아와 7월에 강서의 남창에 가서 강서 포정사 참의(布政司參議 : 포정구의 중앙 직할관으로서 민정과 재정을 담당하는 장관의 직책) 제양화(諸養和)의 딸과 결혼했다. 때마침 그 혼례 날에 양명은 궁사를 나와 산보를 하다 철주궁(鐵柱宮)이라는 도교의 사원이 눈에 띄어서 들어갔다. 잠시 둘러보니 짙은 흰 눈썹을 한 백발의 도사가 정좌해 있었다. 들자하니 촉에서 태어나 금년 96세이고, 어릴 때부터 집을 나왔기 때문에 자신의 이름도 모르지만, 사람들은 무위자(無爲者)라고 부른다고 했다. 매우 원기왕성한 목소리도 마치 종소리처럼 커서 이 사람이야말로 도를 얻은 사람이라고 생각하여 신선양생술에 관해 물어보자, "양생의 도는 정(靜) 한 글자에 지나지 않는다."고 하고 도인법(導引法)을 가르쳐 주었다. 즉 정좌조식법(靜坐調息法)이다. 양명은 도사와 대좌하여 시간가는 줄 몰랐고, 새벽에 혼인할 집에서 그를 찾으러 온 사람이 이를 발견하고서야 비로소 귀가했다. 이로부터 양명의 마음에는 점차 내성적(內省的)인 경향이 나왔던 것이다.

그로부터 이듬해까지 양명은 남창부의 관사에서 머물렀는데, 그 간에 오로지 서도에 힘을 쏟아 관사에 있던 여러 상자의 종이가 모두 동나버렸다. 나중에 사람들에게 말하기를 "내가 처음 글씨를 배울 때 고첩을 임서해 글자의 형태가 균형이 잡히면 잘 쓴 것으로 생각했다. 그런데 그러던 중에 붓을 잡아서 가볍게 종이에 써내려

가지지 않으면 생각을 집중해 마음을 조용히 가라앉히고 난 이후에 형태를 마음에 떠올린 다음에 붓을 움직였다. 그렇게 해서 오래 연습을 하여 그 필법을 통달했다. 그 중 정호의 글을 읽으면서 그는 이렇게 말하고 있다. 내가 글씨를 쓸 때면 몹시 조심하게 된다. 이는 글씨를 잘 쓰기 위해서가 아니다. 이것이 학문이기 때문이다. 글씨를 잘 쓰게 되는 것은 그것을 바라는 것 이외에 어떤 배움이 있을까? 옛 사람들은 때에 따라서 또는 일에 따라서 다만 마음으로 배우도록 했던 것이다. 이 마음이 정명(精明)하면 글씨도 잘 쓰게 된다."[123]고 하였다. 양명은 이후 격물을 논할 때 자주 이 말을 예로 들었지만, 양명의 글씨가 단지 훌륭해서 만이 아니라, 그 서법을 배우는 방법에도 이미 심법(心法)을 토대로 하여 배움이 싹틀 수 있다고 생각했다.

---

[123] 『陽明全集』권33, 「年譜 一」.

2. 왕양명의 활약

1) 성학의 탐구

　홍치2년(1489) 12월에 18세의 양명은 신부를 맞이하여 배를 타고 여요로 돌아오는 중에 광신부(廣信府 : 지금의 강서성)에 도착해 누량(婁諒 : 1422-1491, 호는 일재一齋)을 방문했다. 누량은 진헌장과 같이 오여필의 문하에서 주자학의 대가로서 알려진 사람이다. 누량은 양명을 위해 송유의 격물의 논변을 말하고, 성인은 반드시 배워서 도달해야만 하는 것이라고 가르쳤다. 당시 누량은 68세였고 18세인 양명과는 50살의 차이가 있었지만, 양명은 그 말에 깊이 깨달은 바가 있어 이로부터 성현이 되려고 마음을 먹었다. 여기서 양명의 제1차 전환기가 찾아왔던 것이다.
　이로부터 양명의 학문은 하나의 방향이 드러나게 되었다. 양명의 연보에 따르면 "이 해 선생은 처음으로 성인의 학문을 기렸다."고 말한다. 즉 주자학의 공부에 주력하기 시작했던 것이다. 이듬해(홍치 3년)에 아버지 왕화(王華)가 여요(余姚)에 돌아오자 그를 따랐던 제자인 면(冕)・계(階)・궁(宮) 및 누이의 남편인 목(牧)과 함께 경전을 연구하도록 하였다. 그런데 양명은 낮에는 사람들과 함께 일상적인 일을 돌보고, 밤에는 경(經)・사(史)・자(子)를 넘나들며 몰두하여 밤늦도록 읽었다. 그 네 사람은 그의 학문이 나날이 진보하는 것을 보고 부끄러운 생각이 들었지만, 훗날 이를 알고 "그는 이미 과거시험을 넘어서 성현을 배우려 하고 있다. 어떻게 해서 미칠 수 있을까!"라고 하였다. 또한 양명은 원래 쾌활하여 자주로 농담을 하

곧 했지만, 어느 순간 스스로 잘못됨을 뉘우치고 그로부터 단좌하여 쓸데없는 말은 하지 않게 되었다. 네 사람은 처음에는 그를 믿지 않고 이를 괜히 하는 말이라고 조롱하자, 양명은 안색을 바꾸면서 말했다. "내가 이전에는 방만했지만, 지금은 그간의 잘못된 일을 깨달았다."고 하였다. 이로부터 네 사람도 또한 태도를 바꾸게 되었다.

양명은 성학(聖學)에 대한 공부에 더욱 열중하였다. 마침 아버지가 경사에 있을 때 그도 그 관서에 머물렀는데, 그 때 주자의 유서를 구해서 독파하고 송유의 격물궁리를 공부하게 되었다. 그러던 중 친구들과 성현이 되기 위해서는 천하사물의 이치를 궁리해야만 한다는 것을 서로 이야기 하면서, "만물에는 반드시 안과 밖 그리고 정교함과 거침이 있고, 풀 한 포기 하나의 근본에는 모두 지극한 이치가 내재해 있다."고 하는 정이의 말을 읽으며 관청 안에 있는 대나무의 이치를 궁구하게 되었다. 친구는 대나무에 대해서 심사숙고하여 그 이치를 생각했지만 3일 째가 되자 신경쇠약에 걸리고 말았다. 양명은 이를 보고 친구의 정신력이 부족하다고 생각하고, 이번에는 자신이 그 대나무가 대나무가 되는 이치를 탐구했다. 하지만 7일 째가 되자 또한 병에 걸리고 말았다. 거기서 양명은 "성현에게는 본래부터 하늘이 내려준 역할이 있는 것이다. 자신이 미칠 수 있는 바가 아니다."라고 생각하고, 세상의 흐름에 따라서 문장을 익히는 학문에 전념하려고 생각했던 것이다.

2) 과거급제

홍치5년(1492)에 21세로서 절강의 향시(鄕試 : 과거의 예비시험)에 합격했지만, 이듬해 봄에 회시(會試 : 향시 합격자를 대상으로 한

시험)에는 떨어졌다. 또한 홍치9년의 회시에도 재차 떨어졌지만, 그다지 마음에 두지 않고 마을에 있는 용천산사(龍泉山寺)에 초막을 짓기로 마음먹게 되었다. 때마침 대동(大同)부근에 다다루의 소왕자가 침입하여 국경은 소란스러웠는데, 이따금 북경에 갔던 양명은 이 상태를 보고 크게 개탄하고 스스로 병법을 공부하여 비적(秘籍)의 연구에 몰두했다. 어떤 일이든 잘 몰두하는 양명은 연회의 자리에서도 과일들을 늘어놓고 전쟁의 진영을 설명할 정도였다.

홍치11년(1498)에 27세의 양명은 지금까지 몰두해 왔던 시문(詩文)에서 미흡한 점을 느끼자 언젠가 주자가 상소문에서 "경(敬)에 의거하여 뜻을 갖는 것이 독서의 근본이고, 순서에 따라서 정미함을 다하는 것이 독서하는 방법이다."라고 하는 문구가 있는 것을 보고, 스스로 '순서에 따라서 정미함을 다함'을 실천하지 못한 것을 반성했다. 또한 주자의 저서를 토대로 학문에 전념했다. 하지만 사물의 이치와 나의 마음이 아무리 해도 하나가 되지 않았다. 마침내 우울증에 빠져 병이 재발했기 때문에 역시 성현의 도에는 하늘이 내려준 역할이 있는 것이라고 생각하여 이따금 도사(道士)의 양생술의 이야기를 듣고 결국 속세를 떠나 산으로 들어가려는 생각도 했다.

하지만 이처럼 정신적인 동요 속에서 그 다음해인 홍치12년(1499)에 양명은 회시에 급제했다. 이갑진사(二甲進仕) 제7인(전체에서 10번째)이라는 우수한 성적으로 곧바로 공부(工部)의 관정진사(觀政進士 : 건설부에 소속된 사무 견습)가 되었고, 가을에는 하남성의 준현에 부임하여 위령백 왕월(威寧伯 王越)의 분묘건축을 감독했다. 왕월은 세 번씩이나 외부로 원정나아가 북방의 소왕자(小王子)를 격퇴해 큰 공을 세웠던 장군이다. 더욱이 양명이 존중하는 사람이었기에 철저히 그 임무에 임하여 처음으로 임무를 완료했다. 가

끔 북방에서는 달단(韃靼)의 침략이 극심해 조정에서는 폭넓은 대책을 수립하려했기 때문에 북경에 돌아온 양명은 조속히 여덟 개 항목이 되는 국방대책을 진언했다. 여기에서도 무인으로서 양명의 일단이 좋게 비추었던 것이다.

이어서 다음 13년(1500)에 양명은 형부(刑部 : 법무부에 해당)의 운남청리사주사(雲南淸吏司主事)를 맡았다. 하지만 이 직무는 혹독한 격무인데다가 학문에도 열중해야 했기에 마침내 취임 일 년이 채 되지않아 이듬해 14년 봄부터 폐질환에 걸렸다. 더욱이 왕월의 분묘건축을 위해서 임지로 가던 도중에 말에서 떨어져 피를 토한 것을 감안한다면 아마도 폐결핵에 걸려 있었던 것 같다. 그렇지만 가까스로 약석(藥石) 양생에 의해서 한 차례 회복하고 위험한 고비를 넘긴 채 강북으로 출장을 가서 죄인에 대한 판결을 내렸다. 그리고 강남의 구화산(九華山)까지 길을 재촉해 갔지만, 너무 무리한 탓에 병이 재발해서 결국 홍치15년 8월에 휴직원을 제출하고 고향으로 돌아왔던 것이다.

3) 양명의 오익

양명에 있어서 병마와의 싸움은 단지 일시적인 것이 아니라, 그의 삶에 있어서 문제가 되어버렸다. 그의 사색과 행동의 배경에는 병마와의 싸움이 중요한 요인으로 작용했다. 먼저 구화산에 소요했을 때 채모라는 도사를 만나 신선의 도를 물었더니 "관인의 모습을 벗지않았구나!"라고 하여 상대를 하지 않았고, 또한 산중 지장(地藏) 골짜기에 있는 늙은 도사에게는 "주돈이와 정호는 유학의 훌륭한 인재이고, 주자는 다만 강사로서 아직 최상의 자리에 오르지 못했다."라고 들어서 크게 감격했다는 말은 양명의 심적인 동요와 신선 양생(神仙養生)에 기울어졌음을 비추고 있다.

따라서 병든 몸을 이끌고 고향으로 돌아온 양명은 사명산(四明山)의 양명동(陽明洞)에 집을 짓고 일찍이 철주궁(鐵柱宮)에서 가르쳤던 도인술(導引術)을 몸소 실천했다. 그런 사이에 미래의 일을 예측할 수 있게 되자, 마침내 양명은 "이같은 술수는 다만 정신을 고단하게 하므로 진정한 도가 아니다."라고 깨달았다. 또한 정좌에 매진하여 불교로 전향하고 출가해서 속세를 떠나서 조용히 생애를 마감하려고 생각했다. 하지만 그렇게 하면 조모인 잠부인과 아버지 왕화의 일이 뇌리를 떠나지 않았다. 그런 마음의 혼란함으로부터 번뇌하는 동안 문득 깨달았다. "인간의 애정은 갓난아기 때부터 인간에게 고유한 것이다. 이를 제거해버린다면 인간의 혈통을 제거하는 것에 지나지 않는다. 그야말로 인간 그 자체의 부정이다."라고 하였다. 이렇게 해서 양명의 마음은 새롭게 바뀌어 현세에 의욕적으로 매진했다. 양명이 관직에서 물러난지 일 년 남짓 되자, 그는 육신의 불안정함에 기초해서 불도(佛道)에 매진했던 마음을 바꾸고 미혹됨으로부터 깨닫게 되고, 깨달음에서 미혹되는 과정을 밟았다. 그 결과 인간으로서 자신을 바로 세워서 마침내 광명을 자득했던 것이다. 여기서 인간으로서의 양명은 마음의 편력을 알게 됨과 동시에 훗날 양명을 형성하는 여지가 넉넉히 배어있음을 알 수 있다.

홍치16년(1503)에 32세의 양명은 풍광이 훌륭한 전당강(錢塘江)의 서호(西湖)로 옮겨 요양에 전념했다. 그 덕분에 그의 질환도 점차로 낫아 이듬해 홍치17년에는 순안(巡按) 산동감찰어사(山東監察御使) 육칭(陸稱)의 초빙으로 산동의 향시 감독관이 되었다. 이 때 시험문제에는 첫째, 예악의 제도에 대해서, 둘째, 불노(佛老)의 비판, 셋째,

이윤(伊尹)의 의지와 안회의 학문에 관한 의견, 넷째, 풍속의 미오(美惡)에 관하여, 다섯째, 현재 선결과제에 관한 의견 등의 문제였고, 그 중에 변경방위에 대한 논의와 도적의 횡행함과 조세의 징수의 번잡함이라고 하는 현실의 사태에 관한 테마를 들었다. 또한 안회를 들어서 성현의 학문을 심학(心學)이라고 칭하고, 심학은 체득실천해야만 한다는 것을 주장한 것은 이미 주자학의 이론에 대처하면서도 자신의 새로운 방향을 제시하고 있음을 보이고 있는 것이다.

산동향시 중에 경사(京師)에서 돌아와 병부(兵部)의 무선청리사주사(武選淸吏司主事)에 임명된 양명은 이듬해(홍치18년, 1505)에 자신의 가르침을 청하는 사람들에게 성인의 도를 전수하는 강의를 시작했다. 이 때 한림원서길사(翰林院庶吉士) 담감천(湛甘泉)이 등장하자, 두 사람은 단 번에 깊은 인연을 맺고 나란히 성현의 도를 제창하자고 맹세했다. 담감천은 진헌장 문하의 인재로서 양명보다 여섯 살 많았다. 그런데 담감천이 훗날 양명의 묘지명을 썼는데, 그 가운데에서 이 시점까지 양명의 마음에 대해서 두루 지나온 길을 가르쳐 다음과 같이 말하고 있다. "처음에는 주어진 임무를 익히는데 빠지고, 다음으로 기사(騎射)를 배우는데 몰입하고, 세 번째는 관심을 사장(辭章)을 익히는데 열중하고, 넷째는 신선을 익히는데 몰두하고, 다섯째는 불교를 배우는데 빠졌다가 마침내 정덕(正德)병인(원년)에 처음으로 올바른 성현의 학문으로 돌아왔다."[124]고 하였다. 담감천의 기억으로 두 사람이 만났던 것은 정덕원년(1506)이라고 말하고, 연보와는 일 년의 차이가 있다. 하지만 무엇보다 양명은 세간에서 말하는 '오익(五溺)'을 거쳐 마침내 스스로의 도를 확인했고, 그

---

124) 『陽明全集』권38, 「陽明先生墓誌銘」.

도에 매진하려고 했던 것이다.

4) 용장에서의 깨달음

효종이 세상을 떠난 후 무종이 즉위하게 되자 별안간 환관(宦官) 유근(劉瑾) 등이 위세를 떨쳤고 정치가 어지럽혀지기 시작했다. 여기서 남경호과급사중(南京戶科給事中) 대선(戴銑) 등이 유근 등을 탄핵하자 대선 등은 유근에 의해 투옥되었다. 의분을 불사르던 양명은 대선 등을 투옥한 간신들을 배제해야만 한다고 상소를 올렸다. 그러자 유근도 분노에 떨며 양명을 투옥시키고 곤장 40대, 그리고 귀주성 용장역(龍場驛)의 역승(驛丞)으로 좌천시켰다.

이듬해 정덕 2년에 양명은 35세에 용장으로 가기 위해 항주까지 갔는데 유근은 자객을 보내 양명을 죽이려 했다. 양명은 지략을 발휘해 자신의 두건을 전당강에 던지고 짚신을 강변에 남겨놓고 몰래 탈출하여 상선(商船)에 숨어들어 복건(福建)에 이르렀다. 우연히 한 도사를 만났는데 그야말로 일찍이 철주궁에서 만났던 도사였다. 양명은 그로부터 "조종의 명을 거역하고 도망간다면 유근의 분노를 사서 그의 화가 분명 부모에게 미칠 것이다."라고 암시하여 용장으로 가기로 결정했다.

정덕3년(1508) 봄에 마침내 용장에 도착했지만 모두 산으로 둘러싸인 벽지이고 말도 통하기 어려운 곳이었다. 더구나 살기 적당한 집조차 없었기 때문에 먼저 초막을 짓고 화전을 개간하여 조금씩 이웃 사람들과 친하게 지내게 되었다. 그러던 중 유근의 분노를 산 아버지 왕화가 실각되었다는 말을 전해듣게 되자, 양명은 어두운 계곡사이에 떨어지려고 하는 느낌마저 받았다. 양명은 석실(石室)을 짓고 밤낮으로 단좌하여 사색하였다. "자신은 다만 천명을 기다릴 뿐이다. 그렇지 않으면 죽음만이 있을 뿐이다."라고 하였다. 양명의 기분은 나날이 혼탁해졌고 문인으로 따르던 사람들은 힘겨운 생활고의 고통을 참아내며 지냈다. 양명은 성인이라면 이럴 때 어떻게 했을까?라는 생각을 했었다. 어느 날 밤 홀연히 양명은 격물치지의 학문을 깨달았다. 그것을 연보에서는 "성인의 도는 나의 본성에 구비되어 있다. 이전에 사물에서 이치를 구하는 것은 잘못임을 이제야 알았다."[125]라고 했다. 즉 양명이 여러 해 추구해 온 격물치지는 결코 외부의 사물에서 구한 지식을 추구해 가는 것이 아니라, 자신의 마음에 있는 지극히 선한 생명체를 구해가지 않으면 안된다는 것이다. 여기서 이 깨달음을 마음속에 기억하고 있던 오경(五經)의 말에 비추어 보더라도 모두 일치하는 것으로써 그 생각을 정리해 『오경억설五經臆說』을 저술했다. 이 사건을 세간에서 '용장에서의 깨달음'이라고 하고, 그의 생애에서 가장 획기적인 순간이었다고 일컫고 있는 것이다.

'용장에서의 깨달음'은 또한 양명의 향후의 방향을 결정했다. 양명의 명성이 귀주부에 널리퍼지자 정덕4년에 귀주제학부사(貴州提學副使) 석원산(席元山)은 양명을 귀주의 성으로 초대하여 주륙동이(朱陸同異)에 대해 질문했다. 양명은 그 물음에 직접 답을 하지않고, 지행합일의 새로운 학설에 대해 처음으로 언급했다. 앎(知)과 행함(行)이란 정주 이래로 이미 많은 논의가 있었지만, 정주의 학에서는 어떠했는가 말해보면 앎이 먼저이고 행함이 나중이라고 했고, 양명은 앎과 행함은 하나로 일치해야하는 것이라고 했다. "앎은 행함의

---

[125] 『陽明全集』권33, 「年譜 一」.

목적이고, 행함은 앎의 수행(공부)이다. 또한 앎은 행함의 시작이고, 행함은 앎의 완성이다."126)라고 한 양명의 설은 당시 주자학적인 사고를 가진 사람들에게 있어서 이해하기 힘든 것이었다. 석원산도 양명과 재삼의 질의를 한 끝에 마침내 이해하고, 귀양서원(貴陽書院)을 수리하여 양명을 그 곳의 선생으로 초빙했던 것이다.

5) 중앙관계에서 남경으로

정덕5년에 유근의 탄핵의 목소리가 점차 높아지게 되자, 양명은 강서 노릉현(廬陵縣)의 지사로 승임을 받아 약 3년에 걸친 귀주용장의 힘겨운 생활을 접고 임지로 부임하게 되었다. 그리고 오로지 덕치주의를 지향해서 치적도 쌓았다. 하지만 그 간에 유근(劉瑾)의 횡포에 격분해 안화왕(安化王) 주치번(朱寘鐇)이 병사를 일으키자, 이 사건을 계기로 하여 마침내 8월 유근은 실각해 책형(磔刑)에 처해졌고 많은 학대로부터 시달렸던 충신도 석방되었다. 양명도 또한 7개월간 재직하고 같은 해 12월에 남경의 형법소송을 관장하는 형부사천제리사(南京刑部四川諸吏司)의 주사에 임명되었지만, 옛 친구 담감천의 노력으로 이듬해 정월 이부험봉청리사(吏部驗封淸吏司: 관리의 직위를 부여하거나 조직 등을 관장)의 주사로 자리를 옮겨 북경에서 머물 수 있게 되었다. 또한 같은 해 10월에 이부문선청리사원외랑(吏部文選淸吏司員外郞: 문관의 인사 업무를 담당)으로 승격했고, 다음해 7년(1512) 3월에는 이부고공청리사랑중(吏部考工淸吏司郎中: 고위급 문관의 인사를 담당)으로 승진했다. 관계에 있어서 순조

---

126) 『傳習錄 上』, "知是行的主意, 行是知的工夫, 知是行之始, 行是知之成."

로운 과정을 천천히 밟아갔다.

한편 그간 양명은 독서와 강학에 주력했다. 또한 양명의 명성을 듣고 점차 입문하는 제자가 늘었다. 뒤늦게 군도독부(軍都督府) 도지사였던 황관(黃綰)이 그 문하에 들어옴과 동시에 성학의 공부를 거론하고, 이후 그는 양명의 제자로서의 예를 받들었다. 또한 양명보다 관직의 위치있어서 위에 있었던 이부랑중(吏部郞中) 방헌부(方獻夫)도 양명의 학문을 듣고 그에게 제자의 예를 올렸다. 그 외 목공휘(穆孔暉)와 고응상(顧應祥) 등 연보에서는 20여 명에 가까운 이름을 들어서 함께 학업에 매진했다고 서술하고 있다. 그런데 다른 한편으로 양명의 가장 친한 벗이었던 담감천이 정덕6년에 멀리 안남(安南)에서 출사를 명받아 경사(京師)로 떠났고 황관도 이윽고 질병에 걸려 귀향하게 되자, 결국 정덕7년 12월에 양명도 남경(南京)에 있는 태업사(太業寺) 소경(少卿)의 자격으로 강남에서 옮겨가게 됨으로써 도에서의 강학활동은 종지부를 찍게되었다.

양명은 도를 떠나 부임한 곳으로 가던 도중에 고향마을인 여요(余姚)에 귀향했는데, 그 때 같은 배에는 남경의 공부원외랑(工部員外郞)에 오른 매제인 서애(徐愛)도 동승하게 되었다. 양명은 너무나 친애했던 서애에게 『대학』의 종지를 설명했다. 서애는 이를 듣고 펄쩍 뛰며 감격하여 단번에 스승의 가르침을 받아적었다. 서애가 남경에 있을 때부터 계속해서 기록한 메모는 6년 후인 정덕 13년에 그의 문인인 설간(薛侃) 등에 의해 편집되어 유명한 『전습록(傳習錄)』의 일부가 되어 지금까지 전해져 오고 있다.

그런데 양명이 북경에서 머물며 2년 동안 역임한 관직은 주로 형부의 청리사(淸吏司)와 사부(吏部)의 임용고과(任用考課)를 담당하는 사무직이었지만, 양명에게는 이 갑갑한 중앙관료의 세계는 그다지

적격이 되지 못했다. 따라서 지금 남경 저주(滁州)에 있는 태업사의 임무는 얼마간 그에게 안정감과 해방감을 안겨준 것 같았다. 연보에서 말하기를 "저주는 산자수명하다. 선생은 마정(馬政)을 담당하였다. 지역이 후미져있어 관가가 한가롭다. 매일 문인과 낭야(瑯琊)와 양천(瀼泉) 사이에서 노닐었다. 달빛 아래 용담(龍潭)에 둘러앉은 사람이 수백 명이고 노랫소리가 산과 계곡에 울려퍼졌다. 각 지역에 따라서 그 마땅한 바를 물어서 힘차게 춤추며 노래불렀다. 혹은 조용히 깨달음에 몰입하고 혹은 사장(詞章)에 열중하며 혹은 선불(仙佛)에 빠져들었다. 옛날의 선비는 모두 매일 여기에 와서 모였다. 함께 노니는 무리는 저주에서부터 시작했다."라고 했다. 즉 자유롭게 천지에서 노닐며 생각나는 대로 토의와 강론하기 위해서 매일매일 방문했던 것이다.

저주의 생활도 어느덧 반년, 이듬해 정덕9년(1514) 4월에 43세의 양명은 남경 홍려사(鴻臚寺) 소경으로 전근을 가게 되었다. 5월에 남경으로 옮긴 양명과 함께 서애·설간·황종명 등 많은 제자들이 계속 모여들어서 또한 강학은 매일 성황을 이루었다.

그런데 여기에 하나의 문제가 발생했다. 그가 종래에 고민해 온 입지(立志)의 방법은 먼저 정좌해서 망녕된 생각을 버리고 마음을 조절해 성현의 학문을 순수하게 체득하려고 했던 것이다. 하지만 일부의 제자들 중에는 경솔하게 말을 삼가지 않고 고준담론으로 독선에 빠지게 되는 풍조가 현저히 드러나게 되었다. 이에 놀란 양명은 그들에게 경계해서 말하기를 "지금 학자들을 보면 점점 공적(空寂)에 빠져들고 새로운 기이한 논의를 일삼으니, 나는 이미 이것을 유감스럽게 생각한다. 그러므로 남기에 있을 때 학문을 논하면서 다만 학자에게 천리를 보존하고 인욕을 제거하여 성찰하고 극치하는 실질적인 공부를 다할 수 있도록 했다."127)라고 하였다. 이 '성찰하고 극치하는'것이야말로 남경에서 양명의 강학을 대표하는 입장이다. 요컨대 인욕을 제거하고 천리를 보존하기 위한 공부란 "여색을 밝히고 재화를 탐내며 명예를 추구하는 등의 사욕을 일일이 찾아내어 반드시 병의 근원을 제거해서 영원히 재발하지 않도록 해야만 비로소 유쾌하게 된다. 고양이가 쥐를 잡듯이 언제나 집중하여 눈으로 살피고 귀로 들어서 한 생각의 싹이 발동하자마자 곧바로 제거해야 한다. 어디까지나 못을 빼고 쇠를 자르듯이 단호히 힘을 써서 잠시라도 그것을 방편으로 허용해서도 안되고 몰래 간직해서도 안되며 그것에 출로를 내주어서도 안된다. 그래야만 비로소 참되고 착실한 공부이다."128)라고 했다.

6) 십가패법과 향약

당시 강서·호남·복건·광동의 각 성에서는 내란이 일어나 각지의 폭도가 약탈을 일삼고 있었다. 때마침 양명에게 병략의 재질이 있다는 것을 눈여겨보고 있던 병부상서(兵部尙書) 왕경(王瓊)은 정덕11년(1516) 9월에 양명을 추천하였고, 양명은 이듬해 12년 정월에 남공(南贛)에 도착하자마자 곧바로 도적토벌과 치안의 강화를 시행했다. 먼저 도적의 무리와 양민을 명확히 구분하고, 서면으로 상관에게 보고하는 것을 방지하기 위해 십가패법(十家牌法)을 실시

---

127) 『陽明全集』권33, 「年譜一」, "今見學者漸有流入空虛, 爲脫落新奇之論, 吾已悔之矣. 故南畿論學, 只敎學者存天理, 去人欲, 爲省察克治實功."
128) 『傳習錄 上』, "將好色好貨好名等私, 逐一追究搜尋出來, 定要拔去病根, 永不復起, 方始爲快. 常如貓之捕鼠. 一眼看著, 一耳聽著. 纔有一念萌動, 卽與克去. 斬釘截鐵, 不可姑容與他方便, 不可窩藏, 不可放他出路. 方是眞實用功."

했다.

'십가패법'이란 각 성내에 있는 거주민에게 각 가구마다 패찰을 두고 각각 한 가구에 사는 남녀의 수와 직업 등을 적는다. 또한 10호 마다 하나의 패찰을 만들어 각 가구의 성명을 기입하고, 각 가구마다 번갈아 가며 당번을 정해 그 조를 순시하고 각 가구의 패찰을 살펴서 집들의 동태를 살핀다. 만일 의심이 가면 관가에 보고하여 몰래 사람을 은익하고 있는 경우에는 열 가구 모두 연좌죄를 적용한다는 인보제도(隣保制度)가 있었다. 또한 풍속을 통해서 일깨우는 네 개 조항을 반포하여 도덕을 권장하고 각 가구의 양심에 호소하는 치안을 규율로 정한 것이다.

다른 측면에서 적극적으로 도적을 막기 위해 민병대를 소집하여 자체의 힘으로 마을을 지켜나가도록 하였다. 양명은 이 의용병에게 훈련을 증가시키고 군기를 엄격히하여 병력을 충족시키는 동시에, 먼저 복건과 장남(漳南)의 도적을 비롯해서 횡수(橫水)·통강(桶岡)·이두(浰頭)의 모든 도적을 질풍처럼 차례차례 토벌해 갔다. 더욱이 한편으로 병사를 움직여 토벌해야만 하는 일이 자신의 본지가 아니라, 오히려 지극한 정성을 들여서 깨우쳐 인도하려는 심정으로부터 인심을 수습하는데 큰 효과를 거두었다. 게다가 도적을 평정한 이후에 남공지방의 풍속을 양성화시키기 위해 각 현에 사학(社學)을 세워(정덕13년 4월) 자제의 교화에 열중했고, 특히 남공의 사람들이 자치규율로서 '향약'을 만들어 남녀노소가 깨우치도록하여 스스로의 경계로 삼았던 것이다.

특히 주목할 것은 이 '향약'이다. 향약이란 촌락에 있어서 마을 사람들의 행동을 규정한 것으로 주로 도덕적인 훈육과 상부상조에 의해 촌락 내의 질서를 유지하려는 유교의 실천도덕으로부터 생겨난 것이다. 이전에는 북송 말에 남전(藍田)의 여대림(呂大臨)이 지었던 여씨향약이 알려져 있지만, 남송에서는 주자가 보완했다고 하는 『주자증손여씨향약朱子增損呂氏鄕約』이 있고 주자학의 성행과 함께 널리 이용되게 되었다. 명대에 와서 정통(正統)의 초기에 조주지부(潮州知府)의 왕원(王源)이 관내에 향약을 강론했다고는 하지만, 이는 남송의 여씨향역을 이용했던 것으로 일반적으로 그다지 향약은 활성화되지 않았다. 이것이 재차 성행하기 시작한 것은 왕양명이 정덕13년에 남공지방에서 이 향약을 시행하면서 부터이다.

더구나 이 양명의 향약의 배경에는 앞서 들었던 십가패법이 일부 지방에서 형식적으로 실행하여 드러난 결점을 강화했던 것에 의미가 있었던 것이다. 즉 양명의 남공향약에서는 한 마을을 하나의 향약으로 구성해서 연륜과 덕망이 있는 한 사람을 약장(約長)으로 하고, 약부(約副) 두 사람과 약정(約正) 네 사람으로 정한다. 그리고 그 밖의 역할을 정하고 장부 3권을 구비하여 한 권은 향약의 명부, 나머지 두 권은 매월 말 모임을 갖고 행한 선행과 나쁜 일의 두 항목을 기입했던 것이다. 여기서 향약의 내용으로 삼은 것은 대개 여씨향약의 정신과 형식을 답습한 것이었지만, 크게 다른 점은 여씨향약에서 "덕업상권德業相勸・과실상규過失相規・예속상교禮俗相交・환난상휼患難相恤"의 네 강령이 중심 테마였다. 그것이 명대 중기까지 준수되어왔던 것에 대해서 양명 이후의 향약에서는 권선징악적인 요소가 보다 구체적으로 첨가되어온 것처럼 명말에 있어서 향약이 유행하게 되자 명의 태조시기에 나온 『교민방문敎民榜文』에 보이는 여섯 가지 깨우침이 중심이 되고 있는 점은 주목할 만한 현상이다. 『지나지방발달사支那地方發達史』 가운데 마쯔모토 요시미(松本善海)가 서술하고 있는 것처럼 이 향약은 명초 이래로 지방자치조

직으로서 만들어진 이노인제(里老人制)129)를 연장한 것이고, 또한 같은 시기에 양명은 향토방위를 위해 촌락에 보장(保長) 한 명을 정하고 각 촌락에 망루를 세웠으며, 신호를 위해 큰 북을 구비했다고 하는 보갑법(保甲法)과 밀접한 연관을 맺고 있는 것이었다. 따라서 이 향촌보갑이 "간통은 용서받을 수 없고, 도적질은 스스로 멈추고, 지역사람끼리의 다툼에 대한 잘못을 숙지하여 송사 또한 간이했다. 한 마을의 다스림은 진정 최선의 노력을 다해야만 한다."는 좋은 법령으로서 각 지역의 지방관에 의해 이후 명말에 걸쳐서 각 촌락의 자치기능의 중요한 시책으로서 성행했던 것은 양명의 존재에 대한 큰 의의 중에 하나라고 생각할 수 있다.

7) 『고본대학』과 주륙의 다름과 같음

양명이 남공에서 도적토벌을 하던 중에 문중의 제자에게서 건네준 편지 속에 "산중의 도적을 토벌하는 것은 쉽지만, 내 마음 속에 있는 적을 없애는 것은 어렵도다!"130)라고 한 말은 유명하지만, 그 정도로 전쟁의 진지에서도 강학에 매진했던 양명의 최대 과제는 무엇이었을까? 그 구체적인 성과가 『고본대학古本大學』・『주자만년정론朱子晚年定論』・『전습록傳習錄』에 결집되었다.

일찍이 주자는 자신의 일생을 『대학』을 강론하는 일에 받쳤는데, 주자는 『대학』을 경(經)과 전(傳)으로 나누고, 전(傳)의 제5장에 격물치지를 보충하고, 친민(親民)을 신민(新民)으로 개정했다. 이것이

---

129) 역자 주 : '이노인제'란 이장(里長)처럼 교체되어 바뀌지 않으면서 권농, 치안 등 향촌의 전반적인 질서를 관리하는 제도이다.
130) 『陽明全集』권4, 「與楊仕德辭尚謙」, "嘗寄書仕德云, 破山中賊易, 破心中賊難."

주자의 『대학장구大學章句』이다. 양명도 용장 이래로 『대학』을 강습한 끝에 주자의 장구본(章句本)에 의문을 제기하고, 보정을 하지않은 『예기』 중의 원본, 즉 「고본대학」에 문장의 뜻을 명백히 하여 정덕13년(1518)에 『고본대학』을 출판했다. 이는 분명히 주자학적인 해석을 뒤집은 것이다. 양명의 『대학』에 대한 의견은 그 후 가정6년(1527)에 양명이 사전(思田)토벌하러 갈 때 문하의 제자인 전덕홍에게 준 최후의 교훈이라고 하는 『대학문大學問』에 보다 자세히 보여주고 있다. 여기서 다케우찌박사는 주자와 양명과의 서로 다른 점을 요약해 다음과 같이 말한다. (1)주자는 『대학』을 옛날의 대학교육법을 적었던 것에 대해서, 양명은 대인(大人)의 학문, 즉 훌륭한 인물이 되는 도를 가르치는 것으로 보고 있다. (2)주자는 고본에서 잘못 섞여있는 것이 있다고 해서 개정을 했다고 하는 것에 대해서, 양명은 고본 그대로 완전하다고 말하고 있다. (3)주자는 격물치지의 전(傳)이 빠져있는 것을 보고 보전(補傳)을 만들었다고 하는 것에 대해서, 양명은 보전이 필요없다고 주장한다. (4)주자가 친민을 신민으로 개정해서 읽어야만 한다는 것에 대해서, 양명은 친민 그대로 읽어도 된다고 하였다. (5)주자는 치지격물(致知格物)을 사물의 이치를 궁구해 나감으로써 나의 앎을 확충하는 의미로 해석하고 있는 것에 대해서, 양명은 의념(意念)이 발동해서 일어나게 된 일을 바르게 행동함으로써 양지(良知)의 본성을 궁구한다는 의미로 보고 있다.

이처럼 양명의 입장은 당시에 주자의 장구본(章句本)에 의거하던 일반학자들로서는 정말로 커다란 충격이었다고 생각된다. 하지만 양명의 학설이 주자와 상이한 것은 양명이 육상산의 학문을 계승했기 때문이라고 말해도 당연한 귀결이었다. 따라서 이것만으로 정면

충돌을 시도했던 양명의 고심은 또한 대단한 것이었다. 정덕4년에 석원산(席元山)이 양명에 대해서 '주륙(朱陸)의 이동(異同)'을 질문했던 것처럼, 그 즈음에 주륙의 이동을 매개로 해서 양명의 학설에 대한 비난이 높아가던 차에 스스로 자신의 입장을 주자학과 조화시키기 위해서 『주자문집』 중에 만년의 정설(定說)이라고 생각되는 34통을 골라내어 『주자만년정론』을 지었다. 이 자서(自序)는 정덕10년 11월에 쓰여졌지만, 본서가 완성된 것은 정덕13년에 『고본대학』의 간행과 같은 시기였다. 양명은 특히 주자학을 배반하려는 것이 아님을 밝히려는 의도를 가지고 본서를 편찬했던 것이다. 또한 8월에 서애가 남긴 양명의 답문14조항과 육징(陸澄)의 80조항, 설간의 35조를 합해서 제자인 설간은 『전습록』을 간행했다. 무엇보다 『전습록』은 그 후 제자들에 의해 점차 증보되었는데, 이 시기를 전후해서 간행된 이러한 모든 책은 양명학의 중요한 저작이 되었던 것이다.

3. 양명과 그 이후

1) 영왕신호의 반란

정덕14년(1519)6월에 48세의 양명으로서 생애의 큰 사건이라고 해야 하는 영왕신호(寧王宸濠)의 반란이 발발했다. 영왕은 태조의 제17대인 아들 주권(朱權)의 자손으로 성조 시기에 대령(大寧 : 열하 능원현)으로부터 강서성의 남창(南昌)에 봉해져 신호에 이르게 되었는데, 그는 국정의 혼란을 틈타 황제의 야망을 품었다. 그리고 마침내 반란을 일으켜 남창에서 병사를 일으켜 남강구강을 공략하여 남경으로 진격하는 도중에 안경(安慶 : 안휘성 회령현)을 포위했다. 일찍이 복건성의 반란을 진정시키기 위해 남창으로부터 적어도 사오십 킬로미터 떨어진 풍성(豊城)에 있던 양명은 곧바로 길안(吉安)까지 되돌아가서 영왕의 반란을 조정에 보고함과 동시에 영왕토벌을 위해 병사를 일으켜서 허술한 신호의 본거지인 남창을 공격했다. 놀란 신호는 당황한 나머지 남창으로 되돌아 왔고, 양군이 격돌한 끝에 신호는 대패해서 7월26일에 결국 양명에게 체포되고 다행히 이 반란도 42일 만에 평정되었던 것이다.

이 사건은 황족의 반란이라는 국가로서는 중대한 사건이었다. 그것에 대해 양명의 신속하고 기민한 행동은 마치 그의 군략가적인 자질을 유감없이 입증했다. 또한 국가의 일대 위기를 구했다는 점에서 양명의 군에 대한 공로는 당연히 빛났던 것으로서 특별히 우대했어야만 했다. 하지만 조정에서는 솔직히 반드시 이를 받아들였던 것은 아니다. 조정에서는 양명의 승전보가 아직 도달하기 전에 무술과 관련된 일을 좋아했던 무종은 측근에 있던 환관들의 입방아에 편승해서 신호를 직접 정벌할 것을 미리 알려 두었다. 따라서 새삼스럽게 남쪽 정벌의 차비를 그만두려하지 않았다. 오히려 측근들은 양명을 중상모략해서 음으로 양으로 양명을 실추시키려고 하였다. 거기서 양명이 항주에 도착하자 그를 이해해 주었던 환관 장영(張永)에게 신호를 건네주자마자 유유자적하게 전당(錢塘)으로 휴양을 겸해 강서에서 훌쩍 물러갔던 것이다.

이것에 대해서 황제측근에 서있던, 특히 양명에 대항의식을 가지고 있는 무리는 남창에서 병사를 이끌고 양명이 무리하게 어려운 문제를 불러일으키기도 해서 양명을 남경에서 끌어내려고 계획했다. 하지만 결국 정덕15년 7월에 양명이 새롭게 고친 전승(戰勝)의 보고를 제출하고, 거기에서 환관무리의 이름을 넣는 일은 거두었다. 무종은 남경에서 신호를 넘겨받아 윤8월에 결국 북으로 돌아가는 여행계획을 세웠다. 그리고 그 해 12월에 월통주(月通州)에 이르자 신호에게 자살을 명하고 북경으로부터 환각했다. 하지만 이미 병이 생긴 무종은 다음해 16년(1521) 3월에 세상을 떠났고, 4월에 세종이 즉위했다.

2) 치양지설

이 정도의 공적을 들었던 양명에 대해서 무종시대의 조정에서는 이 공적을 질투하고, 또한 그 학문을 흔쾌하게 생각하지 않았던 사람이 많았기 때문에 어떤 처우도 실행되지 않았다. 하지만 양명은 그러한 것에 개의치 않고 남창에서 점차 강학에 힘써 매진하였다. 진구천(陳九川)·구양덕(歐陽德)·위양필(魏良弼) 등의 문하에서 준수한 사람들이 강석(講席)에 모시고 가르침을 받았다. 이즈음에 문인의 제자로서 있기도 하고 마음을 달리 먹어 변하기도 했던 사람의 부류에는 태주(泰州 : 강소성)의 왕간(王艮)과 진현(進賢 : 강서성)의 서분(舒芬) 등이 있다.

그런데 신호의 난과 측근 환관의 압박 등을 체험한 양명은 정덕 16년에 비로소 치양지설(致良知說)을 드러냈다. 양지란 『맹자』의 "사람이 배우지 않아도 잘 할 수 있는 바를 일러 양능라고 한다. 생각하지 않아도 알 수 있는 바가 그 양지이다."[131]라고 하는 말에 기초했다. 『전습록』 가운데 아마도 이 양지의 설을 최초로 들었다고 생각할 수 있는 진구천(陳九川)의 기록이 있다.

> 경진(庚辰)(정덕15년, 양명 49세)에 건주(虔州)에 찾아가서 재차 선생을 뵙고 "근래 공부는 점점 요점을 깨달은 듯하지만, 또한 온당하고 흡족한 경지는 찾기어렵습니다."라고 말씀드리고 가르침을 청했다. 그러자 선생께서 답하기를 그대는 도리어 마음에서 하나의 천리를 찾는데, 그것이 바로 이른바 이치가 장애가 된다[理障]는 것이다. 여기에는 진실로 간결한 비결이 있다. 구천이 그것이 무엇인가라고 물으니 "다만 앎에 이르는 것이다."라고 답하셨다. 구천이 묻기를 "어떻게 해야 이를 수 있습니까?"라고 묻자, 다음과 같이 가르쳐주셨다. "자네가 가지고 있는 양지(良知)야말로 그대 자신의 준칙이다. 양지는 그대의 의념을 드러내는데 있어서 옳은 것을 옳은 것으로 알고 그른 것을 그른 것으로 아는 것이니, 조금이라도 이를 속일 수 없는 것이다. 예를 들면 그대도 이 양지를 속이지 않고 진실하게 그 지시한 대로 해 나가면 선한 것을 보존하고 악한 것을 제거할 수 있다. 그 때 마음이

---

131) 『孟子』「盡心 上」.

온당하고 흡족해 질 것이다. 이것이야 말로 격물의 진수이고, 치지의 실질적인 공부이다."라고 했다.132)

그리고 이 양지란 마치 『대학』에서 말하는 치지의 설이고, 또한 종래 양명이 주장해 온 심즉리의 입장, 즉 천리를 보존하고 인욕을 제거한 천리야말로 이 양지인 것이라고 명시해 왔던 것이다.

정덕16년(1521)에 세종조에 이르러 양명의 공적에 대한 재검토가 진행되어 6월에 남경병부상서에 오르고, 12월에 신건백(新建伯)에 책봉되었다. 일찍이 가정원년(1522) 2월에 아버지 왕화가 세상을 떠났기 때문에 양명은 관례에 따라 그 직책에서 물러나 고향에서 삼년상을 치렀는데 그대로 상이 끝난 후에도 관직을 부여받지 못했다. 그것은 어찌 된 일일까? 사실은 세종시대가 되어 양명에게 부여된 관직과 신건백도 그 내용은 매우 형식적인 이름일 뿐이었다. 그렇게 말하는 것도 신제(新帝)의 즉위라고 말하면서 실제로는 중앙의 실력자인 태학사(太學士) 양정화(楊廷和)의 세력이 강해져 그를 중심으로 한 조정의 신하들이 음으로 양으로 양명에 대한 방해를 펼쳤기 때문이다. 게다가 가정3년 2월에 양정화는 대례(大禮)문제로 세종과 대립하여 사임한 후 양명의 제자들이 강력히 추천했지만, 역시 양명을 중앙에서 맞이하려는 분위기는 일어나지 않았다. 그것은 중앙의 조신들이 더욱 양명에 대한 반대의 입장이 강했던 것, 또

---

132) 『傳習錄 下』, "庚辰往虔州, 再見先生問, 近來功夫雖若稍知頭腦, 然難尋個穩當快樂處. 先生曰爾却去心上尋個天理, 此正所謂理障. 此間有個訣竅. 曰請問如何. 曰只是致知. 曰如何致. 曰爾那一點良知, 是爾自家底準則. 爾意念着處, 他是便知是, 非便知非, 更瞞他一些不得. 爾只不要欺他, 實實落落依着他做去, 善便好, 惡便去. 他這裏何等穩當快樂. 此便是格物的眞訣, 致知的實功. 若不靠着這些眞機, 如何去格物. 我亦近年體貼出來如此分明. 初猶疑只依他恐有不足, 精細看無些小欠闕."

한 양명이 대례문제에서 반드시 세종 측에게 유리한 의견을 보여주지 못한 것에도 기인한다.

다만 그 사이에 문인은 나날이 모여들었다. 가정2년에 왕기(王畿)가 입문하고, 또한 소흥지부의 남대길(南大吉)도 그 제자가 되었다. 가정3년 8월15일에 중추절을 맞이해 천천교(天泉橋)에서 주연을 열 때 참가한 제자는 백여 명이었고, 술잔을 돌리며 노래를 부르고, 투호하고 북을 치는 등 모두가 흥에 겨워 한바탕 즐겼다고 한다.

3) 사전의 토벌

가정6년(1527)에 양명이 56세 되던 해 여름에 별안간 남경병부상서(南京兵部尙書)의 원관(原官)으로서 도찰원좌도어사(都察院左都御使)를 겸하여 광서(廣西)의 사은(思恩 : 무명현武鳴縣)과 전주(田州 : 백색현百色縣) 지방에서 폭동을 일으키고 있는 노소(盧蘇)·왕수(王受)의 토벌을 명받았다. 하지만 거듭 흉부질환으로 고통받고 있던 양명의 몸이 이 시기에는 한층 호전되지 않은 상황이어서 스스로 "신의 병은 이미 오래되어 발열과 가래기침이 나날이 심해져 한 달 사이에 깊어졌습니다. 다시 한번 기침이 재발하여 매일 같이 거의 혼절의 상태에 까지 이르러 시간이 오래 지나야 비로소 호전될 것 같습니다."라고 상소를 올리고 그 명령을 거절했다. 하지만 조정에서도 또한 이를 허락하지 않자, 같은 해 8월에 마음을 굳게 먹은 양명은 자신의 자식들에게 「객좌사축客座私祝」[133]이라는 글을 남기

---

133) 역자 주 : 이 글은 광서 지방을 떠나기 전에 양명이 자식들에게 객지로 떠나게 됨을 사사롭게 축원한다는 교훈적인 내용으로서, 자신이 객지로 떠나면서 자식들의 안위를 사적으로 부탁하는 글이다. 그리고 이 글은 친족과 친구 그리고

고, 9월9일에 마침내 월성(越城)을 출발해 광서로 향했다.

양명이 출발하기 전날 밤에 전덕홍과 왕기는 장원충(張元冲)을 방문하고 양명의 학문의 근본에 대해 논했다. "왕기가 선생님의 가르침을 들어서 말하기를 선생님이 선도 없고 악도 없는 것은 마음의 본체이다, 선도 있고 악도 있는 것은 의념(意)의 움직임이다, 선을 알고 악을 아는 것은 양지이다, 선을 행하고 악을 없애는 것은 격물이다."134)를 사구결(四句決) 또는 사언교(四言敎)라고 일컬었지만, 만일 양지(良知) 즉 마음의 본체는 무(無)에 철저하다면 의(意)도 지(知)

> 문하생들에게 까지 일독할 것을 청했다. 이에 대한 구체적인 내용은 다음과 같다. "오직 바라는 것은 온화하고 공손하며 직언을 서슴지 않으며 성실한 친구들이 이곳에 와서 학문을 강의하고 도를 논하며, 효심과 우애와 겸손과 화목을 몸소 실천해 보이고, 덕됨을 서로 권장하고 과실을 올바로 잡도록 하여 내 자식들을 가르쳐서 잘못되거나 편벽됨에 사로잡히지 않도록 한다. 내가 바라지 않는 것은 다만 정적으로 온전치 못하고 게으른 사람들이 이곳에 와서 주사위 놀이와 바둑 그리고 음주를 통해서 오만해지는 것이다. 그리고 잘못된 것을 억지로 꾸며서 교만하고 사치 등과 같은 음사한 일에 이끌려 재산을 탐내고 재화를 어지럽히는 모의 등을 통해서 유혹하며, 혼란스러워서 부끄러움을 모르고 선동과 미혹에 휩싸여서 내 자식의 부족함을 드러내는 것이다. 아! 앞의 부분에서의(『시경』「당풍唐風・실솔蟋蟀」)설명은 온전한 사람을 일례로 든 것이다. 뒷 부분의 설명은 (『서경』「태서」)에서 나쁜 사람의 일례를 든 것이다. 내 자식이 진실로 선량한 사람을 멀리하고, 만일 나쁜 사람과 가까이 한다면 이는 반역의 자식이다. 이를 경계해야 한다! 이를 경계해야 한다! 가정6년 8월에 이제 막 양광으로 떠나기 전에 이 글을 적어서 내 자식에게 경계하도록 하고, 아울러 이곳까지 와 주신 여러 분들에게 감사드린다. 한 번 읽어서 가르침을 주기를 청한다."(但願溫恭直諒之友來此講學論道, 示以孝友謙和之行, 德業相勸, 過失相規, 以教訓我子弟, 使毋陷於非僻. 不願狂憢惰慢之徒來此博弈飲酒, 長傲飾非, 導以驕奢淫蕩之事, 誘以貪財黷貨之謀, 冥頑無恥, 扇惑鼓動, 以益我子弟之不肖. 嗚呼 由前之說, 是謂良士, 由後之說, 是謂凶人. 我子弟苟遠良士而近凶人, 是謂逆子, 戒之戒之. 嘉靖丁亥八月, 將有兩廣之行, 書此以戒我子弟, 并以告夫士友辱臨於斯者, 請一覽敎之.)(『陽明全集』권24「外集 六・客座私祝」)
134) 『傳習錄 下』, "汝中擧先生敎言, 無善無惡是心之體, 有善有惡是意之動, 知善知惡是良知, 爲善去惡是格物."

도 악(惡)도 없다고 하였다. 이에 "전덕홍은 말하기를 마음의 본체는 하늘이 명한 본성으로서 무선무악(無善無惡)이다. 하지만 인간에게는 습관화된 마음이 있어서 의념에 어쨌든 선악이 발생시킨다. 여기서 격물·치지·성의·정심·수신, 이것은 바로 그 성체를 회복하는 공부이다. 만일 의념에 원래 선악이 없다면 공부 또한 말할 필요가 없을 것이다."135)라고 했다. 여기서 두 사람은 양명에게 이에 대해서 물어보자, 양명은 두 사람을 천천교(天泉橋)136)에 데리고 가서 차분히 말했다. "여중의 의견은 내가 여기서 근기가 있는 좋은 사람을 교화하는 방법이고, 덕홍의 의견은 내가 여기서 그 다음의 소질의 사람을 교화하는 도(道)이다. 그렇기 때문에 두 사람은 서로 일방적으로 고집할 것이 아니라 서로 의론해 본다면 보통사람 이상이나 이하의 사람들을 도로 인도해 들어갈 수 있을 것이다."137)라고 가르쳤던 것이다. 이것이 이른바 양명의 최후의 교시라고 할 수 있는 것이었지만, 양명이 세상을 떠난 후 양명학이 유행함에 따라서 이 두 가지 입장은 양명학을 크게 분열시켰다. 월성을 나온 양명은 상산(常山)에서 광신(廣信)을 거쳐 남창에 들어서자, 수많은 사람들이 거리를 가득 매우고 양명을 환영했다. 양명은 다음날 공자의 서당에서 예를 올리고 명륜당에서 대학의 강의를 시행했는데 청중은 입추의 여지없이 가득차서 듣지 못한 자들도 많았다. 이렇게 하여 광서의 오주에 들어가서 막부를 열었는데, 이윽고 양명에게 두 개의 넓은

---

135) 『傳習錄 下』, "德洪曰心體是天命之性, 原是無善無惡的, 但人有習心, 意念上具有善惡在. 格致誠正修此正是復那性體功夫, 若原無善惡, 功夫亦不消說矣."
136) 역자 주 : 이 문답을 흔히 '천천교문답天泉橋問答' 혹은 '사구교문답四句敎問答'이라고 한다.
137) 『傳習錄 下』, "汝中之見, 是我這裏接利根人的, 德洪之見, 是我這裡爲其次立法的. 二君相取爲用, 則中人上下皆可引入於道."

지역을 잘 다스리라는 명령이 내려진 것이다. 양명은 사전(思田)의 상황을 조정에 알리고, 위안정책을 건의하여 승낙을 얻어내고 점차 그 정책을 실행함으로써 배반해 전향한 도적은 지속적으로 투항하여 전쟁은 마침내 정덕7년 2월에 평정되었다. 여기서 양명은 민생의 안정을 위해 사전(思田)에 학교를 세웠고, 또한 남령(南寧 : 광서성光西省)에도 부문서원(敷文書院)을 열어서 교화에 전념했다.

4) 양명의 임종

정덕7년(1528) 7월에 양명은 또한 광서성 안의 팔채(八寨)와 단등협(斷藤峽)에 있는 수만 명의 오랑캐 무리를 궤멸시키고, 그 중 이 무리 3천여 명을 사살하여 그 전승을 보고했다. 하지만 그 무렵에 양명의 병상은 점점 악화되고 있었다. 그래서 10월 10일에 상소를 올려 휴가를 청함과 동시에 남령에서 배를 타고 심강(潯江)을 내려갔다. 도중에 오주(梧州)에서는 15세 때에 꿈에서 본 복파장군(伏波將軍) 마원(馬援)의 묘에 배알하며 오랜 임무를 수행했고, 11월25일에 대유령(大庾嶺)의 매령관(梅嶺關)을 넘어서 강서성의 남안(南安)에 도착해 배를 탔다. 같은 땅의 관리를 맡고 있던 양명의 문인인 주적(周積)이 마중을 나오자 양명은 다시 깊어진 기침을 해 가면서 "최근 학문의 방향은 어떠한가?"라고 물었다. 주적은 자신의 상태에 대해서 말하고, "몸의 건강은 어떠하신지요?"라고 묻자, "몹시 좋지 않네! 다만 기력으로 유지할 따름이지."라고 답했다. 주적은 곧바로 의사를 불러 약을 부탁했다. 28일에 저녁 배는 청룡포(靑龍舖)에 다다르자, 주적이 준비해 놓은 침상에 앉자 양명은 잠시 눈을 뜨고 "나는 이제 가는구나!"라고 말했다. 주적은 눈물을 흘리면서

"무슨 유언의 말씀이라도?"라고 여쭙자, "이 내 마음이 빛나고 밝으니 다시 무슨 말을 하겠느냐![此心光明, 亦復何言]"[138]라고 하면서 살며시 웃으며 말했다. 그리고 이내 숨을 거두었다. 가정7년 11월29일 오전8시에 양명의 나이 57세였다.

일찍이 양명이 대유령을 넘었을 때 강서의 참정(參政) 왕대용(王大用)은 양명이 임종이 가까워진 것을 헤아려서 조용히 관을 준비해 두었기 때문에 공주(贛州)에서 군의 일을 맡아하는 문인 장사총(張思聰)이 남야역(南埜驛)에 도착해 여기서 관을 만들고 12월 3일에 입관식을 거행했다. 그리고 다음날 배에 실어 남창으로 향했다. 한편 8년 정월에 전덕홍과 왕기 등을 비롯해 양명의 자식인 왕정헌(王正憲)도 도착하자 자제와 문인이 지켜보는 가운데 관은 2월 4일에 월성에 귀착했다. 그 해 11월 11일에 양명의 유해는 월성으로부터 약 이십 킬로미터 떨어진 홍계(洪溪)에 묻혔다. 이 때 장례식에 참석한 사람이 천여 명에 달했다.

5) 양명의 사후의 흐름

그런데 양명은 신병을 이유로 양광순무(兩廣巡撫)의 사임을 청했을 때 친한 친구인 임부(林富)를 후임으로 추천했었다. 이 때 조정에서는 가정8년 정월에 임부를 양광순무에 임명했는데, 양명은 조정의 명령을 기다리지않고 임무를 수행하러 떠났다고 하는 것이 물의를 빚게 되었다. 또한 양명의 학술과 공적에 있어서도 문제가 있다고 하는 의견이 나오자 마침내 신호의 난의 평정과 사전의 토벌에

---

138) 『陽明全集』권33, 「年譜 三」.

는 공이 있지만 그의 학술은 선유(先儒)인 주자의 논을 비방하고, 사설(邪說)을 늘어놓으며 사람들을 모아서 한결같이 한 사람의 주창한 것을 따르게 하고 있다. 이로써 선유로부터 전하여 익힌 것이 와전되어 거짓을 일삼는 기만이 매일매일 극심해지는 것은 죄가 되는 것으로서 작위의 세습을 정지시키고 일체의 포상을 거둠과 동시에 위학(僞學)의 금지령이 내려졌던 것이다.

  이 의견을 주장한 내막에는 일찍이 양명을 흔쾌히 생각지 않았던 이부상서(吏部尙書) 계악(桂萼)이 있었다. 그리고 그는 특히 양명의 학문에 대해서 금지령을 점차 엄격하게 통제했다. 하지만 양명의 학문은 그 후 세상에 널리 보급되어 이 학문을 따르는 자가 많아져 각지에 서원이 건립되고 양명을 제사지내는 등과 같은 뜻을 갖는 모임을 개최했다. 가정11년에 방헌부(方獻夫) 등이 경사(京師)에서 만났을 때 황관・구양덕(歐陽德) 등 사십여 명이 모였다. 또한 이듬해 구양덕은 남기(南畿)에서 뜻을 같이하는 사람들을 모았고, 가정 13년에 추수익(鄒守益)은 안복(安福)에 복고서원(復古書院)을 건립했으며, 이수(李遂)는 구록(衢麓)에 강사(講舍)를 짓고 양명을 배향했다. 또한 같은 해 귀양(貴陽)에서도 왕공사(王公祠)가 건립되어 강학이 진행되었다. 그 밖에 가정18년(1539)에 강서제학부사(江西提學副使) 서해(徐階)가 남창에 앙지사(仰志祠)를 건립해 양명을 배향하여 강서의 양명학 발전에 큰 힘이 되었다. 혹은 절강 영강현(永康縣)의 서북수암(西北壽岩)에 응원충(應原忠)이 서원을 건립하고, 범반야(范半野)는 절강 청전현(靑田縣)에 혼원서원(混元書院)을 건립했다. 또한 호남 진주(辰州)의 호계정사(虎溪精舍), 강서 만안현(萬安縣)의 운흥서원(雲興書院), 광동 소주(韶州)의 명경서원(明經書院), 강소 율양현(溧陽縣)의 가의서원(嘉義書院), 안휘경현(安徽涇縣)의 수서서원(水

西書院), 안휘선성(安徽宣城)의 지학서원(志學書院) 등 각지에 서원이 건립되었던 것이다.

이처럼 양명학이 세상에 유행하고 그 흐름에 동조한 사람이 세월과 함께 점차 들어나고 또한 상하 관리에게까지 널리 퍼져가게 되자, 중앙의 고위 관리들에게서도 양명학적 입장을 표명하는 사람들이 나왔다. 가정(嘉靖) 말기에 대학사(大學士) 이춘방(李春芳)은 양명의 사당에서 비문을 썼다. 이와같은 분위기를 배경으로 가정42년(1563)에 연보가 완성되었고, 45년에 『양명문록속편陽明文錄續編』이 나왔다. 그리고 목종(穆宗)조에는 예과도급사(禮科都給事) 신자수(辛自修)와 하남도감찰어서(河南都監察御使) 왕호문(王好問) 등이 상소하여 융경(隆慶)원년(1567) 5월에 마침내 왕양명에게 문성(文成)이라는 새로운 시호가 내려짐으로서 양명의 명예가 회복되었던 것이다. 또한 이듬해 2년 6월에 양명의 후임자 정억(正億)이 백작(伯爵)을 계승하게 되어 매년 천석의 곡식을 지급받게 되었다. 한편 급사(給事) 가운데 조광(趙軏)과 어사 주홍조(周弘祖)가 설선(薛瑄)을 공자묘에 종사해야한다고 제시한 의견과 병행해서 어사 경정향(耿定向)은 왕양명도 함께 종사할 것을 상소했다. 이렇듯 양명이 설선과 진헌장 등과 함께 성학(聖學)의 진정한 가르침을 전했기 때문에 공자묘에 배향하자고 하는 의견이 높았고, 신종(神宗)의 만력(萬曆)12년(1584)에 마침내 공자묘에 종사되도록 했던 것이다.

6) 명대의 가훈과 양명

그런데 양명에서 지양된 심학적 의식은 반드시 양명 및 그 문하의 제자들에게만 있는 의식은 아니다. 역시 그 시대의 사조 가운데에서 확대되어 있었던 것이다. 양명은 성인의 학문은 심학에 있다고 하여 "리란 모두 이 마음 속에 있으니, 마음은 곧 리이다."[139]라고 한다. 그래서 "몸의 주재는 곧 이 마음이다."[140]와 "성인이 성인인 까닭은 다만 그 마음의 천리를 따르고 인욕의 섞임이 없기 때문이다."[141] 즉 내가 성인이 되고자 한다면 또한 다만 이 마음의 천리를 따르고 인욕을 없애는 것일 뿐이라고 한다. 즉 어떤 사람이라도 배워서 인욕을 없애고 마음이 순수하게 천리에 따르게 된다면 성인이 될 수 있다. 그 마음이야말로 몸의 주재라고 말하는 것이다.

이처럼 마음을 주장한 태도는 가정(嘉靖) 이래로 가훈에서도 볼 수 있다. 가정4년(1555)에 당시의 권력자 엄숭(嚴嵩)에게 저항해 비운의 최후를 마친 양단성(楊斷盛)이 그 두 아들 응미(應尾)와 응기(應箕)에게 남긴 유품에 "마음은 사람의 한 몸에 있어서 주인이다. 나무의 뿌리와 같이 과실의 꼭지처럼 무엇보다 먼저 마음을 어기지 말아야 한다. 마음에 만일 천리를 보존하고 공도(公道)가 보존된다면 곧 일을 수행해도 모두 잘 진행될 것이니, 군자란 이와같은 사람이다. 마음에 만일 인욕이라는 사사로운 뜻을 가졌다면 일이 잘 진행된다고 하여도 결국 매듭이 없고, 외모를 잘 꾸민 사람에게 호감을 갖는다고 해도 사람에게 간파된다."고 말했다. 또한 명대의 일조편법(一條鞭法: 명나라 후기부터 청나라 초기까지 중국에서 시행된 세역 제도)의 수행에 노력한 롱상붕(龐尙鵬)이 융경5년(1571)에 만든 『롱씨가훈龐氏家訓』에서는 "무릇 사람에게는 심지(心地)있다. 심지가 좋으면 이는 훌륭한 선비이고 심지가 나쁘다면 이는 흉한 무

---

139) 『傳習錄 上』, "都只在此心, 心卽理也."
140) 『傳習錄 上』, "身之主宰便是心."
141) 『傳習錄 上』, "聖人之所以爲聖, 只是其心純乎天理, 而無人欲之雜."

리이다. 예를 들면 나무의 과실처럼 마음은 꼭지이다. 만일 꼭지가 떨어지면 과실은 반드시 떨어진다."라고 말하고 있다.

또한 양명과 친했던 곽도(霍韜)는 그의 가훈에서 "동몽은 마음을 기르는 것을 근본으로 삼는다. 마음을 바르게 하면 곧 총명해진다. 그런 까닭에 잘 그 마음을 바르게 하면 비록 어리석은 자일지라도 반드시 밝아지게 되고, 막힌 자라도 반드시 총명하게 된다. 그 마음을 바르게 할 수 없다면, 비록 밝아졌다고 하더라도 반드시 어리석게 되고, 비록 총명해졌다고 하더라도 반드시 막히게 된다. 마음을 바르게 하는 것이 지극해지면 총명하게 모든 것이 드러나게 되어 선비가 현인이 되고 현인이 성인이 된다. 비록 처음부터 어리석은 자일지라도 또한 훌륭한 선비가 된다. 따라서 마음을 기르는 것이 필요하다고 말하는 것이다."142)라고 말한다. 또한 "어린아이의 양지를 아직 잃지 않았다면 무엇보다 교화하기 쉽고, 이것은 인(仁)을 행하는 단서가 된다."143)고 한다. 따라서 이는 "인욕을 막아서 천리의 근본을 확충하는 것이 모름지기 공부이다."144)라는 양명의 견해와 통하는 점이 있다.

또한 전효(錢曉)가 고친 『정위잡록庭幃雜錄』에서는 송유와 양명을 비교해 "송유는 사람을 가르치는 데에 오로지 독서하는 것을 학문하는 것으로 삼았다. 그 도를 잃으면 저속해진다. 근세에 왕양명은 모든 송유의 병폐를 일소하고 사람을 가르치는데 오로지 언어와 문자

---

142) 『霍渭厓家訓』권1, 「蒙規 一」, "童蒙以養心爲本. 心正則聰明. 故能正其心, 雖愚必明, 雖塞必聰. 不能正其心, 雖明必愚, 雖聰必塞. 正心之極, 聰明天出, 士而賢, 賢而聖. 雖資下愚, 亦爲善士, 曰養心有要乎."
143) 『霍渭厓家訓』권1, 「蒙規 二」, "童子良知未喪, 最易敎導, 此行仁之端也."
144) 『傳習錄 上』, "去人欲, 存天理, 方是功夫."

의 밖에서 구했다. 그 이치를 잃으면 허망해진다. 자로가 하필 독서를 한 이후에야 학문을 한다고 하겠습니까?145)라고 말한 것을 본즉 공문(孔門) 또한 일찍이 독서하는 것을 학문하는 것으로 삼았다. 다만 모름지기 본령의 공부를 얻고 비로소 일을 그르치지 않게 될 뿐이다. 맹자가 말하기를 학문의 도는 다른 것이 아니라 오직 그 놓인 마음을 구하는 것일 따름이다. 놓인 마음을 구하는 것, 이것이 본령이니 학문은 여기서 지엽적인 것이다."146)라고 말했다. 이 놓인 마음을 본령의 공부로 삼는 입장은 사실 육왕(陸王)에 대한 공부였다.

이처럼 명대 가정 무렵부터 가훈의 종류 가운데에는 마음을 논하는 의식이 강하게 보이고, 송으로부터 원, 또는 명초기 무렵의 가훈과 크게 다르다. 즉 송 이래로 주자학적 도덕의식은 명대 중기 무렵부터 '심학적 의식', 바꾸어서 말하면 육왕학적 의식에서 변화해 온 것이 이들 가훈으로부터 충분히 알 수 있는 것이다.

7) 양명과 선악

양명은 그 대표작인 『대학문大學問』에서 다음과 같이 말했다.

무엇을 수신이라고 하는가? 선을 행하고 악을 없애는 것을 말한다. 내 몸, 즉 형체 스스로가 능히 선을 행하고 악을 없앨 수

---

145) 역자 주 : 이 구절은 공자의 공부에 대한 의미를 자로는 비록 자고의 공부가 부족하기는 하지만, 백성을 다스리고 나라 일을 돌보는 것도 모두 학문하는 것으로 이해할 수 있다고 하는 반론이다.(『論語』「先進」)
146) 『庭幃雜錄 上』, "宋儒教人專以讀書爲學. 其失也俗. 近世王伯安盡掃宋儒之陋, 而教人專求之言語文字之外. 其失也虛. 觀子路曰 何必讀書然後爲學, 則孔門亦嘗以讀書爲學. 但須識得本領工夫, 始不錯耳. 孟子曰學問之道無他, 求其放心而已矣. 求放心是本領, 學問是枝葉."

있는가? 반드시 그 영명한 주재자가 선을 행하고 악을 없애려고 한 뒤라야 그 형체를 가지고 운용할 때 비로소 선을 행하고 악을 없앨 수 있다. 그렇기 때문에 『대학』에서 그 몸을 닦으려 할 때는 반드시 먼저 그 마음을 바르게 하는 데 있다. 그런데 마음의 본체는 곧 성(性)이다. 성에는 불선함이 없으니, 마음의 본체에는 본래 바르지 않은 것이 없다. 무엇을 대상으로 좇아 마음을 바로잡는 공부를 할 것인가? 대개 마음의 본체는 바르지 않음이 없지만, 그 의념이 발동한 뒤에야 바르지 않음이 생긴다. 그러므로 그 마음을 바르게 하고자 하는 자는 반드시 그 의념이 발하는 곳에서 그것을 바로 잡아야 한다. 무릇 한 생각이 발동하여 선하다면 그것을 좋아하는 것을 진실로 아름다운 여색을 좋아하는 것과 같이 하고, 한 생각이 발동하여 악하다면 그것을 싫어하기를 참으로 악취를 싫어하듯이 하면 의념[意]이 성실하지 않음이 없어서 자연히 마음은 바르게 될 수 있다.147)

이것이 양명의 처음 한 생각[一念]의 선악에 관한 의식이고, 그가 지은 「남공향약南贛鄕約」148)에서도 "우리 부모형제는 신민(新民)의 옛 잘못을 염두해서 그 선과 함께 하지않으면 안된다. 그리고 그런 생각으로 선을 행하면 선인(善人)이 된다. 저절로 백성들이 즐겨서

---

147) 『大學問』, "何爲修身. 爲善而去惡之謂也. 吾身自能義善而去惡乎. 必其靈明主宰者欲爲善而去惡, 然後其形體運用者始能爲善而去惡也. 故欲修身其身者, 必在於先正其心也. 然心之本體則性也, 則心之本體本無不正也. 何從而用其正之之功乎. 蓋心之本體本無不正, 自其意念發動而後有不正. 故欲正其心者, 必取其意念之所發而正之. 凡其發一念而善也, 好之眞如好好色, 發一念而惡也, 惡之眞如惡惡臭, 則意無不誠, 而心可正矣."
148) 역자 주 : 남공향약의 세부내용으로 첫째, 부모에게 효도하고, 둘째, 형과 어른을 공경하며, 셋째, 자손을 교훈하고, 넷째, 마음 사람들이 서로 화순하고, 다섯째, 상을 당했을 때 서로 돕고, 여섯째, 어려운 일이 있을 때 서로 도우며, 일곱째, 선할 일을 서로 권장하며, 여덟째, 악한 일을 경계하며, 아홉째, 소송을 멈추고 다툼을 없애며, 열 번째, 신의를 강론하고 화목의 도리를 닦아야 한다는 것이다.

그 수신하지 않음이 없다. 이런 생각으로 악을 행한다면 곧 악인이 된다. 사람의 선악은 자신의 생각에 달려있다."[149]고 하였다. 양명의 처음 한 생각[一念]의 선악에 대한 강론은 그가 지방에서 하는 교화의 기본원리이다. 그것은 마치 『대학』보다 발전확충된 그의 궁극적인 의식이라고 말할 수 있다.

그리고 이 양명의 의식은 이후에 만들어진 향약의 하나인 「울촌삼약蔚村三約」에서도 그대로 받아들였다. "어떠한가? 이 선을 행하는 것이란! 무릇 사람들에게는 다만 선인과 악인의 두 갈래 길이 있다. 그리고 단지 처음으로 생각이 일어나고, 한 생각으로부터 선을 행하면 선한 바가 없을 수 없으니 오로지 선인이 되고, 한 생각으로부터 악을 행하면 악한 일이 생겨나 오로지 악인이 된다."라고 말한다. 또한 앞서 들었던 양단성이 남긴 말을 살펴보자. "마음은 생각을 가지고 맡은 일을 한다. 혹은 독좌할 때, 혹은 어두운 밤에 생각이 한 차례 일어나게되면 곧 스스로 생각해서 말하면 여기에 좋은 생각이 나기도 하고 나쁜 생각이 나기도 한다. 만일 좋은 생각이 나면 곧 확충해 가서 반드시 행동으로 드러낸다. 만일 나쁜 생각이 나면 곧 차단해서 생각하지 말아야 한다. 마치 일을 실행하는데 있어서 곧 이것을 생각한다. 이 일은 천리에 부합하지 않을 수 없다. 만일 천리에 부합치 않으면 곧바로 행동을 멈추어야 한다. 만일 천리에 부합하면 곧바로 실행해야 한다. 적어도 마음을 어기어 이치를 해치지 말아야 한다."고 하였다. 이것들은 마을의 서민을 교화하고 또한 우리 자제들에게 교훈을 삼을 수 있는 형식으로서 특히 강학 중에 논하지는 않았다. 하지만 그것만으로도 당시 양명의 심학적

---

149) 『陽明全集』권17, 「南贛鄕約」.

의식의 유행에 대한 실제가 파악되고, 『대학』의 지선(至善)을 배경으로 한 선악에 대한 견해가 잘 드러나고 있다.

8) 양명학의 전파

양명의 세상을 떠난 후 양명의 학문은 한 세상을 풍미했지만, 황종희의 『명유학안明儒學案』에서는 그의 학파를 몇 개로 분류해서 상세하고 다양한 흐름을 논하고 있다. 그 중에서 "요강(姚江 : 왕양명)의 학문은 강우(江右)만이 정통을 계승했다. 동곽(東廓 : 추수익鄒守益)·염암(念庵 : 나홍선羅洪先)·양봉(兩峰 : 유문민劉文敏)·쌍강(雙江 : 섭표聶豹) 등이 그 걸출한 인물들이다. 재전(再傳) 제자로서 남당(塘南 : 왕시괴王時槐)·사묵(思默 : 만정언萬廷言)이 있고, 여러모로 양명이 충분히 서술하지 못한 취지를 근원적으로 거슬러 올라가 설명했다. 이 때 월중(越中 : 절강성)에서는 폐해가 속출하여 선생의 학설을 방패로 삼은 학자들의 입을 틀어막았지만, 강우(江右)만은 잘 이를 물리치고 양명의 도는 그 힘에 의지해 타락을 면했다. 양명의 일생 동안의 정신은 모두 강우에서 보존했다."150)고 하여 강우학파를 기렸다. 한편으로 "양명선생의 학문은 태주(泰州 : 왕간王艮)와 용계(龍溪 : 왕기王畿)가 등장함으로서 세상에 널리 성행했다. 또한 태주와 용계에 의해 결국 그 전한 바를 잃게 되었다."라고 하여 태주학파를 높이 평가한다. 또한 양명의 문하 이후에 추수익·구양덕·전덕홍을 정통파라고 한다면, 왕기와 왕간, 특히 하심

---

150) 『明儒學案』권16, 「江右王門學案一」, "姚江之學, 惟江右爲得其傳, 東廓念菴兩峰雙江其選也. 再傳而爲塘南思默, 皆能推原陽明未盡之旨. 是時越中流弊錯出, 挾師說以杜學者之口, 而江右獨能破之, 陽明之道賴以不墜. 蓋陽明一生精神, 俱在江右, 亦其感應之理宜也."

은・이탁오・나여방・주해문 등은 왕학의 좌파라고 말할 수 있을 것이다.

오카다 다케히코(岡田武彦)박사는 정통파와 좌파의 두 분류에 대해 우파로서 섭표・나홍선・유문민・왕시추를 보충하고, 세 개의 학파로 분류한다. 특히 좌파를 현성파(現成派), 우파를 귀적파(歸寂派), 정통파를 수증파(修証派)라고 칭하고 있다. 하지만 어디까지나 이들 중에서 양명문하의 말류에 두고있는 좌파, 특히 태주학파에 있어서 양명학은 눈부신 활동을 보였다. 즉 '심학의 횡류(橫流)'라고 불리는 것처럼 세상의 규범을 넘어서서 마음의 지극히 심오한 곳을 추구하고 있었다. 하지만 이들 학파에 대해 상세히 언급하는 것은 지면상 여기에서 마치도록 하겠다.

저자 후기

　주자와 왕양명은 중국유학사상사의 양대 거성이고, 송학(宋學)을 주자학이라 하고 명학(明學)을 양명학이라고 하여 여러 다양한 명칭을 붙여서 불리워질 정도의 존재이다. 따라서 이 두 사람을 논하려고 한다면 당연히 유학사상의 입장으로부터 떨어져서는 그들을 설명할 수가 없다. 하지만 주자와 양명의 유학사상을 중심으로 그들을 서술하고자 하려면 그것은 이른바 주자학과 양명학을 논하는 것이 되고 사람과 역사의 접점을 구하려고 하는 본서의 목적에는 부합하지 않으며, 또한 그것에 대해서는 이미 많은 선배제현의 논저가 출판되어 나와 있기 때문에 새삼스럽게 중언부언의 논의를 전개할 것도 없을 것이다.

　본서에서는 인간으로서의 주자와 양명을 서두로 해서 그들이 중국유학사의 가운데에서 어떠한 존재이었는가 하는 것을 생각해 보려고 했다. 여기서 먼저 첫째, 주자학과 양명학을 낳은 송대 이후의 신유학이란 어떠한 것인가?라고 하는 문제이다. 이것이 송대에 시작되면서 갑작스럽게 출현했던 것인가?에 대해서 의문을 제기하기에 이른다. 그 점을 검토해 본다면 신유학 형성의 기반은 이전의 당대로 거슬러 올라가 안사의 난이 일어난 무렵을 계기로 하여 사회개혁의 바람 속에서 양성되어 온 것으로 육순(陸淳) 등의 『춘추』비판도 그 경향을 드러내는 하나의 일례였음을 알 수 있다. 특히 일반적으로 한유의 「원도」로서 송학의 선구라고 이해하고 있지만, 본서에서는 한유와 동시대이고 또한 문장가로서 한유와 나란히 칭해졌던 유종원에게 초점을 맞추고, 8, 9세기에 걸친 그의 영향력 가운데에서 신유학의 태동이 이미 큰 파장을 일으켰다는 것을 논구해 보았던 것이다. 그리고 그 조류는 송대에 들어오면서 시대의 사회사조로서 송대의 정치와 사회의 흐름과 맞물려서 고조되어 도학을 형성하기 이른 것을 알고 있을 것이다.

두 번째에 들었던 점은 처음에 거론했듯이 주자와 양명에 있어서 인간으로서의 활동을 고찰한 것이었다. 주자와 양명에게 있어서도 이른바 일반적인 관료의 자제로서 어떤 특별한 범주에 속한 출신은 아니었다. 그들의 시대에 있어서 누구든지 간에 목적했던 길은 먼저 과거에 급제하는 일이었다. 주자도 양명도 마찬가지로 과거에 응시해서 급제하게 되자 관료로 시작을 했지만, 그로부터의 길은 반드시 같지는 않았다. 주자는 19세의 약관으로 진사에 급제하고 24세에 관료의 길에 들어섰다. 하지만 그 후로는 오로지 봉사의 관직에 시종일관하고 재차 관료의 실무에 임하게 된 것은 50세가 가까워질 무렵이었다. 또한 이후에는 중앙관계에 영입되어 열성적으로 직책에 임했었지만, 반대파의 모략에 저지되어 추방당하여 마침내 철저한 위학의 금지령 가운데에서 세상을 떠났다. 즉 관료세계에 있어서 그의 생애는 결코 은혜로운 것이라고 말할 수 없고, 오히려 고뇌에 가득 찬 시간을 오랫동안 보냈던 것이다.

왕양명에 있어서도 결코 혜택받은 생애라고 말하기 어려울 것이다. 향시에는 일찍 통과했지만 진사가 되기까지 재차 낙제의 고배를 마시다가 마침내 등제해서 관료의 길에 들어섰다. 하지만 수년의 후에는 유근의 박해를 받게 됨으로써 귀지성 용장역으로 유배를 당했고, 유배 가는 도중에도 생명의 위협을 받을 정도였던 것이다. 게다가 그의 몸은 지병이었던 폐질환이 점차 극심해져 갔던 것이다. 그 후 중앙계에 복귀하여 다시 남경의 여러 관직을 거쳐 순무총독에 임명되었으며 영왕진호의 난을 평정해 신건백이라는 작위를 수여받았으니 진정 영예의 길을 가고 있는 것처럼 보였다. 하지만 한편으로 그를 못마땅하게 생각했던 여러 사람에 의해 받았던 험난한 고통도 적지않게 도사리고 있었던 것이다. 그와 같은 상황이 계속되어 사전의 난의 토벌을 명받은 가운데에서도 드러났었지만, 그 평정에 성공한 양명도 자신의 몸의 질환을 이겨내지는 못하여 결국 고향으로 돌아가는 도중에 세상을 떠났던 것이다. 더구나 양명에게 반대한 세력의 모략에 의해 그들은 어떤 은전(恩田)도 부여받지 못하고, 오히려 신건백의 세습조차 정지시켜 그의 학설도 위학의 미명하에 혹독한 탄압을 받았던 것이다.

주자와 양명의 학문은 이러한 생애의 과정 속에서 형성되었다. 주자는 관료로서의 궁핍한 생활 속에서 오히려 자신의 학문을 심화시켰다. 양명은 전쟁상황 속에서도 자신의 학문을 전개시켜 갔다. 주자로서도 양명으로서도 그들 학설의 주장은 결코 쉽지 않은 길이었을 터이고, 그들에 대한 역풍의 극심함은 그의 생애를 통해서 예상외의 사건이 잇따라 일어났던 것이다. 그리고 비록 임종을 전후로 해서 서로 다른 점이 있다고 하더라도 어디까지나 한 번은 위학(僞學)의 꼬리표가 붙여졌을 정도의 고난 속에서도 그 학문이 제자들에게 계승되어 주자학이 되고 양명학이 되어 발전해 온 것이라는 점을 인식해야만 한다.

그런데 주자와 양명을 연결할 중심축은 무엇일까? 그것은 여러 가지로 생각해 볼 수 있겠지만, 나는 특히 주자가 사서(四書) 가운데 궁구했던 것으로 지적할 수 있는 것 가운데에 『대학』을 들 수 있다. 이것이 세 번째의 과제이다. 주자가 시강(侍講)으로서 영종에게 강의한 교재는 『대학』이다. 또한 주자가 세상을 떠나기 직전까지 『대학』의 보주(補註)에 정력을 기울였던 것은 이미 본문 속에서 서술했던 그대로이다. 주자는 이 『대학』에서 시사한 격물치지부터 치국평천하에 이르는 팔조목을 교육의 이념이라고 함과 동시에 정치의 요체라고 생각했던 것이다. 그런데도 옛날부터 『대학』은 『중용』과 함께 『예기』의 한 편이었었지만, 당대의 한유가 이미 『대학』의 팔조목을 전거로 해서 그 설을 전개함으로써 『대학』은 신유학의 기초의 형성기로부터 그 큰 기둥으로서 중요한 위치를 차지하고 있었던 것이다. 그리고 송대에 이르자 이를 독립시켜 간행했고, 주자에 이르러서는 사서의 하나로서 신유학에 있어서 그 위치를 잡게 되었던 것이다. 그 후 진덕수의 『대학연의』가 나오고 이어서 제왕의 책으로 승화되어 명대에 이르자 구준의 『대학연의보』로도 전개되었지만, 왕양명이 등장하면서 주자의 『대학장구』에 대해서 『고본대학』이라는 새로운 『대학』의 관점이 세상에 표명되었던 것이다.

주자와 양명의 『대학』에 대한 견해에 있어서 분명히 해야 할 점이 있다. 그것은 본문 중에서 서술했던 바대로 그 서로의 차이는 또한 주자와 양명에 의해 세워진 서로 다른 관점으로서, 이것을 곧 주자학과 양명학의 상이점이라고도 할 수 있을 것이다. 하지만 그 상위성의 배경에는 두 사람이 생애를 걸고 『대학』의 탐구에 쏟았던 지속적이고 변함없는 정열의 용솟음을 나는 절감했다. 비록 시대는 다르다고 하더라도 주자와 양명을 연결하는 축으로서의 『대학』의 의의가 살아나온 것이다.

본서의 구상은 일찍이 시마네대학에 진행했던 집중강의가 기초가 되었고 돌아오는 길에 기대어 서서 돗토리의 모래언덕에서 문득 해안선으로부터 쳐오르는 파도를 바라보며 서서히 본서의 초안을 잡았던 것이다. 지금 원고의 완성에 즈음해서 당시 따뜻한 격려를 해준 시마네대학의 오노데라 이쿠오(小野寺郁夫)선생을 비롯해서 모든 선생님들의 모습에서 말없는 격려가 있었던 것을 기쁘게 생각한다. 또한 시미즈학원의 도쿠나가 타카시(德永隆)는 마지막까지 힘겨운 상황을 감싸주시면서 아낌없는 도움을 주셨다. 지금 다시 한 번 감사를 표하고 싶다.

옮긴이의 말

　이 책은 주자학과 양명학의 근간을 이해하는데 있어서 당대 중기의 한유와 유종원의 논지를 토대로 해서 송명시기의 두 축이 되었던 주자와 왕양명의 사상을 인물과 역사적인 측면에서 서술하고 있다. 이는 아마도 송대 신유학이 유입되기 위한 전제조건과 이것이 진행되고 있는 거대한 흐름을 마치 드넓고 울창한 숲을 보여주려고 하는 저자의 차분한 의도를 잘 드러내고 있다. 그렇기 때문에 자칫 기존에 출판된 주자와 왕양명과 관련된 책들과 별다른 특색을 보여주지 못한다고 쉽게 판단할 수도 있다. 하지만 이 책에서 저자는 같음으로부터 다름을 드러내기 위한 이중주의 의도를 충분히 드러내고 있다.

　송대 신유학의 형성되기 위한 정초의 역할은 이전의 역사적인 상황과 인물, 특히 당대로 거슬러 가면서 안사의 난이 일어났던 시점을 전후로 하여 사회의 새로운 개혁의 물결이 서서히 일렁이고 있었다. 또한 당대 중기에 신유학의 학문적인 전환의 계기라고 일컬어지는 한유는 흔히 송학의 선구자라고 칭해진다. 하지만 저자는 한유와 동시대에 활약했던 유종원의 논지에도 주목하고 있다. 이 당시에 유종원의 논지가 한유와 첨예한 대립을 보였던 일례로서 그는 당시 사회에서 인간을 자유와 평등 속에서 이해하려고 했던 관점을 들 수 있다. 더욱이 이 시기에 동중서를 위시하여 천인감응설이 지배적이었던 분위기를 감안해 본다면 그가 제시했던 성인관은 송대 이정(二程)에 까지 그 영향력을 고려하기에 충분하다.

한편 주자와 왕양명은 관료로서 일하게 된 시기는 서로 달랐지만, 관료로서 입각해서 시종 자신이 맡은 실무를 치밀하게 수행해 나갔다. 그런데 이러한 노력에도 불구하고 이 두 사람에게 찾아온 현실은 오히려 그들이 임종하는 날까지 고뇌로 가득 차 있었다. 그렇기 때문에 적어도 주자와 왕양명이 견지하는 『대학』에 대한 학문적 논점은 달리하고 있음에도 불구하고 『대학』의 역할과 절실함에 있어서는 두 사람 모두가 공감했던 것이다. 왜냐하면 당시의 개개인의 궁핍과 사회적 부패 그리고 국가의 끊임없는 전란의 소용돌이로부터 벗어나게 할 수 있는 매개가 바로 『대학』이라고 확신했기 때문이다.

그리고 이러한 세계를 지향하기 위한 정치한 이론체계의 구축과 현실 속에서 부단한 실천의 근거를 마련하려 했던 양자 간의 팽팽한 긴장감의 집적은 오히려 반대파들의 모략으로부터 학문의 단절이라는 이른바 위학의 금지라는 암흑기를 맞기도 했다.

하지만 서로 다른 시대를 살면서 도학의 계승을 위해서 벼랑 끝에 서는 일조차 마다하지 않았던 주자와 왕양명의 청량한 마음이야말로 송대와 명대의 리학의 두 중심축으로 삼기에 충분했던 것이다. 그리고 저자는 이같은 핵심적인 역할이 다름아닌 『대학』에 있음을 역설하고 있다.

아주 오래 전에 동경 시내의 헌책방에서 구입했던 이 책은 내가 주자와 양명에 관심을 갖기 시작할 무렵이었다. 그리고 당시 이 분야에 대한 저명한 다양한 저술들이 번역되면서 많은 이목을 집중시켰다. 그런데 이 책은 많은 세월이 흘러갔음에도 언제나 내 책장 한

구석에서 세월을 벗 삼으며 늘 그 자리에 꽂혀 있었다. 마침 몇 해 전부터 주자학과 양명학이라는 강의를 하게 되면서 이 책을 다시 자주로 접하게 되었고, 그 동안 강의하면서 틈틈이 번역해 두었던 것을 정리하여 출간하게 되었다.

무엇보다 시대가 시대인지라 인문학의 어려운 현실여건이 좀처럼 회복되지 못하고 있음에도 불구하고 선뜻 따뜻한 마음을 내주신 學古房출판사 여러분께 고마움을 전한다.

2009. 여름날
목멱제에서 이석주.

주자·왕양명 연보

서기	제왕 연대	연 보
755년	천보 14	11월, 안록산이 유주에서 반란을 일으켜 낙양으로 침입함.
756년	천보 15	안록산을 대연황제라고 칭함. 현종은 장안을 빠져나와 촉으로 향함. 양귀비과 양국충 살해됨. 숙종이 영무에서 즉위.
757년	지덕 2	안록산이 그의 아들인 경제에게 살해됨.
758년	건원 원년	사사명이 배반함.
759년	건원 2	사사명이 안경제를 살해하고, 유주에서 대연황제라고 칭함.
761년	상원 2	사사명이 그의 아들인 조의에게 살해됨.
763년	보응 2	사사의가 패망함. 안사의 난이 평정됨.
770년	대력 5	두보 사망.
780년	건중 원년	1월, 재상 양염이 양세법을 입안해서 시행함.
785년	정원 원년	8월, 안진경이 이희열을 설득하러 갔다가 채주 소흥사에게 살해됨
805년	영정 원년	덕종 서거. 순종 즉위. 8월, 순종 퇴위. 헌종이 물러받게됨. 이왕(二王)사건.
819년	원화 14	한유, 논불골표(論佛骨表)를 봉정해서 폄하됨. 유종원 사망(773~).

서기	제왕 연대	연 보
824년	장경 4	우이(牛李)의 당쟁이 격화됨.
875년	건부 2	황소, 왕선지와 부응해 난을 일으킴.(황소의 난)
880년	광명 원년	황소, 장안으로 입성.
884년	중화 4	황소의 난 평정.
907년	개평 원년	주전충, 후량(後梁)을 건국. 당 멸망함.
960년	건륭 원년	조광윤, 송을 건국함.
975년	개보 8	처음으로 전시(殿試)를 시행함
979년	태평흥국 4	북한(北漢)멸망하고, 송의 통일 이룸.
992년	순화 3	조보 사망(922~).
1004년	경덕 원년	송과 요의 화의(단연澶淵의 맹약)
1044년	경력 4	송과 서하가 강화조약을 맺음.
1045년	경력 5	석개 사망(1005~).
1052년	황우 4	범중엄 사망(989~).
1057년	가우 2	손복 사망(992~).
1059년	가우 4	호원 사망(993~).
1060년	가우 5	구양수, 『신당서』를 완성함.
1067년	희령 2	왕안석, 신법을 개시. 삼사조례사(三司條例司)를 둠. 장재, 숭문원학서가 됨.
1070년	희령 3	보갑법・모역법을 시행함.
1072년	희령 5	시역법・보마법을 시행함. 방전균세법(方田均稅法)을 시행함. 구양수 사망(1007~).
1073년	희령 6	주돈이 사망(1017~).
1075년	희령 8	한기 사망(1008~).

서기	제왕 연대	연 보
1076년	희령 9	왕안석이 실각하여 금릉으로 은퇴함.
1077년	희령 10	장재 사망(1020~).
1084년	원풍 7	사마광, 『자치통감』을 올림.
1085년	원풍 8	사마광이 중앙으로 복귀하고, 신법을 중지함. 정호 사망(1032~).
1086년	원우 원년	왕안석 사망(1021~). 사마광 사망(1032~).
1098년	원부 원년	범조우 사망(1041~).
1101년	건중정국 원년	소식 사망(1036~).
1102년	숭령 원년	채경, 재상이 되다. 신구의 당쟁이 격화됨.
1107년	대관 원년	정이 사망.
1115년	정화 5	여진의 아골타가 즉위함. 금(金)을 건국함.
1125년	선화 7	1월, 요나라가 금에 의해 멸망함.
1126년	정강 원년	금이 북송을 공격해 개봉을 함락함. 휘종·흠종 등이 체포됨(정강靖康의 변란).
1127년	건염 원년	고종이 응천부에서 즉위하고, 남쪽으로 옮겨감.
1129년	건염 3	고종이 항주로 옮겨와 항주를 임안부라고 함.
1130년	건염 4	주자 출생. 악비가 금나라 군을 격파함. 진회가 금에서 돌아옴.
1141년	소흥 11	송·금의 화의 성립. 악비 사망.
1143년	소흥 13	주자(14세)의 아버지 주송 사망.
1148년	소흥 18	주자(19세) 진사에 급제함.
1153년	소흥 23	주자(24세), 동안현 주부로 부임. 이동에게 사사받음. 학자와 제생, 그리고 제직자 들을 깨우쳐 주었다.
1155년	소흥 25	진회 사망(1090~).

서기	제왕 연대	연 보
1158년	소흥 28	주자(29세), 담주 남옥묘를 주관함.
1159년	소흥 29	주자(30), 사상채 기록을 교편함.
1161년	소흥 31	금의 해릉왕이 남송을 침입해 채석기에서 패하여 살해됨.
1162년	소흥 32	고종이 효종에게 양위함. 효종이 명을 내려 직언을 구함. 주자(33세), 「임오응조봉사」를 올림.
1163년	융흥 원년	주자(34세), 「계미수공주차」를 올림. 『논어요의』와 『논어훈몽구의』를 완성함.
1165년	건도 원년	송과 금의 화의가 성립함.
1168년	건도 4	주자(39세), 『이정전서』를 편찬함.
1169년	건도 5	주자(40세), 모친 축씨 사망.
1172년	건도 8	주자(43), 『논맹정의』·『통감강목』·『팔조명신언행록』·『서명해의』 완성함.
1173년	건도 9	주자(44세), 『태극도설해』·『통서해』·『이락연원록』 등을 완성함.
1174년	순희 원년	주자(45세), 태주숭도관의 주관으로 명을 받음.
1175년	순희 2	주자(46세), 여동래와 함께 『근사록』을 편찬함. 육구연과 아호에서 회담.
1176년	순희 3	주자(47세), 무이산 충우관 주관으로 배명됨.
1177년	순희 4	주자(48세), 『논어집주』·『논어혹문』·『맹자혹문』을 완성함.
1179년	순희 6	주자(50세), 강서남강군의 지사로 부임. 「백록동서원게시」를 완성.
1180년	순희 7	주자(51세), 「경자응조봉사」를 올림. 『논맹정의』를 수정하여 『논어요의』라고 개칭함.

서기	제왕 연대	연 보
1181년	순희 8	주자(52세), 제거강남서상평다염공사의 대차차견이 수여됨. 주자의 사창법을 설치하라는 어명이 내려 각지에 파급됨.
1183년	순희 10	주자(54세), 태주숭도관주관으로 옮김. 무이정사를 완성함.
1185년	순희 12	주자(56세), 화주운태관주관으로 명받음.
1186년	순희 13	주자(57세), 『역학계몽』·『효경간오』를 완성함.
1187년	순희 14	주자(58세), 남경홍경궁 주관으로 옮김.『소학장구』를 완성함. 비각수찬에서 제외됨.
1188년	순희 15	주자(59세), 강남서로형옥공사로 부임함. 「무신연화전주차」를 올림. 재차 「무신봉사」를 올림.
1189년	순희 16	주자(60), 『대학장구』 및 『혹문』을 지음.
1190년	소희 원년	주자(61세), 담주 지사가 됨.
1191년	소희 2	주자(62세), 남경홍경궁으로 명받음.
1192년	소희 3	육구연 사망(1139~).
1194년	소희 5	주자(65세), 담주형호남로안무사로 담주에 부임. 광종에서 희령의 즉위. 조여우와 뜻을 같이함. 주자는 환장각대제겸시강에 발탁됨. 주자는 한탁위 등과 뜻을 같이 하지 못하고 4, 5일 만에 면관됨. 옥산강의를 함.
1196년	경원 2	주자(67세)에 파면을 명받음.
1197년	경원 3	12월, 위학의 금지령이 내려짐.
1199년	경원 5	주자(70세), 관직에서 은퇴함. 『초사집주』·『후어변증』을 완성함. 진덕수가 진사에 급제함.
1200년	경원 6	주자(71세), 3월 9일 병몰.
1202년	가태 2	위학의 금지령이 완화됨.

서기	제왕 연대	연 보
1206년	개희 2	송·금의 전쟁에서 한탁위가 패함. 징기스칸이 몽골족을 통일함.
1208년	가정 원년	주자에게 문공(文公)의 익호를 내림. 진덕수가 태학박사가 됨.
1227년	보경 3	주자에게 태사(太師)의 호 및 신국공(信國公)이 부여됨.
1229년	소정 2	진덕수가『대학연의』를 완성함.
1234년	단평 원년	진덕수가 호부상서가 됨.『대학연의』를 올림.
1235년	단평 2	진덕수 사망(1178~).
1260년	경정 원년	쿠빌라이(세조) 즉위.
1271년	함순 7	몽고, 국호를 원(元)이라고 칭함.
1317년	연우 4	『대학연의』를 몽고어로 번역하여 인종에게 올림.
1351년	지정 11	홍건의 난이 발생.
1368년	홍무 원년	주원장이 즉위하고 명(明)을 건국.
1380년	홍무 13	호유용이 처형됨(이른바 호옥胡獄)
1399년	건문 원년	정난(靖難)의 변이 일어남.
1403년	영락 원년	성조 즉위.
1415년	영락 13	『사서오경』과『성리대전』이 완성됨.
1449년	정통 14	오이라트의 에센군이 명에 침입하여 영종을 사로잡음(토목土木의 변).
1464년	천순 8	설선 사망(1392~).
1469년	성화 5	오여필 사망(1391~).
1472년	성화 8	왕양명 출생. 절강성 소흥부 여도현에서 태어남.
1480년	성화 16	주홍모가『변의록』을 올림.
1487년	성화 23	구준이『대학연의보』를 올림.

서기	제왕 연대	연 보
1488년	홍치 원년	양명(17세), 남창에서 제양화의 딸과 결혼.
1489년	홍치 2	양명(18세), 누량을 방문하여 가르침을 구함.
1492년	홍치 5	양명(21세), 절강의 향시에 급제.
1495년	홍치 8	구준 사망(1420~).
1499년	홍치 12	양명(28세), 회시에 급제.
1500년	홍치 13	양명(29세), 형부운남청리사 주사가 됨. 진헌장 사망 (1428~).
1504년	홍치 17	양명(33세), 병부무선청리사 주사가 됨.
1505년	홍치 18	양명(34세), 북경에서 문인의 입문을 허락함. 담감천과 교류함. 효종이 죽고, 무종이 즉위함.
1506년	정덕 원년	양명(35세), 상소하여 대선 등을 구하려다 유근의 분노를 사서 귀주 용장역 역승으로 강등되어 유배됨.
1508년	정덕 3	양명(37세), 용장에 도착. 격물치지의 뜻을 깨닫고 『오경억설』을 지음.
1509년	정덕 4	양명(38세), 처음으로 지행합일의 설을 주창함.
1510년	정덕 5	양명(39세), 강서노릉현지현으로 승임되어 3월에 부임함. 안화왕 주치번이 병사를 일으킴. 유근이 실각됨. 12월 남경형부사천청리사 주사에 승임.
1511년	정덕 6	양명(40세), 이부험봉청리사 주사와 이부문선청리사 원외랑을 역임.
1512년	정덕 7	양명(41세), 이부고공청리사랑중과 남경태복사소경에 승임.
1514년	정덕 9	양명(43세), 남경홍려사경에 승임.
1515년	정덕 10	양명(44세), 정헌을 양자로 들임. 『주자만년정론』을 편찬함.

서기	제왕 연대	연 보
1516년	정덕 11	양명(45세), 9월 도찰원 좌첨도어사로 승진하고, 강서의 남부·감(贛)·정(汀)·장(漳) 등지를 순무함.
1517년	정덕 12	양명(46세), 1월 감주에 부임함. 십가패법을 시행. 9월 남·감·정·장에서 임무를 수행함. 10월 횡수·용강의 도적들을 평정했다.
1517년	정덕 13	양명(47세), 도찰원 우부도어사에 승임. 7월,『고문대학』과『주자만년정론』을 간행함. 문인 설간 등과 초간『전습록』간행함. 남공향약을 시행함.
1518년	정덕 14	6월, 영왕신호의 반란. 7월, 양명(48세)이 신호의 난을 평정함. 신호를 붙잡음.
1519년	정덕 15	양명(49세), 이 즈음에 치양지설을 제창함.
1520년	정덕 16	3월, 무종 서거. 세종 즉위. 대례(大禮)의 의론이 일어남. 6월, 양명(50세)은 남경병부상서로 승임. 전덕홍이 입문함. 12월, 무공(武功)으로 신건백(新建伯)에 봉해짐.
1521년	가정 원년	양명(51세), 아버지 왕화 사망(77세).
1522년	가정 2	양명(52세), 왕기가 입문함.
1523년	가정 3	양명(53세), 문인들과 천천교에서 중추의 달맞이를 함.
1524년	가정 4	양명(54세), 부인 사망. 장씨를 계실로 들임.
1525년	가정 5	양명(55세), 아들 정억(正億)이 태어남.
1526년	가정 6	양명(56세), 문인 추수익이『왕양명문록』을 간행. 5월, 도찰원좌도어사로 임명. 사전(思田)의 적을 토벌하라는 명을 받음. 12월, 양광순무를 겸임함.
1527년	가정 7	양명(57세), 사전의 적을 평정. 7월, 팔채·단등협을 평정. 10월, 지병인 폐질환이 악화됨. 상소하여 휴가를 청함. 향리에서 돌아오는 도중 11월 29일 강서성 남안부강현 청룡포에서 병몰.

서기	제왕 연대	연 보
1529년	가정 8	위학(양명학)의 금지령이 내려짐.
1535년	가정 14	문인 전덕홍이 『왕양명문록』을 간행.
1555년	가정 34	양계성이 엄숭에게 저항하다 살해됨.
1556년	가정 35	전덕홍이 『전습속록』을 간행.
1566년	가정 45	『왕양명문록속편』 간행.
1567년	융경 원년	5월, 왕명에 의해 양명에게 신건백을 부여받고, 문성(文成)의 시호가 내려짐.
1568년	융경 2	6월 아들 정억이 신건백을 승계함.
1572년	융경 6	『왕문성공전서』 간행.
1584년	만력 12	왕명에 의해 양명을 공자묘에 종사함.
1644년	숭정 17	이자성에게 공격당해 명이 멸망함.

참고 문헌

楠本正繼 著, 『宋明時代儒學思想の研究』, 廣池學園出版部, 昭37.
コンラド 著, 大澤正他譯, 『東洋と西洋』, 理論社, 昭44.
同研究會 編, 『中國中世史研究』, 東海大學出版會, 昭45.
ウェーバー 著, 木全德雄譯, 『儒敎と道敎』, 創文社, 昭46.
內藤虎次郎 著, 『支那史學史』, 弘文堂, 昭24.
武內義雄 著, 『易と中庸の研究』, 岩波書店, 昭18.
宮崎市定 著, 『科擧』, 秋田屋, 昭21.
東大中國哲學硏究室編, 『中國の思想家』, 勁草書房, 昭38.
宇野精一 他編, 『講座東洋思想 二・中國思想』, 東京大學出版會, 昭42.
赤塚忠 他編, 『中國文化叢書 三・思想史』, 大修管書店, 昭42.
和展淸 編, 『那方發達史』, 中華民國法制硏究會, 昭14.
竹內好 他編 『東洋的社會倫理の性格』, 白日書院, 昭23.
周予同 著, 山本正一 譯, 『學制を中心とせる支那敎育史』, 東京開成館, 昭18.
『東洋の歷史』(第三~八卷), 人物未來社.
秋月胤繼 著, 『朱子硏究』, 京文社, 昭2.
後藤俊瑞 著, 『朱子』, 日本評論社, 昭18.
島田虔次 著, 『朱子學と陽明學』, 昭42.
武內義雄 著, 『朱子・陽明』, 岩波書店, 昭11.
高瀨武次郎 著, 『陸象山』, 內外印刷, 大13.
『大學硏究』, 臺灣中華書局. 昭47.
『陽明學大系』第1卷, 『陽明學入門』, 明德出版社, 昭46.
『陽明學大系』第2卷, 『王陽明・上』, 明德出版社, 昭47.

『陽明學大系』第3卷,『王陽明・下』, 明德出版社, 昭47.
山本正一 著,『王陽明』, 中文館, 昭18.
高瀨武次郎 著,『王陽明詳傳』, 廣文堂, 大4.
保田淸 著,『王陽明』, 弘文堂, 昭17.
谷光隆 著,『王陽明』, 人物未來社, 昭42.
岡田武彦 著,『王陽明と明末の儒學』, 明德出版社, 昭45.
岡田武彦 著,『王陽明全集』, 明德出版社, 昭45.

찾아보기

【ㄱ】

가산제(家産制) 69
가우지(賈祐之) 127
가의(賈誼) 35
가훈필록『家訓筆錄』73
간쟁(諫諍) 125
강관(講官) 148, 149
강혼 129
객좌사축(客座私祝) 221
거경함양(居敬涵養) 100, 122
건도의 화의(和議) 113
걸교문(乞巧文) 30
격물(格物) 76, 100, 111, 140, 160, 169, 173, 182, 199, 200, 220, 222, 223
격물궁리(格物窮理) 100, 159, 201
격물보전『格物補傳』158, 159
경(敬) 100, 101, 202
경력의 치(慶曆의 治) 72
경원(慶元)의 당금(党禁) 152, 166
경의재(經義齋) 83
경자응조봉사(庚子應詔封事) 124, 125, 246
경학(經學) 30~32, 37, 39, 81, 83, 165
경학이굴(經學理窟) 95
계악(桂萼) 226
고금가계『古今家誡』73
고문(古文) 30~32, 43, 56, 85
고문진보후집『古文眞寶後集』59
고토우 토시미즈(後藤俊瑞) 105
곡량전(穀梁傳) 37, 39, 84
공무량(龔茂良) 116
공안국 38
공양전(公羊傳) 36, 37, 39, 84
공양춘추『公羊春秋』37
과거(科擧) 67, 68, 81, 108, 163
곽도(霍韜) 229
곽자의(郭子儀) 17
관료 13, 21, 32, 35, 38, 41, 49, 50, 66~69, 71~73, 77, 107, 111, 117, 127, 236, 237, 241
관호(官戶) 69
구당서(舊唐書) 19, 39, 40

구법당(舊法党) 164
구양수(歐陽修) 19, 81
구준(丘濬) 140, 180~183, 188, 238, 248, 249
국교화(國教化) 36, 37
군신관 49
궁리(窮理) 140, 158, 169
귀양서원(貴陽書院) 208
귀적파(歸寂派) 234
균전법(均田法) 18~21, 24
근사록(近思錄) 120~123, 167, 246
기거(寄居) 71
기마타 도구오(木全德雄) 69
기전체(紀傳體) 86

(ㄴ)

나이토 사학 13
나이토 코난(內藤湖南) 13
나종언(羅從彦) 106, 107, 119, 129
나카노오오에(中大兄) 19
남강군(南康軍) 117, 119, 120, 123, 126, 131, 193
남공향약(南贛鄉約) 213, 231
노자(老子) 59, 60, 96
논맹정의『論孟精義』120, 122, 159, 246
논맹집주『論孟集註』159
논불골표(論佛骨表) 57, 58, 243
논어요의『論語要義』120~122, 246
논어음의『論語音義』88
논어정의『論語精義』167
논어필해『論語筆解』88
논어훈몽구의『論語訓蒙口義』120, 121, 167, 246

(ㄷ)

다찌바나 사라키(橘樸) 73
다케우찌 요시오(武內義雄) 92, 105
단경기(端境期) 132
달단(韃靼) 203
담조(啖助) 31, 39, 43, 45, 84
당감『唐鑑』49
당서『唐書』19
당중우(唐仲友) 128, 141
대학 59, 60, 62, 76, 79, 86~89, 100, 111, 143, 149, 152, 156, 159, 160~163, 165, 166, 169, 170, 174, 176, 182, 209, 214, 215, 220, 231~233, 238, 241
대학연의보『大學衍義補』140, 169, 180~183, 238, 248
대학연의『大學衍義』140, 167, 169, 170, 172, 173, 175~178, 181~183, 238, 248
대학장구『大學章句』140, 159, 162, 167, 169, 215, 238, 247
대학파 80~82
대혜어록 107

대혜종고(大慧宗杲) 107
도간(陶侃) 119
도관(道觀) 110, 116
도문학(道問學) 159, 191
도인법(導引法) 198
도통(道統) 58, 59, 61, 62, 159
도학전(道學傳) 78, 80, 87, 89, 92, 156, 189
독고급(獨孤及) 31
동중서(董仲舒) 31~35, 37, 50, 51, 240
동중서전 33, 36
동포주의(同胞主義) 94, 96
두씨(竇氏) 35
두예(杜預) 38, 39, 45
두우(杜佑) 22

(ㄹ)

리기설(理氣說) 157
리일분수(理一分殊) 79

(ㅁ)

마원(馬援) 198, 224
맹자집주『孟子集註』61, 167
면관(免官) 149, 151, 247
모병제(募兵制) 25
모장(毛萇) 38
무극(無極) 90, 191
무선무악(無善無惡) 223
무신봉사(戊申封事) 143, 145, 247

무신연화주차(戊申延和奏箚) 142
무오당의서(戊午讜議序) 114, 115
무위(無爲) 92
무이산 116, 246
문벌귀족 28
미야자키 13
미야자키 이치사다(宮岐市定) 13

(ㅂ)

방정실(方廷實) 114
백가(百家) 34
백락천(白樂天) 17
백록동서원(白鹿洞書院) 119, 122, 123, 193
백록동서원게시『白鹿洞書院揭示』 124, 167, 246
백연(白煙) 136
번진(藩鎭) 21, 65
범양(范陽) 16, 25
범조우(范祖禹) 49, 245
범중엄(范仲淹) 71, 72, 81, 82, 88, 93, 244
베버 69, 70
벽존의(辟存義) 56
변증『辨證』152
보갑법(保甲法) 214, 244
복성서『復性書』61, 87
복시(覆試) 67
복희(伏羲) 54, 55

본전 20
봉건론 48
부문서원(敷文書院) 224
부병제(府兵制) 24, 25
부보정(副保正) 132, 133, 137
불리부잡(不離不雜) 157
빈우(賓友) 125

(ㅅ)

사구교(四句敎) 223
사대부 55, 68, 71, 72, 86, 125, 129
사륙변려문(四六騈儷文) 30
사마씨거가잡의 『司馬氏居家雜儀』 72, 73
사사명(史思明) 18, 20, 243
사상채(謝上蔡) 120, 246
사서집주 『四書集註』 159
사수(社首) 132, 133, 135, 136, 137, 139
사조의(史朝義) 18, 25
사창법 96, 130~132, 138, 139, 140, 169, 247
사창사목(社倉事目) 131, 132, 139
사창사의(社倉私議) 139
사호(史浩) 116
산전(産錢) 136
산호(産戶) 136, 137
삼무일종(三武一宗) 58
삼사법(三舍法) 164

상서 38
서명 79, 94, 96, 122, 144, 152
서명해의 『西銘解義』 120, 246
석개(石介) 84, 85, 244
석림가훈(石林家訓) 73
석작(石碏) 46
선원소전집도서 『禪源所詮集都序』 92
소가대(小加大) 46
소귀족 68
소릉장(少陵長) 46
소순(蘇洵) 72
소식(蘇軾) 31, 72, 245
소여(蘇輿) 36
소천수 81
소학 161~163
소학장구 『小學章句』 141, 247
손경수(孫景修) 73
손복 81~85, 88, 244
송기(宋祁) 19
송서 『宋書』 31
수증파(修証派) 234
시경 35, 38, 164, 222
신간구(新間舊) 46, 47
신관료 65, 66, 68, 74
신당서 『新唐書』 19, 22, 31, 39, 40, 244
신법당(新法党) 164

찾아보기 257

신유학 15, 30, 39, 60~62, 75, 77, 78, 80~82, 86, 87, 89, 105, 235, 236, 238
실천도덕설 158, 161
심법(心法) 199
심술(心術) 125
심학의 횡류(橫流) 234
십가패법(十家牌法) 211~213, 250
십과거사법(十科擧士法) 164
십팔사략 128
씨전(氏田) 70
씨족 68~71
씨족연합체 70

(ㅇ)

아키츠끼 가즈쯔구(秋月胤繼) 105
악록서원(嶽麓書院) 147
악비(岳飛) 111, 112, 245
안경서(安慶緒) 18
안녹산 16~18, 20, 21
안돈복(晏敦復) 114
안사의 난 16, 18, 20, 25, 41, 235, 240, 243
안진경(安眞卿) 16, 243
야마사키 안사이(山崎闇齋) 138
약산(藥山) 62
약석(藥石) 203
양서『梁書』 31
양세법(兩稅法) 14, 20~23, 26, 243

양숙(梁肅) 31
양시(楊時) 106, 119, 120, 129, 178
양억(楊億) 72
양염(楊炎) 21, 22, 243
양웅 31, 61
양주(涼州) 25
여공저(呂公著) 97
여산국학(廬山國學) 124
여씨향약 213
여왜(女媧) 54, 55
여조겸(呂祖謙) 117, 121, 123, 178, 190, 191
역사각(歷史閣) 108
역설『易說』 84
역학계몽『易學啓蒙』 141, 167, 247
연익이모록『燕翼貽謀錄』 73
염계서당(濂溪書堂) 89, 119
엽몽득(葉夢得) 73
예기 38, 54, 60, 87, 160, 163, 169, 215, 238
예기중용전『禮記中庸傳』 87
오경박사 34, 35
오경정의『五經正義』 38, 39, 45
오대(五代) 13~15, 18, 19, 27, 29, 39, 65, 68, 72, 73, 85
오대사기『五代史記』 85
오부리(五夫里) 106, 110, 130, 131, 139

오왕조(五王朝) 29
오익(五溺) 203, 205
옥산강의(玉山講義) 150, 167
왕배(王伾) 40~42
왕숙문(王叔文) 40~42
왕영(王林) 73
왕필 38, 84
왕회(王淮) 127, 128, 141, 144
요로(饒魯) 166
요시가와 코오지로(吉川幸次郞) 86
요찰(姚察) 31
용계(龍溪) 233
용장의 깨달음 206, 207
우문융(宇文融) 20
우소용 41
웅인섬(熊仁瞻) 118
원간친(遠間親) 46, 47
원고(轅固) 35
원도「原道」 50, 52, 56, 59, 87, 96, 236
원성「原性」 52
원씨세범『袁氏世範』 73
원인(原人) 52
원채(袁采) 73
원훼(原毁) 53
위백양(魏伯陽) 92
위집의(韋執誼) 40, 41
위차공(衛次公) 40

위학의 금지 141, 151, 152, 155, 241
유공(劉珙) 111
유교와 도교 69
유림전「儒林傳」 78, 187, 188
유면지(劉勉之) 106
유우석(劉禹錫) 40
유자휘(劉子翬) 106, 107
유제생(諭諸生) 108, 109
유제직사(諭諸職事) 108, 109
유종원(柳宗元) 30, 31, 40, 43~47, 49~52, 54~57, 60, 62, 78, 84, 96, 236
유한(劉漢) 37
육덕명(陸德明) 88
육사(六事) 145
육역론「六逆論」 45, 47
육지(陸贄) 51, 52
육칭(陸稱) 204
윤돈(尹焞) 129
음양 32, 90, 98
음파의(淫破義) 46
의례경전통해『儀禮經傳通解』 140, 166, 169
의장(義莊) 70~73, 75
이고(李翶) 15, 61, 62, 87, 173
이광필(李光弼) 17
이극용(李克用) 28
이노인제(里老人制) 214

찾아보기 259

이동(李侗) 107, 119, 129, 178, 245
이락연원록『伊洛淵源錄』121, 167, 246
이무정(李茂貞) 28
이미손(李彌遜) 114
이발(李渤) 123
이방(李昉) 66
이보신(李寶臣) 25
이역(李崿) 127
이왕 사건 40
이정자(二程子) 80, 81, 87, 93, 94, 97, 106, 119, 122, 123
이정전서『二程全書』120
이정지(李挺之) 81
이충신 41
이충언 41
이회선(李懷仙) 18, 25
이후(李后) 147
인극(人極) 91, 92
일조편법(一條鞭法) 21, 228
임오응조봉사 109, 110, 113, 246
임율(林栗) 143, 144

(ㅈ)

자치통감강목『資治通鑑綱目』86, 167
자치통감『資治通鑑』16, 85, 86, 177, 245
장공 46

장도(張燾) 114
장식(張栻) 99, 117, 122, 123, 151, 173, 178, 191
장원(莊園) 14, 69
장재 15, 79, 80, 88, 92~98, 100, 122, 123, 144, 156, 178, 244, 245
장적(張迪) 93
장한가(長恨歌) 17
재야파 80
재옹(載顒) 87
전당문『全唐文』54
전습록『傳習錄』209, 214, 216, 219, 250
전승사(田承嗣) 25
전시(殿試) 67, 244
전운상평(轉運常平) 118
전조망 81~83
전한(前漢) 31, 50, 51
절도사 24~29, 41, 65, 66
정강(靖康)의 변 112
정몽『正蒙』95
정병(鄭丙) 128
정성서「定性書」97, 98
정심성의(正心誠意) 141, 143, 171
정씨외서『程氏外書』121, 167
정위잡록『庭幃雜錄』229
정인(鄭絪) 40
정전거(井田渠) 94

정좌조식법(靜坐調息法) 198
정주(程朱) 80, 82, 105, 189, 207
정현 38
제서『齊書』31
조광(趙匡) 31, 39, 43, 45, 84, 85
조광윤(趙匡胤) 29, 65, 244
조보(趙普) 65, 88, 244
조여우(趙汝愚) 147~152, 247
조용조(租庸調) 18~21, 23, 24
조정(趙鼎) 73, 82, 129
족보 72, 73, 75
족전(族田) 70
존덕성(存德性) 158, 191
존심양성 158
존혼 129
좌씨전『左氏傳』37~39, 44, 45, 84
주돈이(周敦頤) 79~82, 89~92, 97, 98, 100, 119, 122, 123, 156, 173, 178, 203, 244
주비(朱沘) 51
주송(朱松) 105~107, 114, 116, 146, 245
주역 38, 87, 100
주역구의『周易口義』87
주온(朱溫) 28
주우(州吁) 46
주자 15, 61, 80, 82, 86, 89, 90, 95, 96, 101, 105~111, 113~120, 122~132, 138~152, 155~172, 178, 180, 187, 188, 190, 191, 193, 201~203, 213~215
주자사창법『朱子社倉法』138
주자연구 105
주전파(主戰派) 112~114
죽림정사(竹林精舍) 150
중용강소『中庸講疏』87
중용의『中庸義』87
중용장구『中庸章句』159, 167
증념(曾恬) 120
지나사학사『支那史學史』30
지나사회연구『支那社會研究』73
지두전(地頭錢) 20, 21
지세(地稅) 20
진가(陳賈) 128
진덕수(陳德秀) 140, 167, 169, 170, 172~176, 178, 180, 182, 183, 238
진서『陳書』31
진준경(陳俊卿) 111
진회(秦檜) 82, 111~115, 245

(ㅊ)

참동계『參同契』92
척동문(戚同文) 81, 82
천방귀(賤妨貴) 46
천인상여(天人相與) 50
천천교(天泉橋) 221, 223, 250
청룡포(靑龍舖) 224, 250

청묘전(靑苗錢) 20, 21
청미장(請米狀) 132
초사집주『楚辭集注』152, 168, 247
춘추 31, 32, 35~39, 43~45, 60, 79, 84~86, 120, 165, 193, 235
춘추번로의증『春秋繁露義證』36
춘추번로『春秋繁露』35, 36
춘추존왕발미『春秋尊王發微』84
춘추집전찬례『春秋集傳纂例』39
춘추집전『春秋集傳』39
치사재(治事齋) 83
치양지설(致良知說) 218, 219, 250
치지(致知) 76, 100, 101, 160, 182, 220, 223
친소원근(親疎遠近) 47

(ㅋ)

콜라도 56, 57

(ㅌ)

태극 90, 91, 157, 191
태극도 91, 92
태극도설 79, 90~92, 96, 122
태극도설해『太極圖說解』121, 122, 246
태조 65~67, 88, 178, 179, 187, 213, 217
태주(台州) 114, 116, 128, 141, 193
태주(泰州) 219, 233
태학(太學) 33, 34, 83, 99, 162, 164, 165

토모에다 유타로(友支龍太郞) 122, 131
토지겸병 24
토지균분(土地均分) 94
통감강목『通鑑綱目』120, 246
통서해『通書解』90, 121, 167, 246
통서『通書』79, 90, 92, 122
통전『通典』22

(ㅍ)

파불사건 58
팔조명신언행록『八朝名臣言行錄』120, 167, 246
팔조목 76, 100, 160, 173, 174, 238
편년체(編年體) 36, 86
평로(平盧) 25

(ㅎ)

한강백 38, 84
한기(韓琦) 81, 147, 244
한무제 17, 34
한유(韓愈) 15, 50~54, 56~62, 67, 78, 87, 88, 96, 173, 236, 238, 243
한천정사(寒泉精舍) 123
한탁위(韓侂胄) 147, 149, 150~152, 155, 166, 171, 173, 247, 248
행재(行在) 111~113
향약 211~213, 232
허무적멸(虛無寂滅) 110

현량(賢良) 32

현량문학(賢良文學) 32

현성파(現成派) 234

현종 17, 19, 25, 30, 38, 39, 243

혜제(惠帝) 34

호세(戶稅) 20, 21

호시가와 키요다카(星川淸孝) 59

호안국 106, 120, 129, 173, 178, 180

호원 81~83, 87, 88, 99, 244

호전(胡銓) 114, 129

호정(胡珵) 114

호헌(胡憲) 106, 120, 123

혹문 『或問』 159, 174, 247

화의(和議) 111, 113~115

화의파(和議派) 112, 113

환혼 129

황소의 난 26, 28, 29, 244

회창(會昌) 58

효경간오 『孝經刊誤』 141, 167, 247

효문제(孝文帝) 19

후성(後聖) 37

후어 『後語』 152

희노애락미발(喜怒哀樂未發) 107

히하라 토시쿠니(日原利國) 36

저자 약력

마노 센류(間野潛龍)

1923년(대정12) 오사카 다이토(大東)시에서 출생. 쿄토대학문학부 사학과(동양사)졸업. 쿄토대학 조수, 오타니(大谷)대학 조교수를 거쳐 도야마(富山)대학 부교수와 오사카외국어대학 교수 역임. 1981년 작고.

[주요저서]

『康熙帝』, 『明帝國と倭寇-東洋の歷史8』(공저), 『明代滿蒙史料明實錄抄』(공저), 『明實錄の硏究』, 『王陽明の封爵について』, 『明代文化史硏究』 등이 있다.

옮긴이 약력

이 석 주(李錫柱)

충북 단양 출생.
동국대 철학과 졸업, 동 대학원 철학과 석·박사학위 취득
동경대 중국철학과 대학원 연구생
東西思想硏究所 연구원
동국대, 대진대, 창원대 출강

[주요논문]

許衡의 理氣論
元代 性理學과 道·佛사상
道學과 환경윤리
『知言』에 관한 주희의 오해
道學에서의 존재와 가치
'같음'과 '다름'의 이중주
朱子와 胡宏의 工夫論
儒敎와 巫敎의 樂論

주자와 왕양명
-신유학과 『대학』의 이념-

1판 1쇄 인쇄 2010년 1월 5일
1판 1쇄 발행 2010년 1월 15일

지은이 | 마노 센류(間野潛龍)
옮긴이 | 이 석 주(李錫柱)
펴낸이 | 하 운 근
펴낸곳 | 學古房

주　　소 | 서울시 은평구 대조동 213-5 우편번호 122-843
전　　화 | (02)353-9907　편집부(02)356-9903
팩　　스 | (02)386-8308
전자우편 | hakgobang@chol.com
등록번호 | 제311-1994-000001호

ISBN 978-89-6071-148-8　93150

값 : 14,000원

※파본은 교환해 드립니다.